Gekreuzte Möhrchen

Viel mehr als ein Kochbuch

Erstmals veröffentlicht im Jahr 2022

Publiziert im Selbstverlag

The moral rights of the authors have been asserted.

Alle Urheber-, Urheberpersönlichkeits- und Verwertungsrechte liegen bei den Urhebern.

Copyright Text © Werner Hinniger/Alexander Eychmüller
Copyright Fotografie © Werner Hinniger

Text: Alexander Eychmüller/Werner Hinniger
www.gekreuztemoehrchen.de

Fotografie: Werner Hinniger
Rezepte: Alexander Eychmüller
Foodstyling: Alexander Eychmüller
Styling: Werner Hinniger
Fotos Max: Seyon Han

Art-Direktion und Grafik:
Christine Meyer, München
Tanja Steenbuck, Hamburg

Icons: Fotolia © Hein Nouwens

Logo-Gestaltung „Gekreuzte Möhrchen": Gisa Kuhn
Post-Produktion: Jörn Friedrichs
Lektorat: Claudia Schilling

Druck: Pulsio Print 1592 Sofia/Bulgarien
Gedruckt auf Condat Bilderdruckpapier Silk, Matt
FSC zertifiziert Nr.C023367

Jegliche – auch auszugsweise – Verwertung, Wiedergabe, Vervielfältigung oder Speicherung, ob elektronisch oder mechanisch, durch Fotokopie oder Aufzeichnung bedarf der vorherigen schriftlichen Genehmigung durch die Autoren.

ISBN 978-3-00-071484-9

ESSENTIALS *22*
LECKERBISSEN *44*
VORSPEISEN *88*
HAUPTSPEISEN *172*
DESSERTS *304*

8   Vorwort
12   Warum noch ein Kochbuch
16   Die Kochbuch-Gebrauchsanweisung
18   Technische Voraussetzungen und Küchensprache
36   Die Geschichte der Möhrchen
78   Meine Motivation und Philosophie
86   Meine Art zu fotografieren
162   Die Technologie des Kochens
166   Möhrchen-Anekdoten
292   Frequently Asked Questions
298   Das große Thema Wein
356   Herausforderungen in der Gastronomie

362   Rezeptregister
364   Rezepe nach Alphabet
368   Nachwort mit Dankeschön

Gekreuzte Möhrchen

Viel mehr als ein Kochbuch

Rezepte und Foodstyling: Alexander Eychmüller
Fotografie und Styling: Werner Hinniger

Vorwort

Werner

Alex und ich haben eine schwierige Aufgabe zu lösen. Während ich dieses Vorwort schreibe, sitzen wir beide in einer kleinen Ferienwohnung im Harz und uns rauchen die Köpfe. Wir haben uns für eine Woche in Klausur begeben, um die Texte für das Buch zu schreiben.

Wir diskutieren, welche Gerichte in das Buch aufgenommen werden, legen die Abfolge der Rezepte fest und lesen uns gegenseitig die Texte vor.

Dieses Buch entsteht in sehr besonderen Zeiten. Nur den langen Lockdown-Phasen während der Pandemie ist es überhaupt zu verdanken, dass wir die Zeit gefunden haben, das Projekt in Angriff zu nehmen. Begleitet wird diese schon lange Phase der engen Zusammenarbeit von vielen Freunden, die für uns mit viel Arbeit verbundene Aufgaben wie Layout, Druckvorbereitung und Crowdfunding-Konzept übernehmen.

Die Frage taucht auf, ob wir eigentlich jemanden brauchen, der die Texte nochmal gegenliest. Nicht nur, um orthografisch korrigierend einzugreifen, sondern auch, um zu überprüfen, ob unsere Texte stilistisch so in Ordnung sind.

Alex und ich haben einen sehr unterschiedlichen Schreibstil. Wir haben deswegen beschlossen, die einzelnen Beiträge namentlich zu kennzeichnen. Wir haben aber auch beschlossen, bezüglich des Inhalts und der Stilistik der Texte nicht auf Hilfe von außen zurückzugreifen, da genau dieser Charakter der Texte die besondere Situation widerspiegelt, in der das Buch entsteht. Nicht nur hier in unserer Textschmiede, sondern auch bezogen auf die Zeiten des scheinbar immerwährenden Lockdowns und den sich daraus ergebenden Perspektiven für die Zukunft.

Wenn ihr diese Zeilen lest, haltet ihr das fertige Buch in der Hand. Ich sitze im Moment schreibend vor dem Bildschirm, aber schon jetzt freue ich mich auf den Augenblick, an dem wir gemeinsam über dieses Buch reden oder zusammen ein Rezept daraus auswählen, um miteinander einen schönen Abend zu verbringen.

Denn mal ganz ehrlich: Wir freuen uns darauf, die Rechner und Fotoapparate aus der Hand zu legen, die Gasflamme anzuzünden, den Wein zu entkorken und einfach zu kochen und lecker zu essen. Und genau das gelingt mit diesem Buch.

Warum noch ein Kochbuch?
Werner

Obwohl es schon so einiges an Kochbüchern gibt und der Markt monatlich mit neuen Kochbüchern zu zahlreichen Themen überschwemmt wird, haben wir uns entschlossen, unser eigenes Kochbuch zu entwerfen, zu schreiben, zu illustrieren und zu verlegen.
Warum glauben wir eigentlich, dass Köche jedweden Charakters genau unser Möhrchen-Kochbuch in die Hand nehmen sollten? Und was unterscheidet das Möhrchen-Kochbuch von all den anderen Rezept-Lieferanten?
Der erste Grund lautet, dass sich unser Kochbuch eben nicht als reiner Rezept-Lieferant versteht. Wir erzählen die Geschichte rund um die „Möhrchen", nämlich den „Gasthof Möhrchen" und auch den Ursprung des Restaurants, die Mietküche „Gekreuzten Möhrchen". Und dazu gehören natürlich nicht nur viele der Gerichte, die unsere Gäste im Laufe der Jahre bei uns bestellt haben, sondern auch der Hintergrund. Was macht die Führung eines Restaurants so besonders und auch so schwierig? Was können wir Gastgeber von unseren Gästen lernen? Und umgekehrt? Wie kommt eigentlich der Preis eines Gerichts zustande? Für jedes einzelne Rezept wird es nicht nur die Zubereitungsinformationen geben, sondern auch einen Einleitungstext, der erzählt, wieso gerade dieses Gericht in dem Buch auftaucht. Wir machen aus dem Möhrchen-Kochbuch auch ein Lesebuch, das mit Anekdoten aber auch mit Hintergrundwissen unterhält.

Ein Kochbuch von uns ohne die Klassiker aus dem Gasthof ist natürlich nicht denkbar. Gleichzeitig stammen viele Rezepte, die wir aufgenommen haben, aus den Kochkursen, die wir in den letzten Jahren im „Gekreuzte Möhrchen" gegeben haben und auch weiterhin geben. Diese Rezepte zeichnen sich durch einige Besonderheiten aus. Wenn unsere KochkursteilnehmerInnen den ausgehändigten Rezeptbogen das erste Mal überfliegen, reichen die ersten Reaktionen oft von leichten Schockzuständen bis hin zu dem Wunsch nach einem weiteren Aperitif.
In der Vorstellung unserer Teilnehmer hören sich die Gerichte zu kompliziert an, um in der begrenzten Zeit eines Kochkurses von Laien in essbarer Qualität zubereitet werden zu können. Und genau da liegt der Trugschluss: Alle unsere Rezepte lassen sich mit simpelsten Fertigkeiten und geringem Zeitaufwand kochen. Sie schmecken superlecker, sehen kompliziert aus und sind trotzdem einfach zuzubereiten. Wenn Alex als Koch diese Aussage tätigt, wüsste ich als Leser nicht, ob ich ihr unbedingt Glauben schenken sollte, aber als absoluter Laie am Herd und Fotograf dieses Buches kann ich das wirklich beurteilen!

Die nächste Besonderheit lautet: Die Gerichte erfordern weder besonderes Equipment noch besondere Zutaten. Alles, was man braucht, ist in einer normal ausgestatteten Haushaltsküche vorhanden. Kein Gang zum Asiaten wegen des Spezial-Gewürzes, keine Internetbestellung weit im Vorfeld, weil der Simmertopf mit digitaler Temperaturanzeige angeschafft werden muss.

Man kann dieses Buch als Begleitwerk zu unseren Kochkursen verstehen und das bedeutet: Alle Rezepte sind oft von uns und unseren Teilnehmern ausprobiert, zubereitet, gekostet und abgefeiert worden. Die Gerichte haben sich also als die Bestandteile für einen gelungenen Abend bewährt!

Eine weitere Besonderheit dieses Buches ist, dass es sich eher als Anregung zum Ausprobieren und Variieren der einzelnen Gerichte versteht. Niemand muss sich zum Beispiel sklavisch an die Gewürz-Zutatenliste halten. Bei den Mengenangaben und Methoden der Zubereitung macht es oft Sinn, sich an den Vorgaben zu orientieren, aber alle eure eigenen Ideen und Abwandlungen könnt Ihr in dem eigens dafür vorgesehenen Raum für Notizen bei jedem Rezept vermerken. Wir freuen uns, wenn Ihr das Kochbuch mit eigenen Ideen bereichert!

Ich habe als Fotograf meinen Beruf für die Gastronomie aufgegeben. Für dieses Buch habe ich nach 10 Jahren das erste Mal wieder ernsthaft eine Kamera in die Hand genommen und alle Gerichte fotografiert. Meine Art, die Gerichte zu fotografieren, hat sich im Laufe der Arbeit verändert und das Ergebnis ist nicht nur ein Kochbuch, sondern auch mein erster eigener Bildband.

Und ganz wichtig: Wir haben dieses Buch auch gemacht, um ehemaligen MitarbeiterInnen und unseren Gästen zu danken. Einige der Ehemaligen tragen mit eigenen Rezepten zu der Vielfalt der Gerichte bei. Ich durfte auch Portraits von ihnen machen, damit ihr wisst, wer für Euch gekocht hat. Insofern zeigt dieses Bilder-Kochbuch zu guter Letzt nicht nur den Spaß beim Kochen, sondern auch meine Lust am Portrait.

Eine allerletzte Besonderheit muss unbedingt noch erwähnt werden: Wir versprechen Euch, alle abgebildeten Gerichte sind unverfälscht von Alex angerichtet auf den Teller gekommen. Es gibt keine Tricks beim Anrichten, keine Foodstylisten oder anderes Styling. Jedes Gericht haben wir direkt nach dem Shooting aufgegessen. Kein Fake, kein Glyzerin und null Stabilisatoren. Und damit:

Guten Appetit!

Die „Kochbuch-Gebrauchsanweisung"

Alex

Meiner Meinung nach gibt es zwei verschiedene Arten ein Kochbuch bzw. ein Rezept zu lesen. Ein Teil der Leser sieht ein Kochbuch oder ein Rezept eher als eine Art Inspiration an. Interessant sind in erster Linie die Kombinationen oder Zubereitungstechniken und nicht so sehr die genauen Rezepturen inkl. Mengenangaben. Zu dieser Gruppe würde ich mich zählen, sodass ich die Gerichte nicht unbedingt als verbindlich ansehe, sondern eher als Vorschlag. Zum Teil würde ich mir nur einzelne Gerichtbestandteile aus einem Rezept aussuchen und z.B. mit einer Komponente eines anderen Gerichtes kombinieren. Wenn ich also keinen Pulpo mag, heißt das nicht zwangsläufig, dass ich das weiße Bohnenpüree oder den Brotsalat nicht auch mit einem gebackenen Feta im Sesammantel essen kann.

Bei unseren Kochkursen treffe ich allerdings häufiger auf die Gruppe, die sich strikt an Rezeptvorgaben hält, damit auf keinen Fall etwas schiefgeht. Wer einmal einen Kochkurs bei uns besucht hat, erinnert sich vielleicht daran, dass das Essen trotz Rezepten ohne genaue Mengenangaben dennoch gelungen ist. Dies liegt zum einen daran, dass wir an den Abenden mit dabei sind, zum anderen aber, und darauf möchte ich eigentlich hinaus, weil Ihr Euren eigenen Geschmack mitgebracht habt! Vor allem beim Thema Salz wird mir häufig die Frage gestellt, wieviel Salz man z.B. für 500 g Kartoffelpüree benötigt. Diese scheinbar einfache Frage lässt sich leider nicht so einfach beantworten, da die exakte Menge neben dem individuellen Geschmack von vielen weiteren Faktoren abhängt: War das Kochwasser bereits gesalzen und wenn ja, mit wieviel Salz? Wieviel Milch oder Butter kommt zu den Kartoffeln? Welche Art von Kartoffeln? Die Lösung des Problems bzw. die Antwort auf die Frage nach der Salz-Menge wird durch Euren Geschmack bestimmt! Am besten tastet man sich nach und nach an die passende Menge heran. Probieren ist also bei jedem Rezept das A und O!

Die Rezepturen in diesem Buch (außer den Essentials) haben wir jeweils für 4 Personen berechnet, damit man eine grobe Vorstellung davon bekommt, mit welchem Endergebnis/Menge man rechnen kann. Es sei allerdings erwähnt, dass dies ein individuelles Thema ist und wir uns für einen Durchschnittswert entschieden haben. Während wir z.B. mit einer Portionsgröße von 180 g Fisch-Filet pro Person rechnen, seid Ihr vielleicht der Meinung, dass dies viel zu wenig oder zu viel ist. Die für Euch passende Portionsgröße könnt Ihr also nach Eurem Gusto wählen und dementsprechend einkaufen.

Durchschnittsgrößen spielen bei den von uns verwendeten Zutaten eine große Rolle. So gehen wir bei jedem Rezept, welches Stückzahlen (z.B. 1 Stk. Zucchini) beinhaltet, von der „Durchschnitts-Zucchini" aus.

Ähnlich verhält es sich mit den Zeitangaben. Die genaue Gar-Zeit einer geschmorten Ochsenbacke zu bestimmen, hängt von zahlreichen Faktoren ab. Die angegebenen Zeiten sind also

Durchschnittswerte, die Euch ein grobes Timing vorgeben. Die exakte Gar-Zeit müsst Ihr selbst ertasten, erschmecken oder z.B. mit einem Bratenthermometer herausfinden.

In vielen Kochbüchern findet man häufig Mengenangaben, die im ersten Moment nicht sinnvoll erscheinen. Was mache ich denn mit dem Rest eines Kürbisses, wenn ich für das angegebene Rezept nur 160 g benötige? Entweder habt Ihr bereits einen Plan zur Resteverwertung oder Ihr rechnet das Rezept der Menge entsprechend hoch oder runter und erhaltet dadurch ein wenig mehr oder weniger des Endproduktes.
In einigen Fällen würde ich das Rezept generell etwas hochrechnen oder sogar verdoppeln, da der Aufwand für vier Personen häufig nahezu der Gleiche ist wie für 8 oder 10 Portionen. Dies gilt zum Beispiel für das Boeuf Bourguignon, die Suppen und viele weitere Gerichte, die sich gut lagern oder einfrieren lassen. Entscheidend sind hier nicht unbedingt die genauen Mengen, sondern die Mengenverhältnisse!

Wir arbeiten überwiegend mit Naturprodukten, die in Größe, Form und Qualität variieren können. Ihr habt unterschiedliche Vorlieben, was z.B. die Salzigkeit und die Portionsgröße betrifft. Die Küchentechnik, z.B. Öfen und Herde, können auch ihren eigenen „Charakter" besitzen. Ein wenig Individualität und Transferleistung müssen wir Euch an dieser Stelle abverlangen.

Da wir Euch dieses kleine Restrisiko nicht abnehmen können, haben uns eine Hilfestellung einfallen lassen. Gemeint ist der Notiz-Bereich, den Ihr in jedem unserer Rezepte wiederfindet. Hier könnt Ihr neben den für Euch passenden Mengen und Zeiten auch weitere Notizen zur Zubereitung oder alternativen Zutaten eintragen. Jeder Koch besitzt ein kleines Rezeptbüchlein, in dem neben neuen Rezepten auch Abwandlungen und Weiterentwicklungen eingetragen werden. Diese Idee wollten wir mit dem Notiz-Bereich aufgreifen, sodass Ihr unser Buch gerne mit Euren eigenen Ideen füllen könnt. Macht dieses Buch zu Eurem!

Technische Voraussetzungen und Küchensprache

Alex

Vielleicht ist Euch bereits aufgefallen, dass wir uns in diesem Buch überwiegend auf Rezepte konzentrieren, die Ihr in Eurer Haushaltsküche nachkochen könnt. Wir sind uns dessen bewusst, dass viele Privat-Küchen mittlerweile zum Teil besser und hochwertiger ausgestattet sind als so manch eine Profiküche, doch wollen wir hier vor allem auch diejenigen ansprechen, die nicht unbedingt jeden kleinen Küchenhelfer, wie z.B. eine Eismaschine, einen Vakuumierer oder einen Dampfgarer besitzen. (Ähnlich verhält es sich übrigens auch mit den verwendeten Zutaten in diesem Buch. Die meisten Produkte findet Ihr im Supermarkt, auf dem Wochenmarkt oder sowieso bereits bei Euch im Gewürzregal.)

Aber zurück zur Technik: Die folgenden Utensilien sollte Eure Küche beinhalten:

- Herd mit Ofen
- Schäler
- Kochmesser (mindestens ein großes Kochmesser, ein kleines Gemüsemesser (Office- oder Bundmesser, Ausbein- und Filetiermesser sowie ein Sägemesser)
- Kochtöpfe (klein, mittel, groß)
- Bräter
- Bratpfannen (ggfs. sogar eine Grillpfanne)
- Pürierstab (ggfs. sogar einen Standmixer)
- Gemüsehobel
- Feine und grobe Reibe
- Anrichtegeschirr und Besteck (Zange, Löffel, Kelle, Schaumkelle, etc.)
- Schneebesen
- Nudelholz
- Kartoffelpresse
- Rührschüsseln
- Zitruspresse
- Mörser/Zerkleinerer
- Teigschaber
- Kochlöffel
- Soufflee Formen
- Springform
- Schneidebretter
- Backbleche
- Backpapier
- Bratenthermometer
- Siebe

Wenn Ihr zu den technischen Voraussetzungen jetzt noch ein paar Fachbegriffe der Küchensprache kennt, könnt Ihr später nicht nur beim Kochen glänzen, sondern Euch darüber hinaus auch als wahre Kochprofis am Esstisch profilieren.
Viele Küchenvokabeln haben Ihren Ursprung in der französischen Sprache und klingen alleine dadurch schon unglaublich schön und vor allem professionell. Als erstes Beispiel fällt mir immer „blanchieren" ein. Letztendlich bezeichnet „blanchieren" nur den Vorgang des sehr kurzen Vorkochens von Gemüse zum Stabilisieren der Farbe und der Inhaltsstoffe. Diese Beschreibung würde in einem Rezept aber nicht ganz so gelungen wirken wie der französische Fachbegriff. Wir haben hier versucht, auf die meisten Fachvokabeln zu verzichten, wann immer es sinnvoll war. Alle weiteren Begriffe und Fragen werden im Folgenden nun kurz erklärt oder voneinander abgegrenzt:

- Pochieren – unter dem Siedepunkt (100°C) garen. Diese Kochmethode ist etwas schonender als normales Kochen und könnte auch mit „sieden" oder „leicht köcheln" übersetzt werden.
- Arosieren – ein Stück Fisch oder Fleisch in der Pfanne regelmäßig mit dem eigenen Bratfett oder etwas schaumiger Butter übergießen.
- Degraissieren – Fett und Trübstoffe von einer Brühe oder einem Fond abschöpfen.
- Confieren – Etwas im eigenen Fett (z.B. Ente oder Gans) oder in Öl pochieren.
- Parieren – Fleisch von Sehnen, Fettresten und Silberhäuten befreien.
- Ausbeinen – mit einem Ausbeinmesser ein Stück Fleisch vom Knochen schneiden bzw. in die einzelnen Muskelstränge zerteilen.
- Tranchieren – Fleisch in Scheiben (Tranchen) schneiden oder z.B. das gegarte Fleisch von einer Lammkeule portionieren.
- Emulgieren – Eine wässrige Flüssigkeit mit einer fettigen Flüssigkeit verbinden. Bei einer Vinaigrette emulgiert man z.B. den Essig mit dem Öl, sodass eine cremige, homogene Konsistenz entsteht. Die bekannteste Emulsion ist vermutlich die Mayonnaise.
- Zur Rose abziehen – Eine Flüssigkeit (meist Sahne) mit Eigelb binden. Hierzu muss das Eigelb auf ca. 83°C erhitzt werden. Um diese Temperatur genau abzupassen, ohne ein Thermometer zu verwenden, kann man die Flüssigkeit über den Rücken eines Löffels laufen lassen. Die verlaufende Flüssigkeit wird dann angepustet, sodass ein Wellen-Muster entsteht, welches von oben betrachtet einer Rose ähnelt. Diese Technik erfordert ein wenig Übung. Ein Thermometer vereinfacht die Sache deutlich.
- Passieren – Ein Püree oder eine Flüssigkeit (Suppe, Fond, etc.) durch ein feines Haarsieb gießen.
- Reduzieren – Eine Flüssigkeit einkochen. Das Volumen wird dadurch verringert und die Aromen verdichten sich bzw. werden intensiver.

Zum Schluss möchte ich hier noch ein paar von uns verwendete Begriffe einordnen, um somit letzte Fragen zu beantworten.
Häufig lest Ihr in den Rezepten die Wörter „abschmecken" und „würzen". Doch wo liegt denn der Unterschied? Abschmecken bezeichnet eigentlich das Gleiche wie würzen. Im zeitlichen Ablauf ist das Abschmecken aber meist der letzte Vorgang. Hier kann man das Wort tatsächlich wörtlich nehmen und durch ständiges Probieren und Herantasten den gewünschten Geschmack erzielen. Würzen liegt im zeitlichen Ablauf eher am Anfang.
Anschwitzen – Meist liest man diese Vokabel im Zusammenhang mit Zwiebeln, die glasig angeschwitzt werden sollen. Gemeint ist hier, dass die Zwiebeln in etwas Fett leicht angebraten werden, ohne dabei Röstaromen zu entwickeln. Die Farbe sollte sich also nicht zu stark verändern. Anders verhält es sich beim Anrösten. Hier geht es genau um die angesprochenen Röstaromen, die z.B. für Schmorgerichte unerlässlich sind.
Insbesondere bei Dressings und Emulsionen werdet Ihr über „Überwürzen" stolpern. Vor allem bei einer Vinaigrette bereiten wir zunächst eine würzige Basis zu, die dann mit Öl verbunden wird. Das Öl macht die Vinaigrette cremig und mildert den Geschmack deutlich ab. Wenn die ursprüngliche Basis schon etwas überwürzt war, wird dies durch das Öl nur noch ausgeglichen, sodass es geschmacklich wieder passt.

Wie groß ist eigentlich eine Prise? Ursprünglich war eine Prise Salz genau so viel, wie zwischen Daumen und Zeigefinger passt. Es handelt sich also um eine geringe Menge, die sich mit einer normalen Küchenwaage kaum noch messen lässt. In diesem Buch beschreibt eine Prise also eine geringe Menge, die ca. 0,5 g wiegt oder weniger als einen Viertel Teelöffel ergibt. Welches Öl verwendet man zum Braten? Wann immer irgendetwas scharf oder heiß angebraten werden soll, verwendet man am besten ein geschmacksneutrales Öl, welches sich gut erhitzen lässt. Ich verwende hier die Bezeichnung Pflanzenöl und meine damit z.B. Raps-, Sonnenblumen- oder Soja-Öl. Welches Öl Ihr letztendlich verwendet, ist Euch überlassen. Wichtig ist nur, dass das Öl frei von Trübstoffen und Geschmack sein sollte, da diese beim Erhitzen verbrennen würden und einen unangenehmen Beigeschmack entwickeln würden. So ist z.B. natives Olivenöl ein ungeeignetes Öl zum Braten, da man die guten Inhaltsstoffe, Vitamine und den kräftigen Eigengeschmack durch die Hitze nur zerstören würde. Es gibt allerdings Olivenöl, welches sich auch zum Braten hervorragend eignet. Dies ist aber meist die sogenannte Zweitpressung. Wenn die Oliven zum ersten Mal kalt gepresst werden, tritt das trübe, geschmackvolle Öl aus, welches später als natives Olivenöl bezeichnet wird. In dem zurückbleibenden Trester steckt aber immer noch eine Menge Öl, die sich auf die herkömmliche Methode nicht weiter auspressen lässt. Unter Zuhilfenahme von Hitze, einer Zentrifuge und weiteren Hilfsmitteln, lässt sich das restliche Öl dann aber aus dem Trester lösen. Dies ist die bereits erwähnte Zweitpressung. Durch den Einsatz von Hitze sind in diesem Öl kaum noch Vitamine enthalten. Auch die Trübstoffe wurden überwiegend herausgefiltert. Dieses Öl kann deutlich stärker erhitzt werden als das native Öl, schmeckt aber lange nicht so gut.

ESSENTIALS

Schnelles Baguette

Schnelles Baguette _

20 Min	ca. 2 Std	einfach	
Zubereitung	Geh- und Backzeit	Aufwand	Essentials

Bäckermeister und Fans der langen Teigführung müssen jetzt ganz stark sein! Ein Baguette innerhalb von 2,5 Stunden herzustellen, wäre in Frankreich vor nicht allzu langer Zeit vermutlich mit der Guillotine geahndet worden, aber manchmal muss es schnell gehen. Allein die Tatsache, dass man seinen Gästen ein selbstgebackenes Brot anstelle eines gekauften Discounter-Brotes serviert, ist doch schon ein deutlicher Fortschritt. Das perfekte Sauerteigbrot mit langer Teigführung wäre dann natürlich die Kirsche auf der Sahnetorte. Doch wir konzentrieren uns an dieser Stelle auf die Sahnetorte bzw. das Brot.
Dieses einfache und schnelle Brotrezept ist vielseitig einsetz- und kombinierbar. Der Teig lässt sich auch super als Pizzateig nutzen oder mit verschiedenen Gewürzen und Kräutern zu einem spannenden Ciabatta verarbeiten.
Jetzt aber erstmal die Basics.

Für das Brot:

500 g	Mehl (405er)
21 g	Hefe
150 ml	Milch
180 ml	Wasser
20 ml	Olivenöl
7 g	Zucker
8 g	Salz

Notizen

Schnelles Baguette _ Zubereitung

Zubereitung – Brot

_ Das Mehl mit dem Salz und dem Zucker in eine Schüssel geben.
_ Heißes Wasser mit der Milch, dem Olivenöl und der Hefe verrühren, bis die Hefe aufgelöst ist. (Die Flüssigkeit sollte lauwarm, aber keinesfalls heiß sein!)
_ Die Hefe-Milch Mischung zum Mehl geben und 3 min. durchkneten.
_ Die Schüssel mit dem Brotteig mit einem Geschirrtuch abdecken und an einem warmen Ort (ca. 25°C) ca. 1 Stunde gehen lassen bis sich das Volumen ungefähr verdoppelt hat.
_ Den Brotteig auf eine bemehlte Arbeitsfläche geben und in 4 gleichgroße Stücke aufteilen.
_ Nun mit den Handballen und Fingerkuppen Baguettes oder Brote formen. (Den Teig jetzt nur vorsichtig kneten. Auf keinen Fall reißen lassen, da die Brote sonst nicht gut aufgehen.)
_ Die geformten Brote vorsichtig auf ein bemehltes Backblech legen und auf ausreichend Abstand zwischen den Broten achten.
_ Mit einem scharfen Messer die Brote leicht einritzen, sie im Ofen nicht unkontrolliert aufreißen.
_ Nach weiteren 30 min. Gehzeit das Backblech bei 190°C in den Ofen schieben und ca. 35 min. backen. (Die genaue Backzeit ist vor allem abhängig von der Größe der Brote).
_ Um herauszufinden, ob ein Brot durchgebacken ist, macht man den Klopftest. Hier klopft man mit seinen Fingerknöcheln das Brot ab. Der entstehende Ton sagt einiges über den Zustand des Brotes aus. Klingt das Klopfen hohl ist das Brot fertig. (Klopft doch mal mit Euren Fingerknöcheln auf den Rücken dieses Buches. Ungefähr so klingt auch ein durchgebackenes Brot!)
_ Wenn das Brot fast fertig gebacken ist, drehe ich es meist noch für 4-5 min. um, damit auch der Boden etwas knuspriger wird.

Roggen-Mischbrot _

Roggen-Mischbrot _ mit Kernen

30 Min — Zubereitung
2 Std — Geh- und Backzeit
einfach — Aufwand
Essentials

Dieses Brot ist die gehaltvollere Variante des Baguettes von vorhin. Durch den Roggen- und Kernanteil sättigt dieses Brot deutlich besser und eignet sich ideal für Stullen und Brotzeiten. Auf einer Ski- und Yoga-Reise, die ich als Koch begleiten durfte, war dieses Brot immer als erstes weg und ich kam mit dem Backen kaum hinterher. Im Prinzip ist dieses Rezept eine Weiterentwicklung meines schnellen Baguette-Rezeptes und zeigt ganz gut, wie variabel man mit einem Grundrezept umgehen kann. Probiert gerne auch andere Kombinationen. Nutzt zur Abwechslung doch mal andere Kerne, Mehlsorten oder Gewürze, wie z.B. Anis.

Für das Brot:

300 g	Weizenmehl (405er)
200 g	Roggenmehl
15 g	Leinsaat
25 g	Sonnenblumenkerne
25 g	Kürbiskerne
21 g	Hefe
7 g	Zucker
8 g	Salz
360 ml	Wasser
20 ml	Olivenöl

Notizen

_____
_____
_____
_____
_____

Roggenmischbrot _ Zubereitung

Zubereitung – Brot
_ In einer Schüssel alle trockenen Zutaten miteinander vermischen.
_ Die Hefe in lauwarmem Wasser auflösen und das Olivenöl dazugeben.
_ Die Wasser-Hefe Mischung zu den trockenen Zutaten geben und gut durchkneten.
_ Den Brotteig mit einem Geschirrtuch abdecken und an einem warmen Ort (ca. 25°C) eine Stunde gehen lassen.
_ Den Brotteig auf eine bemehlte Arbeitsfläche geben und mit den Handballen und Fingerkuppen ein Brot formen.
_ Das Brot in eine bemehlte Kastenform legen und an der Oberfläche mit einem scharfen Messer fein einritzen.
_ Das Brot abgedeckt erneut ca. 30 min. gehen lassen.
_ Im Ofen bei 180°C ca. 35-40 min. backen. (Die Backzeit hängt auch hier von der Größe des Brotes ab.)
_ Um herauszufinden ob das Brot durchgebacken ist, verwendet Ihr am besten den Klopftest (s. Baguette-Rezept)

Jus _ oder das Gold der Küche

40 Min	6 Std	mittel-schwer	
Zubereitung	Koch- und Abkühlzeit	Aufwand	Essentials

So einer Jus oder Bratensoße könnte man ein eigenes Kapitel widmen, aber wir wollen hier nicht übertreiben. Doch habt Ihr Euch nicht auch schon immer gefragt, wie so eine richtige, dunkle und intensive Bratensoße hergestellt wird? So viel sei schon mal verraten: Ihr braucht viel Zeit und einen großen Topf. Bei diesem Rezept geht es mal wieder um ein echtes Grundrezept, welches Ihr nach Euren Wünschen oder passend zum jeweiligen Gericht abwandeln könnt. Ich würde Euch empfehlen, eine klassische Jus gleich in einer größeren Menge herzustellen und das, was Ihr nicht direkt benötigt (z.B. in Eiswürfelbehältern) einzufrieren. Dadurch habt Ihr immer eine selbstgemachte Grundsoße im Gefrierfach, die jedes Fleischgericht aufwertet. In der Ausbildung war ich zunächst sehr beeindruckt von diesem überdimensionalen 50 L Kochtopf, der eigentlich konstant auf dem Herd vor sich hin köchelte. Das erste, was wir jeden Morgen bei Arbeitsbeginn zu tun hatten, war das Anrösten der Knochen und des Gemüses, sodass wir den ersten Jus-Ansatz spätestens ab 10.00 Uhr auf dem Herd stehen hatten. Von da an war jeder Mitarbeiter verpflichtet, sich regelmäßig um den Soßenansatz zu kümmern. Die sogenannte „Fond-Pflege" beinhaltete das „Degraissieren", also Fett und Trübstoffe abschöpfen, und hin und wieder etwas Wasser nachfüllen. Dieser Fond köchelte dann meist so 8-10 Stunden vor sich hin und wurde ab und zu mit Fleischabschnitten und Gemüseresten aufgefüllt. Nach dem Kochen wurde der Fond dann passiert, über Nacht kaltgestellt und am nächsten Tag erneut vom Fett befreit und anschließend auf ca. 1/3 des ursprünglichen Volumens eingekocht. Währenddessen stand der große 50 L Topf meist schon wieder mit dem nächsten Soßenansatz auf dem Herd. Die Tatsache, dass man derart viel Zeit und Arbeit in die Soße steckt, den Fond auch noch mit allem Gutem „füttert", was in der Küche so zu finden ist und am Ende nur eine recht geringe Menge der Köstlichkeit erhält, führt wohl zu der Bezeichnung: „Das Gold der Küche". Dies sind übrigens die Gründe, weshalb Köche im Allgemeinen etwas zerknirscht reagieren, wenn im Restaurant nach mehr Soße verlangt wird. Wo wir grad beim Thema „Gold" sind: Eine häufige Frage ist die nach dem geeigneten Rotwein für die Soße. Meiner Meinung nach kann man für eine klassische Bratensoße jeden trockenen Rotwein nehmen, solange er nicht all zu billig ist. Letztendlich geht es nicht um den feinen, subtilen Charakter des Weins, sondern eher um die Säure, die Farbe und den vordergründigen Weingeschmack. Einen 1954er Petrus würde ich daher persönlich eher trinken (oder versteigern), anstatt ihn in einer Bratensoße zu verkochen. Aber es soll ja Spezialisten geben, die hier grundlegend anderer Meinung sind und z.B. den gleichen Wein zum Kochen verwenden, wie den, der später auch im Glas zum Essen landet. Hier geht es also um eine Frage des Geschmacks und des jeweiligen Geldbeutels.

Für die Jus:

2 kg	Kalbsknochen
150 g	Möhren
150 g	Knollensellerie
200 g	Zwiebeln
1 EL	Tomatenmark
200 ml	Rotwein (trocken)
8 Stängel	Thymian
2 Stk.	Lorbeerblätter
2 Stk.	Sternanis
10 Stk.	Wacholderbeeren
1 TL	Schwarze Pfefferkörner, Pflanzenöl, Speisestärke, Salz

Notizen

Jus _

Jus _ Zubereitung

Zubereitung – Jus

_ Die Knochen auf einem Backblech ausbreiten und im Ofen bei 200°C recht dunkel rösten.

_ Währenddessen Möhren und Sellerie schälen und in ca. walnussgroße Stücke schneiden und in einem Topf mit etwas Öl anrösten.

_ Sobald das Gemüse eine leichte bräunliche Färbung entwickelt, die geschälten und grob geschnittenen Zwiebeln dazugeben und ebenfalls gold-braun rösten.

_ Nun den Thymian, die Gewürze und das Tomatenmark hinzufügen und weitere 2 min. rösten, sodass das Tomatenmark ein wenig karamellisieren kann.

_ Den Röstansatz mit einem Drittel des Rotweins ablöschen und mit einem Kochlöffel oder Pfannenwender den Bratensatz vom Topf immer wieder abkratzen.

_ Sobald der Rotwein verkocht ist, dass zweite Drittel des Weins dazugeben und wieder verkochen lassen.

_ Nun das letzte Drittel des Weins dazugeben, verkochen lassen und die gerösteten Knochen in den Topf füllen (Das auf dem Blech zurückgebliebene Fett benötigen wir nicht mehr).

_ Den Topf mit kaltem Wasser auffüllen, bis die Knochen ordentlich bedeckt sind.

_ Den Fond aufkochen und den Schaum vorsichtig mit einer Kelle abschöpfen.

_ Von jetzt an sollte der Fond mindestens 5 Stunden leicht köcheln.

_ Währenddessen muss immer wieder etwas Wasser nachgefüllt und der Schaum und die Fettaugen regelmäßig abgeschöpft werden.

_ Nach ca. 5 Stunden den Fond durch ein feines Sieb passieren und am besten über Nacht kaltstellen.

_ Das aufgeschwommene Fett entfernen und den leicht gelierten Fond aufsetzen und auf ca. 1/3 bis 1/4 des Volumens einkochen (reduzieren).

_ Die Soße erneut durch ein feines Sieb oder Passiertuch passieren und ggfs. mit etwas Speisestärke andicken und mit Salz abschmecken. (Ihr werdet allerdings merken, dass Ihr nicht besonders viel Salz benötigt, da die Soße auch so schon würzig genug sein sollte).

Die Geschichte der Möhrchen
Werner

In Indien zu sitzen und einen Anruf aus Deutschland zu erhalten, ruft im ersten Augenblick ein leichtes Magengrummeln hervor. Dann zu sehen, es ist mein alter Freund Ulf, führt zu einer leichten Entspannung, die zugleich mit einem großen Fragezeichen versehen ist.
Mein berufliches Leben bestand im Wesentlichen aus 25 Jahren professioneller Fotografie. Die Digitalisierung hatte meinen Beruf so radikal verändert, dass ich mir eine mehrmonatige Auszeit in Indien genommen hatte, um einmal intensiver darüber nachzudenken, ob das digitale Bilderrauschen mich als Fotografen nicht bereits weggespült hatte und ich eine neue berufliche Perspektive brauchte.

Der Kameramann Ulf hatte mit Frank als Tontechniker schon lange im Team zusammengearbeitet, als die beiden 2005 die Idee hatten, die erste Mietküche in Hamburg zu eröffnen. Das Konzept war denkbar einfach: Miete Dir Deine Wohnküche, koche für oder mit Deinen Freunden, iss gemeinsam und habt einen schönen Abend, denn wir haben den perfekten Raum für Dich und aufräumen tun wir auch.

Das war eine gute Idee, denn die Küche war so gut gebucht, dass es nahe lag, das Angebot um ein wochentägliches Frühstück plus Mittagstisch zu erweitern. Nadine und Sybille übernahmen das gastronomische Tagesgeschäft und schon bald waren die „Gekreuzten Möhrchen" sowohl als Mietküche als auch als kleines Restaurant im Viertel St. Pauli-Nord in Hamburg als Bereicherung akzeptiert und geschätzt.

Mir hatte das Konzept der „Gekreuzten Möhrchen" immer gut gefallen und ich habe die Entwicklung der Küche immer genau verfolgt. Und weil ich begann, mit meinem Job als Fotograf mehr und mehr zu hadern, muss ich wohl bei irgendeinem tendenziell rauschhaften Treffen mit Ulf gesagt haben: „Wenn ihr euch erweitern wollt, sag Bescheid, ich bin dabei!"

So sitze ich also an der indischen Steilküste und Ulf sagt: „Es ist so weit. In Altona am Spritzenplatz gibt es die Möglichkeit, eine zweite Mietküche zu eröffnen. Ist eine Top-Location an einem Top-Ort. Es handelt sich allerding um ein ganzes Haus. Da müsste man sich noch was anderes ausdenken, um den Ort komplett nutzen zu können."
Sag ich: „Dann lass uns doch einfach zusätzlich in dem Haus noch ein Restaurant aufmachen."

Soweit der Gründungs-Mythos. Ein Kameramann, ein Tontechniker und ein Fotograf eröffnen ein Restaurant. Nicht gerade ihre Kernkompetenz und auch nicht das, wovon sie ihr Leben lang geträumt haben.

Ziemlich oft schon habe ich mir den großen Traum vom eigenen kleinen Café oder dem Restaurant in der Nachbarschaft angehört. Und tue es immer noch. Mal abgesehen davon, dass die Erfüllung der eigenen Träume nicht unbedingt glücklich machen muss, ganz im Gegenteil (siehe Kapitel „Wunschlosigkeit ist Dein größter Wunsch" im spirituellen Standardwerk „Bewusstsein – Gespräche über das was sich niemals ändert" von Alexander Smit in der Übersetzung von Werner Hinniger), habe ich natürlich darüber nachgedacht, wie es denn sein kann, dass ausgerechnet uns drei gastronomisch völlig unbedarften, branchenfremden Quereinsteigern diese Gelegenheit in den Schoß fällt und wir sie auch noch wahrnehmen. Ich schreibe es unserer Naivität zu.

Nach über einer Dekade in dieser Branche kann ich allerdings über Folgendes nur staunen: Auch im Jahr 2010 gab es schon Leute mit profundem Know-How der Gastronomie, die bereit waren, dieses unentgeltlich oder auch gegen Bezahlung mit potenziellen Neugründern zu teilen. Frank, Ulf und ich haben allerdings nicht im Entferntesten daran gedacht, professionelle Hilfe in Anspruch zu nehmen oder auch nur zu ahnen, dass es diese Möglichkeit gibt, sondern wir haben uns mit dem Vermieter des Hauses und dem damaligen Mieter zusammengesetzt, haben geschwind eine GmbH gegründet, ein paar professionelle Mitstreiterinnen und Mitstreiter eingestellt, die Alt-Konzession übernommen, den Vertrag unterschrieben, renoviert und den „Gasthof Möhrchen" eröffnet. Das war`s.

Unglaublich viele Dinge haben sich damals wie ein Puzzle zusammengefügt, das Momentum hat einfach gestimmt und jenseits der ganz normalen Probleme und Schwierigkeiten in Gründungs- und Renovierungsphasen lief alles rund. Wir drei waren der Meinung, dass das Gastronomie-Business im Prinzip ein leicht zu erlernender Selbstgänger ist, in dem man sein Gehalt locker erwirtschaften kann oder sich sogar eine goldene Nase verdient.

Nach knapp 3-monatiger Renovierungs- und Umbauzeit haben wir im Oktober 2010 unser Restaurant mit angeschlossener Mietküche eröffnet. Der erste Probelauf fand mit einem 3-Gang Menü für alle Familienangehörigen statt, zur Generalprobe feierte ein gemeinsamer Freund seinen runden Geburtstag bei uns und dann hieß es: „Die Türen sind für alle geöffnet!"

Wir widmen einigen der Probleme, die sich bei der Gründung und im Ablauf eines gastronomischen Betriebs ergeben, einen eigenen Abschnitt in diesem Buch, schaut selbst! Daneben gab es noch viele weitere kleinere und größere Herausforderungen. So mussten wir z. B. entscheiden, ob wir überhaupt eine Registerkasse benötigen oder auch nicht, oder herausfinden, wie man es schafft, ohne Gläserspülmaschine die Weingläser perfekt zu polieren. Bei all diesen Fragen habe ich fast vergessen, wie ich mich immer wunderte, dass da wirklich die Tür zum „Gasthof Möhrchen" aufging und Menschen hereinkamen, die unsere Gäste sein wollten, weil sie unser Angebot attraktiv fanden und hofften, dass wir gute Gastgeber sind.

Denn genau darum geht es: Gastgeber zu sein. Und nicht aufzuhören, sich zu wundern!

Und jetzt wird es ernst: Ein, zwei Jahre konnten wir uns darüber hinwegtäuschen, aber irgendwann ließ es sich nicht mehr übersehen, dass wir große Probleme hatten, uns unserer Arbeitszeit entsprechend angemessene Gehälter auszuzahlen. Während unsere Gäste angesichts der Auslastung des Gasthofs der Meinung waren, wir würden unsere Wände bald mit Blattgold tapezieren, konnten wir uns über Jahre hinweg kaum Gehälter auszuzahlen. Das Prinzip der Selbstausbeutung ist in der Gastronomie ziemlich weit verbreitet und auch wir haben das relativ lange konsequent durchgezogen.

Unglaublich viele Kosten sind uns in unserer Anfangsnaivität einfach durchgerutscht. Hier mal die Umsatzsteuer in der Preiskalkulation, da die immensen Lohnnebenkosten.
Jeder von uns dreien hat unterschiedlich auf diese Einsichten reagiert und jeder hat für sich die Konsequenzen daraus gezogen. Ulf und Frank haben nach knapp 4 Jahren beschlossen, ihre gastronomische Tätigkeit zu beenden. Ich aber war der Meinung, dass es möglich sein muss, mit einem gut gehenden Restaurant Geld zu verdienen und habe nach Möglichkeiten gesucht, den „Gasthof Möhrchen" weiter zu betreiben.

Unsere erste Speisekarte haben Max und Alex geschrieben. Max haben wir als Chef eingestellt, er brachte Alex als Sous-Chef mit, den er aus seiner Ausbildungszeit im Restaurant „Das Weiße Haus" kannte. Als Max kündigte, ging er mit seiner Frau nach Singapur und als Alex kündigte, studierte er BWL. Während und nach seinem Studium half Alex oft im Restaurant aus und mir kam die Idee, ihn als neuen Partner zu gewinnen, um das Möhrchen-Projekt nicht aufgeben zu müssen. Alex war zum Glück relativ einfach für diese Idee zu gewinnen. Diese Eingebung, Alex zu fragen, ob er als neuer Gesellschafter der „Gasthof Möhrchen GmbH" einsteigen wolle, hat sich als Top-Idee erwiesen, denn es ist uns tatsächlich gelungen, den Gasthof auf wirtschaftlich solide Füße zu stellen. Wir konnten dann auch zu neuen Ufern aufbrechen.

Alex und ich hatten am Anfang ein eher kühles Verhältnis zueinander. Ich glaube, er unterstellte mir einen erheblichen Mangel an sozialer Intelligenz. Spätestens seit der Neuaufstellung der Möhrchen haben wir ein gutes Verhältnis zueinander entwickelt, das auf gegenseitigem Vertrauen beruht. Und daraus hat sich eine Freundschaft ergeben, die dieses Buch überhaupt erst möglich gemacht hat.

Das gastronomische Tagesgeschäft verlangt einem viel ab. Die Woche hat sehr viele Arbeitsstunden und diese lassen sich meiner Ansicht nach in der Gastronomie kaum angemessen vergüten. Nachdem sich unsere privaten Lebensumstände sehr stark verändert hatten, beschlossen wir, das Restaurant abzugeben, falls wir ein Angebot erhalten würden, das wir nicht ablehnen könnten. Und so ein Angebot haben wir erhalten.

Ich habe dem „Gasthof Möhrchen" mehr als eine Träne hinterher geweint und manchmal bin ich immer noch ein wenig wehmütig, wenn ich an die Restaurant-Zeiten zurückdenke. Wenn ich überlege, wie lange ich gebraucht habe, um mich hinter dem Tresen hervorzuwagen, um Tisch-

Service zu machen, an all die Abende nach dem Service am Tresen denke, die vielen konzeptionellen Diskussionen Revue passieren lasse und mich zurück erinnere an all die Erlebnisse zwischen 18.00 Uhr - 0.00 Uhr, also genau in dem Zeitraum, in dem der „Gasthof Möhrchen" geöffnet hatte, bereue ich keine Sekunde, in die gastronomischen Fluten gesprungen zu sein, um auf die harte Tour zu lernen, wie Restaurant eigentlich geht.

Die Jahre im „Gasthof Möhrchen" haben uns als Gastgeber geprägt. Diese Erfahrung lassen wir in unsere Mietküche „Gekreuzte Möhrchen" einfliessen. Unsere Küche auf St. Pauli-Nord haben wir bis heute behalten. Sie wird nicht nur vermietet, sondern wir nutzen sie für Veranstaltungen aller Art. Und als Fotostudio.

Tanja, die sehr oft bei uns im „Möhrchen" zu Gast war, brachte uns ursprünglich auf die Idee, ein Kochbuch zu gestalten. Und diese Idee haben wir schließlich in den Corona-Lockdown-Zeiten ab 2020 realisiert.

SIMONE

ehemalige Serviceleitung im Gasthof Möhrchen

Alex und Werner, das ungewöhnliche Möhrchen Team, Junior und Senior, optisch wie ein ungleiches Vater-Sohn Gespann. Beide haben ihre großen Lieben im Laden gefunden, wie sollte es anders sein... Werner schon bei der Eröffnung und bei Alex war es die Kontaktbörse Kochkurs.
Werners liebste Schichten waren seine „Patronschichten", wo er als Chef des Hauses von Tisch zu Tisch wandert, plaudernd Gäste und sich selbst mit Schnaps versorgt, während das restliche Team dann um so schneller flitzte. Je später der Abend, desto besser wurden dann seine Gastgeberskills. Unvergessen und legendär sind Werners Blindverkostungen der eigenen Rotweine am Tresen, die Trefferquote war unterirdisch und verbesserte sich auch nach mehrfacher Wiederholung nicht, wohlgemerkt bei gleichbleibendem Weinangebot. Alex Rumverkostungen mit Jörn am Tresen waren dafür umso feuchtfröhlicher, Aromen von Vanille und Kokosnuss wurden betont und die Lampen gingen erst dann an und aus, wenn der Strandhafer noch ins Rennen geworfen wurde.

Horse's Neck _ und Wodka Soda

einfach
Aufwand

Drinks

Horse's Neck war Werners Favorit, den man daher reichlich üben konnte und durfte. Ein bis zwei Horse's Neck später war das Grinsen wesentlich breiter und seine Zigarettenpausen umso ausgedehnter... Wodka Soda bzw. Diskoschorle war der Lieblingsdrink der Servicemädels, der gerne zum Feierabend in Kombination mit David Bowie genossen wurde und die Tanzfüsse locker gemacht hat. Nach einem gemeinsamen Besuch in der Boilerman Bar wollte Werner unbedingt ebenfalls stilvolle Longdrink Gläser und hat für ein kleines Vermögen Gläser bestellt, obwohl der Laden zu dieser Zeit nicht gerade in Geld schwamm. Alex war not amused. Da diese Gläser so hochwertig und besonders waren, wurden sie auch nur handverlesenen Gästen von Werner serviert und bei Verschwinden nach einer Weihnachtsfeier auch der betreffenden Firma nachträglich in Rechnung gestellt.

Für Horses Neck:

4cl	Whiskey
1	Orangenzeste
2/3 Tropfen	Angustura
	Ginger Ale
	Eiswürfel

Mit dem Sparschäler eine Orangenzeste schneiden und diese einmal über dem Glas rollen für das Aroma.

Für Wodka Soda:

4cl	Wodka
	Saft einer halben Limette
1 Stängel	Minze
	Sodawasser
	Eiswürfel

Kleiner Tipp: Minze zwischen den Händen einmal klatschen, das öffnet die Aromaporen.

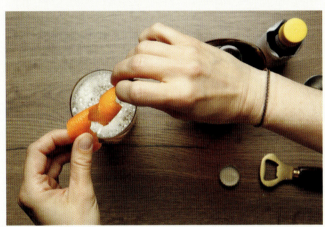

LECKERBISSEN

Focaccia

Focaccia _

30 Min	2 Std	einfach	
Zubereitung	Geh- und Backzeit	Aufwand	Leckerbissen

Die Focaccia ist eine Mischung aus Fladenbrot und Pizza und kommt ursprünglich aus Ligurien in Italien. Wer schon einmal in der Region war, hat vielleicht die vielen verschiedenen Focaccerien entdeckt, die meist mehrere unterschiedliche Varianten im Angebot haben. Hier kann man sich dann seine Favoriten aussuchen, die meist noch stilecht mit der Haushaltsschere geschnitten und dann abgewogen werden.
Dieses Rezept ist zunächst ein Grundrezept für das Fladenbrot. Die andere Hälfte haben wir mit etwas Zucchini, Tomate, Oliven und Rosmarin belegt. Probiert gerne mal ein paar Varianten aus und notiert Euch Eure Favoriten! Dieses Brot eignet sich übrigens auch ganz hervorragend zum Grillen. Ihr backt das gesamte Fladenbrot auf dem Grill (am besten mit einem Pizzastein), oder Ihr grillt das bereits gebackene, in Scheiben geschnittene Brot.

Für den Teig:

500 g	Weizenmehl (405er)
50 g	Hefe
330 ml	Wasser
10 g	Salz
4 g	Zucker
30 ml	Olivenöl
	Meersalz

Notizen

_____
_____
_____
_____
_____

Focaccia _ Zubereitung

Zubereitung – Teig
_ Das Mehl mit dem Salz und Zucker vermischen.
_ Die Hefe in lauwarmem Wasser auflösen und mit dem Mehl verkneten.
_ Den Teig mit einem Geschirrtuch abdecken und ca. 1 Stunde an einem warmen Ort gehen lassen.
_ Den Teig auf eine bemehlte Arbeitsfläche geben und vorsichtig einen Fladen formen.
_ Den Teigfladen auf ein bemehltes Blech legen, ein wenig in Form ziehen und weitere 15 min. gehen lassen.
_ Den Teig mit dem Olivenöl beträufeln und mit den Fingerkuppen kleine Vertiefungen in den Teig drücken.
_ Die Focaccia mit etwas grobem Meersalz oder nach Geschmack belegen und anschließend im Ofen bei 185°C ca. 35 min. backen. (Hier könnt Ihr wieder den Klopftest anwenden s. Baguette-Rezept).

Bruschetta Dreierlei _ Kürbis-Salbei-Ziegenkäse, Topinambur-Trüffel-Bergkäse, Tomate-Basilikum-Feta

1 Std — Zubereitung
einfach — Aufwand
Leckerbissen

Jeder wird beim Italiener um die Ecke schon einmal Bruschetta gegessen haben. Meist bekommt man dann eine Scheibe Baguette mit etwas Tomatensalsa, reichlich Knoblauch und etwas Basilikum. Als ich in Australien gearbeitet habe, war Bruschetta eine der am häufigsten bestellten „Tapas", die zu Beginn des Essens in die Mitte des Tisches gestellt wurden, um dann von den Gästen geteilt zu werden.

Da es nicht immer nur Tomate sein sollte, habe ich dann irgendwann ein paar Variationen ausprobiert, die es letztlich auch in dieses Buch geschafft haben. Die Basis ist immer dieselbe: Ein Ciabatta-Brot mit einer würzigen Kräuterbutter. Das Topping ist dann reine Geschmackssache. Mein Favorit ist hier wohl die Variante mit Topinambur, wobei auch die klassische Version immer geht. Der Kürbis ist ebenfalls ein Gedicht! Ach, ich weiß auch nicht. Alle drei zusammen sind wohl der beste Kompromiss.

Für die Kräuterbutter:

100 g	Butter
2 Stk.	Knoblauchzehe
10 Stängel	Schnittlauch
5 Stängel	Thymian
½ Stk.	Zitrone (unbehandelt)
	Salz, Pfeffer, Paprika (edelsüß)

Für die Tomaten-Variante:

4 Stk.	Brot (Scheiben oder Hälften)
30 g	Kräuterbutter
6 Stk.	Strauchtomaten
6 Stängel	Basilikum
20 g	Feta
	Olivenöl, Salz, Pfeffer

Für die Topinambur-Variante:

4 Stk.	Brot (Scheiben oder Hälften)
30 g	Kräuterbutter
200 g	Topinambur
5 Stängel	Thymian
½ Stk.	Zitrone
30 g	Bergkäse (Gruyere, o.ä.)
3-5 g	Trüffel
8 Stängel	Schnittlauch
	Salz, Pfeffer, Pflanzenöl

Für die Kürbis-Variante:

4 Stk.	Brot (Scheiben oder Hälften)
30 g	Kräuterbutter
200 g	Butternut Kürbis
4 Stängel	Salbei
½ Stk.	Zitrone
20 g	Ziegenweichkäse
	Salz, Pfeffer, Pflanzenöl

Notizen

Bruschetta Dreierlei

Bruschetta Dreierlei _ Zubereitung

Zubereitung – Kräuterbutter
_ Die Butter etwas weich werden lassen.
_ Den Knoblauch und die Kräuter fein hacken und zu der Butter geben.
_ Die Schale einer halben Zitrone fein reiben und ebenfalls zur Butter geben.
_ Alles gut miteinander vermengen und mit Salz, Pfeffer und Paprikapulver abschmecken.

Zubereitung – Tomaten-Variante
_ Die Brotscheiben mit der Butter bestreichen und im Ofen bei 180°C ca. 5 min. backen bis das Brot ein wenig angeknuspert ist.
_ Die Tomaten halbieren und mit der Schnittseite nach unten auf ein Rost legen.
_ Die Tomatenhaut ein wenig einfetten und salzen.
_ Im Ofen bei 230°C (am besten bei Oberhitze/Grillfunktion) 4 min. backen bis die Haut anfängt zu bräunen.
_ Die Tomaten etwas abkühlen lassen und dann die Häute abziehen und das Fruchtfleisch inkl. der Kerne grob entfernen.
_ Die gehäuteten Tomatenfilets mit dem grob gehackten Basilikum, etwas Olivenöl, Salz und Pfeffer marinieren und die gerösteten Brote damit belegen.
_ Zum Schluss den Feta grob zerbröckeln und auf den Tomaten verteilen.
_ Im Ofen bei 190°C weitere 8 min. backen.

Zubereitung – Topinambur-Variante
_ Die Brotscheiben mit der Butter bestreichen und im Ofen bei 180°C ca. 5 min. backen bis das Brot ein wenig angeknuspert ist.
_ Die Topinambur schälen und in ca. 0,5 x 0,5 cm große Würfel schneiden.
_ Topinambur mit dem Thymian in einer Pfanne mit etwas Pflanzenöl braten, sodass auch ein wenig Farbe und somit Röstaromen entstehen.
_ Die gegarte Topinambur mit Salz, Pfeffer und einem Spritzer Zitronensaft abschmecken und auf dem Brot verteilen.
_ Den Bergkäse reiben und über der Topinambur verteilen.
_ Im Ofen bei 190°C ca. 8 min. backen.
_ Zum Schluss den gehobelten Trüffel und den fein geschnittenen Schnittlauch anrichten.

Zubereitung – Kürbis-Variante
_ Die Brotscheiben mit der Butter bestreichen und im Ofen bei 180°C ca. 5 min. backen bis das Brot ein wenig angeknuspert ist.
_ Den Butternut schälen und in ca. 0,5 x 0,5 cm große Würfel schneiden.
_ Den Kürbis in einer Pfanne mit etwas Öl und dem Salbei braten, bis der Kürbis leicht gebräunt und gar ist.
_ Mit etwas Salz, Pfeffer und einem Spritzer Zitronensaft abschmecken und auf den Brotscheiben verteilen.
_ Den Ziegenkäse in Scheiben schneiden und auf dem Kürbis verteilen.
_ Zum Schluss die gebratenen Salbeiblätter auf den Ziegenkäse legen und alles im Ofen bei 190°C ca. 8 min. backen.

Rillette

Rillette _ von der Ente

2,5 Std — Zubereitung | mittel — Aufwand | Leckerbissen | mit Fleisch

Wer einmal im Gasthof Möhrchen zu Gast war, wird vermutlich auch unser Abendbrot gegessen oder zumindest gesehen haben. Das Abendbrot war immer eines unserer Aushängeschilder und erklärt recht gut, für welche Art der Gastronomie wir stehen und was für uns beim Essen wichtig ist: Zeit, gute Gesellschaft und Handwerk. Alle Bestandteile des Abendbrotes in diesem Buch zu erklären, wäre für viele wohl etwas komplex und würde auch zu viele unserer Geheimnisse verraten. Daher belassen wir es vorerst beim Rillette von der Ente.

Als idealer Begleiter auf jedem Büfett, Abendbrot-Tisch oder nur so zum Bierchen, ist das Rillette dennoch kein Hexenwerk. Zugegeben, das kalorienärmste Gericht ist ein Rillette nicht, da es sich überwiegend um Schmalz und Fleisch handelt. Aber auch hier gilt: Die Dosis macht das Gift.

Rillette beschreibt übrigens eher eine Zubereitungsmethode als ein festes Gericht. Das heißt, dass sich letztlich fast jedes Fleisch (und sogar Fisch) zu einem Rillette verarbeiten lässt. Hier haben wir uns jetzt für Entenkeulen entschieden. Im Gasthof war es meist Schweineschulter mit grünem Pfeffer, aber auch Gans, Huhn, oder Thunfisch sind möglich.

Das Rillette hält sich im Kühlschrank mindestens 2 Wochen. Daher lohnt es sich, etwas mehr zuzubereiten.

Für das Rillette:

2 Stk.	Entenkeulen
400 g	Gänse-, Enten- oder Schweineschmalz (natur, ohne Grieben!)
70 ml	Weißwein
1 Stk.	Zwiebel
1 Stk.	Knoblauchzehe
1 Stk.	Zimtstange
2 Stk.	Lorbeerblätter
10 Stk.	Wacholderbeeren
½ Stk.	Orange (unbehandelt)
	Salz, Pfeffer

Notizen

Rillette _ Zubereitung

Zubereitung – Rillette
_ Die Zwiebel und den Knoblauch schneiden und mit dem Weißwein, dem Schmalz, der Schale einer halben Orange und den Gewürzen in einen Topf geben und langsam erhitzen.
_ Sobald das Fett geschmolzen ist, die Entenkeulen dazugeben. (Die Keulen sollten vollständig mit Schmalz bedeckt sein.)
_ Die Entenkeulen ca. 1,5 Stunden im Topf konfieren (leicht köchelnd garen) bis sich das Fleisch problemlos vom Knochen lösen lässt.
_ Die Keulen aus dem Fett nehmen und das Fleisch vorsichtig vom Knochen lösen. (Haut und Knochen werden nicht mehr benötigt.)
_ Mit zwei Gabeln das Fleisch klein zupfen.
_ Nun das Fett durch ein Sieb passieren und zwei Drittel davon mit dem Fleisch vermengen.
(Das dritte Drittel verwendet Ihr einfach beim nächsten Mal nochmal).
_ Mit Salz und Pfeffer abschmecken und noch warm in Weckgläser füllen oder mit Frischhaltefolie und Alufolie Würste drehen (s. Serviettenknödel-Rezept).

Soleier _ mit Rotweinessig

30 Min	3 Tage	einfach	
Zubereitung	Kühlschrank	Aufwand	Leckerbissen

Soleier sind für mich Kindheit. Auf den ersten Blick vielleicht etwas gewöhnungsbedürftig, aber geschmacklich der ideale Begleiter für jede Brotzeit. Mein Papa hat diese Art der Soleier (also mit reichlich Essig und Gewürzen) immer gleich für ein paar Wochen zubereitet und dementsprechend etwas mehr gemacht. Am besten sind die Eier erst nach ca. 3-4 Tagen, wenn sie richtig durchgezogen sind. Meistens waren nach 3-4 Tagen kaum noch welche übrig, da mein Bruder und ich es, zum Nachteil von meinem Papa, nicht abwarten konnten.

Für die Soleier:
10 Stk.	Eier
1 Stk.	Zwiebeln
2 Stk.	Lorbeerblätter
1 EL	Senfsaat
1 TL	Wacholderbeeren
1 TL	Schwarzer Pfeffer
2 Stängel Dill	
400 ml	Rotweinessig
1 TL	Salz
1 EL	Zucker
200 ml	Wasser

Notizen

_____

_____

_____

_____

Soleier _

Soleier _ Zubereitung

Zubereitung – Soleier
_ Die Eier 10 min. hart kochen und pellen.
_ Alle weiteren Zutaten in einem Topf vermischen und kurz aufkochen.
_ Den Sud auf Zimmertemperatur abkühlen lassen und mit den Eiern in ein Weckglas füllen.
_ Die Eier im Kühlschrank im Idealfall mindestens 3 Tage marinieren.

Gazpacho

Gazpacho _ mit Basilikum-Öl

20 Min Zubereitung | einfach Aufwand | Leckerbissen

Kalte Suppen sind nicht jedermanns Sache, aber diese eiskalte Gazpacho an einem heißen Sommertag solltet Ihr einmal ausprobieren. Erfrischend und dennoch sättigend, super einfach, aber trotzdem überraschend lecker – genau das Richtige also, wenn man bei 30°C mal keine Lust auf zu großen Aufwand in der Küche hat. Meistens mache ich gleich die doppelte Menge und gieße den Rest einfach in eine PET- oder Glasflasche, um in den nächsten Tagen wieder darauf zurückgreifen zu können.
Spannend sind auch verschiedene Variationen dieser Gazpacho. Versucht es doch mal mit Wassermelone.
Das Basilikum-Öl ist optional und eher für den optischen Effekt gedacht. Ihr könnt das Basilikum auch direkt mit dem Gemüse pürieren, falls Ihr diesen Arbeitsschritt etwas vereinfachen wollt.

Für die Gazpacho:
1 Stk.	Salatgurke
100 g	Staudensellerie
300 g	Strauchtomaten
1 Stk.	Rote Paprika
1 Stk.	Zwiebel
½ Stk.	Knoblauchzehe
70 g	Ciabatta-Brot oder Baguette
25 ml	Olivenöl
20 ml	Heller Balsamico
50 ml	Wasser
	Salz, Pfeffer, Zucker

Für das Öl:
6 Stängel	Basilikum
30 ml	Pflanzenöl
	Salz

Zum Anrichten:
20 g	Pinienkerne

Notizen

Gazpacho _ Zubereitung

Zubereitung – Gazpacho
_ Die Salatgurke schälen.
_ Die Gurke, den Sellerie, die Tomaten, die Paprika, die Zwiebel und den Knoblauch grob schneiden und mit einer Prise Salz und Zucker 5 min. marinieren.
_ Das Brot grob würfeln und mit dem Gemüse, dem Olivenöl, dem Essig und dem Wasser in einen Standmixer füllen und sehr fein pürieren.
_ Die Gazpacho mit Salz, Pfeffer, Zucker und ggfs. etwas mehr Balsamico abschmecken.
_ Die Suppe im Kühlschrank oder mit Hilfe von Eiswürfeln kühlen und eiskalt verzehren.

Zubereitung – Öl
_ Das Basilikum mit dem Öl und einer kleinen Prise Salz pürieren.

Anrichten
_ Die eiskalte Suppe in einen (gekühlten) Suppenteller füllen und mit dem Basilikum-Öl und den gerösteten Pinienkernen garnieren.

Ofenkürbis _

Ofenkürbis _ mit Linsen, Mandeln, Granatapfel und gereiftem Ricotta

45 Min
Zubereitung

einfach
Aufwand

Leckerbissen

Wenn es mal schnell gehen soll, ist ein Ofenkürbis eine gute Wahl. Die Füllung für den Kürbis ist individuell anpassbar. Ich habe mich hier für eine vegetarische Variante mit Linsen, Mandeln, Orange, etc. entschieden.

Auch bei der Größe lässt sich einiges ausprobieren. Hier habe ich die unteren Hälften vom Butternut-Kürbis verwendet, da ich die oberen Hälften für ein anderes Gericht benötigt habe. Sehr schön passt auch ein halber, kleiner Muskatkürbis, der dann in der Mitte des Tisches platziert wird, sodass sich jeder etwas davon nehmen kann. Dieses Gericht ist vielseitig einsetzbar. Es eignet sich als Vorspeise, Hauptgang, oder Beilage. Aber auch als Bestandteil eines Büffets macht es sich gut.

Für den Kürbis:

4 Stk.	Butternut-Kürbis (die unteren Hälften oder ein kleiner Muskatkürbis)
4 Stängel	Thymian
	Olivenöl
	Salz

Für die Füllung:

70 g	Belugalinsen
1 Stk.	Lorbeerblatt
15 ml	Dunkler Balsamico
2 Stk.	Orangen
¼ Stk.	Granatapfel
30 g	Mandeln
60 g	Feldsalat
1 Stk.	Zitrone
30 g	Ricotta Salata oder Pecorino
25 ml	Olivenöl
	Salz, Pfeffer, Zucker

Notizen

Ofenkürbis _ Zubereitung

Zubereitung – Kürbis
_ Kürbis entkernen und die Innenseite mit Thymian, einer Prise Salz und einem Spritzer Olivenöl würzen.
_ Den Kürbis im Ofen bei 170°C weich garen. (Je nach Größe und Sorte zwischen 10 und 30 min).

Zubereitung – Füllung
_ Währenddessen die Linsen und das Lorbeerblatt in 140 ml kochendes Wasser geben und zugedeckt 20 min. köcheln.
_ Die Linsen mit Salz, Pfeffer und Balsamico abschmecken.
_ Die Orangen filetieren.
_ Den Granatapfel aus der Schale klopfen.
_ Die Mandeln mit einer Prise Salz im Ofen rösten (ca. 12 min. bei 170°C).
_ Den Feldsalat putzen.
_ Alle Zutaten miteinander vermischen und mit Salz, Pfeffer, Zucker, Olivenöl und Zitronensaft abschmecken und in die Kürbishälften füllen und mit dem geriebenen Ricotta bestreuen.

69

Asiatisches Fischbrötchen _

Asiatisches Fischbrötchen _ mit eingelegter Makrele, Sesam-Majo und Curry-Bun

1 Std	24 Std	mittel	Leckerbissen	mit Fisch
Zubereitung	Marinieren	Aufwand		

Hamburg ist Fischbrötchen-Stadt und natürlich das „Tor zur Welt". Warum also nicht mal ein asiatisch inspiriertes Fischbrötchen? Dieses Gericht habe ich für einen NDR-Dreh zum Thema Hamburger Hafen entwickelt. Da der Reporter des Beitrags keine Weizenprodukte verträgt und wir das Ganze auf einer kleinen Hafen-Barkasse ohne Ofen gekocht haben, habe ich mich dazu entschieden, das Brötchen auf Dinkelbasis und vor allem nur in der Pfanne auf dem Herd zu backen. Falls Ihr also beim Campen seid, nur einen kleinen Gaskocher habt, und dennoch die Nachbarn beeindrucken wollt, dann könnte dieser kleine Snack für reichlich Ansturm vor Eurem Camper sorgen. Die einzelnen Bestandteile dieses Brötchens stehen natürlich auch für sich. Die gebeizte Makrele könnte man auch als Vorspeise mit Salat essen und das Brötchen eignet sich als Burger-Bun oder Frühstücksbrötchen. Dann würde ich allerdings die Gewürze weglassen.

Jetzt aber Butter bei die Fische...

Notizen

Für das Brötchen:

300 g	Dinkelmehl
5 g	Salz
2 g	Zucker
½ TL	Kurkuma
½ TL	Kreuzkümmel
½ TL	Koriandersaat
½ TL	Fenchelsaat
210 ml	Wasser
15 g	Hefe (frisch)
1 EL	Olivenöl

Für die Makrele:

2 Stk.	Kleine Makrelen (küchenfertig)
300 g	Apfelessig
95 g	Zucker
2 Stk.	Schalotten
1 Stk.	Rote Bete
5 g	Ingwer
2 Stk.	Lorbeerblätter
2 Stk.	Sternanis
1 TL	Pfefferkörner
	Salz

Für die Majonäse:

1 Stk.	Ei
2 Stk.	Kaffir-Limetten Blätter
1 Stk.	Limette (Saft)
1 Prise	Salz
1 Prise	Pfeffer
130 ml	Rapsöl
1 EL	Sesamöl
½ TL	schwarzer Sesam

Zum Anrichten:

15 g	Cashewkerne (geröstet)
½ Stk.	Chilischote
4 Stängel	Koriander
20 g	Wasabi-Rauke oder ein anderer Salat

Asiatisches Fischbrötchen _ Zubereitung

Zubereitung – Brötchen
_ Mehl mit den gemahlenen Gewürzen, Salz und Zucker verrühren.
_ Die Hefe in lauwarmem Wasser auflösen, das Öl dazugeben und über die Mehl-Gewürzmischung geben.
_ Alles miteinander verkneten und den abgedeckten Teig an einem warmen Ort ca. 1 Stunde gehen lassen.
_ Dann kleine Brötchen formen und in die kalte Pfanne legen.
_ Die Brötchen bei niedriger bis mittlerer Hitze unter dem Deckel backen (ca. 20 min) und ab und zu wenden. Tipp: Wenn man leicht auf die Brötchen klopft, sollten sich diese hohl anhören. Zum Vergleich könnt Ihr einfach auf den Rücken dieses Buches klopfen. Der Sound sollte ähnlich zu dem der Brötchen sein. Das bedeutet, dass die Brötchen durchgebacken sind.

Zubereitung – Makrele
_ Die Makrelen filetieren und von restlichen Gräten befreien.
_ Aus Essig, Zucker, fein geschnittenen Schalotten, dünnen Rote Bete Scheiben, dem geschnittenen Ingwer und den übrigen Zutaten einen Sud herstellen und über die Makrelen-Filets geben.
_ Den Fisch ca. 24 Stunden ziehen lassen.
_ Vorm Servieren vorsichtig die Haut abziehen.

Zubereitung – Majonäse
_ Das Ei in ein schmales, hohes Gefäß schlagen und die Limettenblätter, den Saft und die Gewürze dazugeben.
_ Mit einem Pürierstab alles verquirlen und dann vorsichtig nach und nach das Rapsöl einrühren, sodass eine homogene Mayonnaise entsteht.
_ Zum Schluss mit dem Sesamöl und dem schwarzen Sesam abschmecken.

Anrichten
_ Zunächst werden beide Brötchenhälften mit einem großzügigen Kleks Majo eingestrichen.
_ Als nächstes kommt der Salat, die fein geschnittene Chilischote und der portionierte Fisch.
_ Darauf der Koriander, ein paar von den eingelegten Schalotten und die grob gehackten Cashew-Kerne.
_ Zum Schluss die obere Brötchenhälfte.

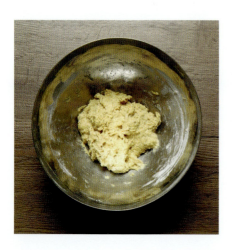

Ziegenkäse-Kartoffel Krapfen _ mit Paprika-Marmelade

45 Min
Zubereitung

mittel
Aufwand

Leckerbissen

Hier jetzt ein Gericht für die Fritteusen-Fans, die keine Lust auf die einschlägigen Fertigprodukte haben. Bei diesem Gericht geht es gar nicht unbedingt um genau diese Art des Krapfens, sondern um die Herstellung von Kartoffelkrapfen im Allgemeinen. Die Grundmasse besteht aus Kartoffeln und einem Brandteig, der das Ganze nachher fluffig macht. Ob Ihr dann aber Ziegenkäse, Oliven, Speck einzeln oder alle drei Zutaten in die Masse einarbeitet, bleibt Euch überlassen. Fast alles ist hier möglich.

Die fruchtige Paprika-Marmelade eignet sich ebenfalls für eine Vielzahl von Gerichten und passt auch hervorragend zu einer Käseplatte. Eingeweckt ist die Marmelade auch ein schönes Weihnachtsgeschenk, wenn es mal etwas selbst Gebasteltes sein soll.

Für den Krapfen:

25 g	Butter
100 ml	Milch
50 g	Mehl
1 Stk.	Ei
1 Stk.	Eigelb
400 g	Mehlig kochende Kartoffeln (wir benötigen 300 g gegarte, gepellte Kartoffeln)
80 g	gereiften Ziegenweichkäse
30 g	schwarze Oliven
	Salz, Öl zum Frittieren

Für die Marmelade:

2 Stk.	Rote Paprika (wir benötigen später 160 g geschälte, fein gewürfelte Paprika)
40 ml	Himbeeressig
1 Stk.	Lorbeerblatt
½ Stk.	Zitrone
100 g	Gelierzucker (2:1)

Zum Anrichten:

1 TL	Chili-Flocken
1 TL	Sesamsaat
8 Stängel	Schnittlauch

Notizen

Ziegenkäse-Kartoffel Krapfen _ Zubereitung

Zubereitung – Krapfen
_ Die Butter in einem Topf schmelzen und zusammen mit der Milch aufkochen.
_ Das Mehl einrühren und solange bei mittlerer Hitze rühren, bis sich ein weißlich gelber Bodensatz bildet. (Das nennt man dann „Abbrennen". Daher der Name Brandteig).
_ Den Brandteig in eine Küchenmaschine geben und das Ei und Eigelb einrühren, bis ein homogener, klebriger Teig entsteht.
_ Die Kartoffeln in der Schale entweder im Ofen oder im Topf mit Wasser weichkochen, pellen, durchdrücken und ausdampfen lassen. (Die Kartoffeln im Ofen zu garen dauert natürlich deutlich länger als im Topf. Man schmeckt aber später mehr vom Kartoffelaroma).
_ 300 g durchgedrückte Kartoffeln mit dem Brandteig vermengen.
_ Die Oliven grob hacken, den Ziegenkäse klein zupfen und alles in den Teig einarbeiten und mit etwas Salz würzen.
_ Nun mit zwei eingefetteten Esslöffeln Nocken formen und frittieren. Oder die Krapfenmasse einfach direkt vom Löffel mit dem Finger in die 170°C heiße Fritteuse (oder ein Topf mit heißem Öl) tropfen lassen. (So sehen die Krapfen etwas wilder oder rustikaler aus).

Zubereitung – Marmelade
_ Die Paprika waschen und mit einem Sparschäler vorsichtig schälen.
_ Die Paprika in sehr feine Würfel schneiden und 160 g abwiegen.
_ Die Paprikawürfel mit dem Essig, dem Lorbeerblatt, der Schale einer halben Zitrone und dem Gelierzucker in einem kleinen Topf aufsetzen und aufkochen.
_ Die Marmelade ca. 4 min. unter regelmäßigem Rühren kochen und dann direkt in sterilisierte Marmeladengläser füllen und auskühlen lassen.

Anrichten
_ Die Krapfen von allen Seiten ein wenig salzen und dann auf einem Brett oder einem Teller anrichten.
_ Die Chili-Flocken, den Sesam und den fein geschnittenen Schnittlauch über die Krapfen streuen.
_ Die Marmelade separat ggfs. im Weckglas dazustellen.

Meine Motivation und Philosophie

Alex

Warum bin ich eigentlich Koch geworden und welche Kochphilosophie vertrete ich?
Eine Motivation kann schon sehr früh im Leben entstehen. Aber eine Kochphilosophie entsteht meiner Erfahrung nach erst durch eine gewisse Vielfalt an Erlebnissen und kann sich über die Zeit auch anhand von eigenen Wertvorstellungen weiterentwickeln. Fangen wir also an mit der Frage: Was hat mich überhaupt dazu motiviert, Koch zu werden?

In meiner Kindheit war mein Papa zuhause für das tägliche Mittagessen verantwortlich. Meine Mutter hat in Vollzeit gearbeitet und mein Vater konnte als selbstständiger Designer im Homeoffice arbeiten, wodurch der Weg in die Küche nicht allzu weit war. Soweit ich mich erinnern kann, gab es bei uns immer frisch zubereitetes Essen und das in einer sehr guten Qualität. Als Schwabe wurde meinem Vater das Koch-Gen quasi in die Wiege gelegt, sodass ich das Glück hatte, mit verschiedensten süddeutschen Spezialitäten, wie z.B. Maultaschen, Linsen und Spätzle, aber auch Kalbsleber, geschmortem Rinderherz etc. aufzuwachsen. Ich denke, dass diese Geschmackserfahrungen bereits den Grundstein für meine spätere Berufswahl gelegt und mir eine gewisse Offenheit für ausgefallene Zutaten mitgegeben haben.
Im Alter von ungefähr dreizehn oder vierzehn Jahren entstand bei mir das echte Interesse am Kochen, das über das bloße Interesse am Essen hinausging. Ich war mit meinem Vater auf der Elbe segeln und er erklärte mir, wie ich seinen legendären Rindertafelspitz oder den außerordentlich guten Krustenbraten zubereiten konnte. Er saß an der Pinne, erzählte und ich notierte alles ganz fleißig auf meinem Collegeblock.
Zurück in der heimischen Küche habe ich ihm fortan immer gerne über die Schulter geschaut und mir reichlich Notizen gemacht, bis ich ihm dann irgendwann auch ein wenig zur Hand gehen konnte.
In den nächsten Jahren fand ich dann immer mehr Gefallen am Kochen und Ausprobieren, bis ich in meinem Auslandsjahr in Neuseeland mit 17 Jahren den Entschluss fasste, nach dem Abitur eine Koch-Ausbildung anzufangen. Zu dieser Zeit startete gerade die „Revolution des Fernsehkochens" mit Tim Mälzer als Zugpferd. Eigentlich musste ich vom Kochen nicht mehr überzeugt werden, aber dass dieser Beruf plötzlich ein derart cooles Image bekam, machte ihn für mich umso attraktiver. Die Art von Tim Mälzer, aus z.T. einfachsten Zutaten und wenigen Handgriffen eine moderne, leckere Kreation zu erschaffen oder die sogenannte „Hausfrauenküche" neu und interessanter zu interpretieren, beeindruckte mich, und der Wunsch nach einer Ausbildung bei genau diesem Fernsehkoch wurde immer größer.
Noch während ich fleißig an meinem Abitur arbeitete, erstellte ich eine komplett ausgestattete Bewerbungsmappe inkl. Arbeitszeugnis von meinem 450 € Job in der Clubgastronomie im Rissener Sportverein, um mich damit um einen Praktikumsplatz im „Weißen Haus", dem Restaurant von Tim Mälzer und Christian Senkel, zu bewerben. Persönlich ging ich in dem kleinen Lotsenhaus

in Övelgönne vorbei, um meine Unterlagen dort abzugeben. Kurze Zeit später wurde ich zu einem Gespräch mit Tim und Christian eingeladen und zunächst ein wenig belächelt, da ich eine derart ausgearbeitete Bewerbung für ein simples Praktikum von 10 Tagen eingereicht hatte.
Das Praktikum hat mich dann vollends überzeugt. Ich fing direkt nach dem Abi meine Ausbildung im „Weißen Haus" an.
Ich denke, dass ich erst durch meine Ausbildung darüber nachdenken konnte, woher meine Motivation für diesen Job stammen könnte. Schnell wurde mir nämlich klar, dass Geld in diesem Beruf eher keinen Anreiz darstellt, sondern eher die Leidenschaft für das Kochen und das „Glücklichmachen" von Gästen. Wie sollte es mit einer Ausbildungsvergütung von € 353 netto im ersten Lehrjahr auch anders sein?
Die Ausbildung eröffnete mir schließlich eine völlig neue Welt und veränderte alles – im positiven wie aber auch im negativen Sinn. Fast mein gesamter Freundeskreis veränderte sich in kürzester Zeit, da ich auf einmal mit Arbeitszeiten leben musste, die nicht wirklich mit den Uni- oder Zivildienstzeiten meiner Schulfreunde zu vereinbaren waren. Denn mein Arbeitstag begann um 14.00 Uhr und endete um 0.00 Uhr. Wenn ich dann am Wochenende meist als letzter auf die Party kam, waren alle anderen entweder schon betrunken oder müde. Der Übergang in den „Gastro-Mikrokosmos" war mit voller Härte, aber auch vielen tollen Erlebnissen vollzogen. Während der Arbeit lernte ich Produkte und Zutaten kennen, von denen ich vorher noch nie etwas gehört hatte und lernte allerhand Kochtechniken und Kombinationen, die mich nachhaltig beeindruckten, und die ich auch heute noch gern verwende.
Unvergesslich bleibt für mich meine erste Flambier-Erfahrung. Ich wollte meine Familie beeindrucken und kochte zuhause einen rosa gebratenen Hirschrücken, den ich zum Schluss noch mit etwas Cognac flambieren wollte - um ehrlich zu sein: Eigentlich ging es nur um den Coolness-Faktor... Was ich dabei nicht bedacht habe, war der Abstand zwischen Pfanne und Dunstabzugshaube, der bei uns zuhause deutlich geringer ausfiel als in der Profiküche. Langer Rede kurzer Sinn: Die Stichflamme war groß und die Haube dahin.

Irgendwann begann ich, anlässlich von Geburtstagen oder Feierlichkeiten von Familie und Freunden zu kochen und machte mich aufgrund des überwiegend positiven Feedbacks direkt nach meiner Ausbildung selbstständig. Die Idee war, dass ich zu den Leuten nach Hause komme, um dort in deren Küche zu kochen. Außerdem arbeitete ich als Mietkoch für die „Rote Gourmet Fraktion" auf spannenden Veranstaltungen und Konzerten und erfuhr, wie abwechslungsreich nicht nur das Essen selbst, sondern der Job insgesamt sein konnte. Insbesondere die Interaktion mit den Gästen und das direkte Feedback in Kombination mit dem kreativen Job des Kochs gefielen mir sehr gut und sorgten bei mir für ein hohes Maß an Motivation für diesen Beruf.

Ich habe schon häufig davon gehört, dass in Deutschland ausgebildete Köche im Ausland sehr gefragt seien. Nur wusste ich nicht genau, weshalb. Mir war zu diesem Zeitpunkt gar nicht bewusst, wie einzigartig unser duales Ausbildungssystem wirklich ist. Das duale System bedeutet ja, dass man als Azubi neben der Arbeit im Restaurant auch zur Berufsschule geht, um neben den praktischen Inhalten auch Theorie und Fachwissen zu erlernen. In den meisten anderen Ländern

entscheidet man sich zwischen einem der beiden Wege. Ein weiterer Faktor, der zur Beliebtheit deutscher Köche im Ausland beiträgt, hat mit unserer typisch deutschen Mentalität zu tun: Pünktlichkeit, Disziplin und Genauigkeit. In Australien hatte ich folgendes Erlebnis: Ich arbeitete in einem kleinen, aber feinen Restaurant im Norden von Queensland. In meinem Dienstplan stand: Arbeitsbeginn 10.00 Uhr. Ich war natürlich um 9.55 Uhr umgezogen in der Küche, woraufhin mich mein Küchenchef überrascht fragte, warum ich denn schon da sei. Ich verwies auf meinen Dienstplan und dass ich vorhätte, pünktlich zu sein. Daraufhin erklärte mir mein Küchenchef, was er sich bei dem Dienstplan gedacht hatte: Wenn er 10.00 Uhr in den Dienstplan schriebe, dann müsste ein normaler australischer oder auch deutscher „work-and-travel-Koch" bestimmt bis ca. 11.30 Uhr und damit rechtzeitig zum Beginn des Mittagstisches in der Küche eingetroffen sein. Vergessen hatte er dabei nur die gute deutsche Pünktlichkeit.
Die Wertschätzung und auch die Bezahlung, die ich in Australien erfuhr, imponierten mir. Viel wichtiger aber war für mich die Qualität der Produkte, mit denen ich in Australien arbeiten durfte. Wir hatten einen hauseigenen Fischer, der abends rausfuhr und uns am nächsten Morgen den frischen Fisch direkt bis auf die Arbeitsfläche lieferte. Ein nur wenige Kilometer entfernter Bio-Bauernhof versorgte uns mit dem frischesten Gemüse und Obst aus eigenem Anbau und das meiste Fleisch kam ebenfalls von den umliegenden Farmen.
Hier entstand so langsam die Leidenschaft für Regionalität, Saisonalität und Nachhaltigkeit.

Zurück in Deutschland fing ich dann im „Gasthof Möhrchen" an. Zunächst als Sous-Chef mit Max als meinem Küchenchef. Das großartige an Max war, dass er ebenfalls im „Weißen Haus" gelernt hatte, auch in Australien gewesen war und somit ähnliche Wertvorstellungen in Bezug auf Essen und Kochen besaß, wie ich selbst.

In dieser Zeit muss wohl auch meine eigene Koch-Philosophie entstanden sein, und diese vertrete ich noch heute. Wenn ich also nach meiner Philosophie oder auch meinem Koch-Stil gefragt werde, fallen mir immer dieselben Schlagwörter ein:

- Frische, überwiegend saisonale und regionale Produkte
- Nicht zu viele Zutaten in einem Gericht
- Nachhaltigkeit
- Altes neu interpretiert, mit einem gewissen Twist (auch mal asiatisch o.ä.)
- Keine Fertigprodukte (wobei z.B. Butter und Käse streng genommen auch Fertigprodukte sind, auf die ich aber gerne zurückgreife, ohne mich schlecht zu fühlen)
- Nicht zu viel Chichi

Einen Satz von Max zitiere ich immer wieder gerne, da er in weiten Teilen auch für mich gilt: „Let nature be the true artist!"
Genug der vielen Worte! Am besten erkennt Ihr das, was ich meine, anhand der zahlreichen Rezepte in diesem Buch. Also bildet Euch gerne Eure eigene Meinung über meinen Stil oder meine Philosophie und lasst es mich gerne wissen, wenn Ihr eine knackigere Formulierung für meine Art zu kochen für mich habt.

MAX
erster Küchenchef im Gasthof Möhrchen

Max kenne ich seit dem ersten Tag meiner Ausbildung. Max war zu der Zeit im letzten Jahr seiner Ausbildung im „Weißen Haus" als erster Azubi von Tim Mälzer. Als ich ihn dann als Azubi abgelöst habe, verschlug es ihn zunächst ins „Filet of Soul", bevor er sich dann auf den Weg nach Australien machte, um dort zu reisen und die Landesküche kennen zu lernen.

Zurück in Hamburg arbeitete Max dann als selbstständiger Koch u.a. für Mutterland und die „Gekreuzten Möhrchen". Zu dieser Zeit sollten sich dann auch unsere Wege wieder kreuzen. Anlässlich der Geburtstagsfeier des Mutterland-Inhabers sollte Max das Catering ausrichten und ich durfte ihn dabei unterstützen.

Meine persönliche Möhrchen-Geschichte hätte ohne Max vermutlich nie stattgefunden, da er derjenige war, der mich für das Projekt begeistern konnte, obwohl ich zu der Zeit eigentlich andere Pläne hatte. Ich war grad auf dem Rückweg aus meinem Auslandsjahr in Australien, als Max mich kontaktierte, um mit mir über ein gewisses Projekt zu schnacken. Ich war recht zügig überzeugt, da wir beide schnell merkten, dass wir kulinarisch und menschlich auf der gleichen Wellenlänge waren und es für uns beide eine großartige Chance darstellte, sich als Koch selbst zu verwirklichen.
Vor allem die intensive Anfangszeit im Gasthof Möhrchen, mit zahlreichen Doppelschichten und vielen anderen Herausforderungen (z.B. drei branchenfremde Chefs), aber auch unsere Gemeinsamkeiten beim Kochen sowie in unseren Lebensläufen, schweißten uns zusammen und ließen uns deutlich mehr Zeit miteinander verbringen als mit unseren Freundinnen.
Nach ein paar Jahren im Gasthof Mohrchen zog es Max dann wieder in die Welt hinaus. Als Kind verbrachte Max auf Grund der Arbeit seines Vaters bereits ein paar Jahre in Jakarta in Indonesien, wodurch er die Landessprache lernte und eine gewisse Vorliebe für das Reisen und das Leben an anderen Orten dieser Welt entwickelte.
Schließlich verschlug es ihn nach Singapur, wo er in einem kleinen Restaurant im Goethe-Institut anfing. Schnell wurde er vom Sous-Chef zum Küchenchef und wenig später zum Teilhaber des „The Lokal". Dass er neben Englisch und Deutsch auch Bahasa-Indonesisch sprechen konnte, kam Max in Singapur gelegen, da diese Sprache eng mit malaysisch verknüpft ist und die meisten Küchen-Mitarbeiter in Singapur aus Malaysia stammen.

Wer Max kennt weiß, dass er nicht nur lecker kochen kann, sondern dass er auch ein Motivationstalent, ein Komiker und ein großartiger Gesprächspartner ist. Max versteht es, jeden einzelnen Mitarbeiter, ob Chef, Lieferant oder Tellerwäscher, als wichtigen Teil des Teams anzuerkennen und vereint dabei eine scheinbar unerschöpfliche Entspanntheit mit Führungsqualitäten.
Als erster Küchenchef im Gasthof Möhrchen waren es neben dem Kochstil vor allem diese unternehmensphilosophischen und menschlichen Eigenschaften, die Max im Gasthof geprägt und bis zum Schluss hinterlassen hat.

Ich bin Max unglaublich dankbar für die Zeit, die ich mit ihm zusammenarbeiten durfte und die Art, wie er den Gasthof mitgeprägt hat, aber in erster Linie für die tolle Freundschaft, die daraus entstanden ist. Ich kann es kaum erwarten, Max wieder in Singapur zu besuchen!

Vielleicht fragt Ihr Euch jetzt, weshalb Max sich nicht selbst vorstellt, sondern das ganze Schreiben mir überlässt. Während die Corona-Pandemie die hiesige Gastronomie fast zum Stillstand gebracht hat, haben die Lockdown-Maßnahmen in Singapur dazu geführt, dass das Geschäft deutlich eingebrochen ist, aber dennoch eine immense Nachfrage nach geliefertem Essen entstanden ist. Max ist also ziemlich gut beschäftigt und kämpft momentan Tag für Tag für sein Restaurant und seine Mitarbeiter.
Naja, und dann ist Max auch einfach Max, falls ihr versteht, was ich meine.

Dreierlei Blumenkohl _ mit Ricotta, Pistazie und Aprikose

mittel — Aufwand | Vorspeise

Diese vegetarische Vorspeise hat Max bereits im Gasthof Möhrchen gerne auf die Speisekarte gesetzt. Blumenkohl ist ein unterschätztes Gemüse, welches aber vielseitig einsetzbar ist. Dieses Gericht zeigt einen Teil dieser Vielseitigkeit und deckt dabei sämtliche Geschmäcker und Texturen ab, die man in einem ausgewogenen Gericht benötigt.

Mittlerweile hat sich diese Vorspeise zu einem echten Botschafter der deutschen Küche in Singapur hochgearbeitet, da Max sein Lieblingsgericht nun schon seit mehreren Jahren in seinem Restaurant in Singapur anbietet und zum absoluten Bestseller gemacht hat.

Eine Besonderheit bei diesem Gericht ist übrigens der selbstgemachte Ricotta! Da gewisse Zutaten in Singapur entweder nur schwer oder zu überzogenen Preisen erhältlich sind und das „Lokal" den Anspruch hat, so viel wie möglich selbst herzustellen, hat Max von Anfang an begonnen, eigenen Ricotta herzustellen. Ein Gedicht! Wenn ihr also mal in Singapur seid, besucht Max auf jeden Fall und probiert Euch durch die Karte! Mein Favorit ist das Frühstück mit dem angesprochenen Ricotta, Pomelo und Salzmandeln oder der hausgeräucherte Lachs.

Für den Blumenkohl:

1 Stk.	Blumenkohl
40 g	Pflücksalat
60 ml	Weißweinessig
½ TL	Kurkuma
1 EL	Zucker
20 ml	Sahne
80 g	Mehl
½ EL	Backpulver
1 EL	Pflanzenöl
130 ml	Wasser
	Salz, Pfeffer, Zitronensaft, Olivenöl, Öl zum Frittieren

Zum Anrichten:

60 g	Getrocknete Aprikosen
30 g	Geröstete Pistazien
50 g	Ricotta
40 g	Pflücksalat

Zubereitung – Blumenkohl

_ Die schönsten Röschen vom Blumenkohl abzupfen.

_ Die Röschen in kochendem Salzwasser 3 min. vorkochen und anschließend kalt abschrecken.

_ Den Rest vom Blumenkohl inkl. Strunk klein schneiden und in einem Topf mit etwas Wasser weichkochen.

_ Den gekochten Blumenkohl abgießen und mit der Sahne auffüllen.

_ Alles pürieren und mit Salz, Pfeffer und etwas Zitronensaft abschmecken.

_ Aus dem Essig, dem Kurkuma, einem Esslöffel Zucker und 40 ml Wasser eine Marinade herstellen und die Hälfte der Blumenkohlröschen darin einlegen. (Mindestens 3 Stunden).

_ Aus dem Mehl, dem Backpulver, dem Öl, 130 ml Wasser und einer Prise Salz einen Tempurateig herstellen und den restlichen Blumenkohl damit panieren.

_ Den Tempura-Blumenkohl in einer Fritteuse oder in einem Topf mit reichlich Öl knusprig frittieren.

Anrichten

_ Das Blumenkohlpüree als Basis/Spiegel in der Tellermitte anrichten.

_ Nun den eingelegten und den frittierten Blumenkohl darauf verteilen.

_ Die klein geschnittenen Aprikosen, die Pistazien und den Ricotta zwischen die Blumenkohlröschen platzieren.

_ Den Salat entweder mit etwas Zitronensaft, Olivenöl, Salz und Zucker oder dem Kräuterdressing (s. Bio-Frikadelle) marinieren und dekorativ anrichten.

_ Falls vorhanden: ein paar Tropfen grünes Kräuter-Öl (Petersilie oder Schnittlauch) zum Garnieren verwenden.

Meine Art zu fotografieren
Werner

Es gab eine Phase in meinem Leben, da wusste ich echt nicht weiter. Tough Times.
Unter anderem hatte ich keine Ahnung, in welche Richtung es beruflich gehen sollte.
Der einzige Job, von dem ich mir vorstellen könnte, ihn länger als ein halbes Jahr auszuüben, war der des Fotografen. Fotografiert habe ich schon mit sechs…
Es gibt Menschen, die brennen nur für eine Sache und es gibt zu ihren Entscheidungen keine Alternative. Ist bei mir nicht der Fall. Ich entscheide Dinge aus der Situation oder aus einer Eingebung heraus. Das trifft sowohl auf meine Berufswahl „Fotograf" als auch auf meinen steilen Abbieger in die Gastronomie zu.
Die Entscheidung, ein Kochbuch zu produzieren, war auch situationsbedingt. Ohne die unsägliche Corona-Pandemie hätten wir niemals die Zeit dafür gefunden. Als Koch und Fotograf hatten wir kein Problem, das Projekt anzugehen. Ein Vorteil der modernen digitalen Welt: Vieles ist heute möglich, was vor 20 Jahren noch undenkbar war. Kein Verlag nötig, ein Crowd-Funding finanziert den Druck und die heutige Licht- und Digitaltechnik verkleinert den fotografischen Aufwand immens. Ich hatte die Fotografie aufgegeben, weil der Beruf, den ich gelernt hatte, verschwunden war, aber im Endeffekt hat es mir diese moderne digitale Welt erst ermöglicht, meine inzwischen zwei Berufe zusammen zu führen.
Alles was es an Requisiten benötigt, war in unserer Küche vorhanden oder leicht aufzutreiben.
Nur wie sollten die Fotos eigentlich aussehen?
Ich hatte mir ein Grundlicht überlegt, eine bestimmte Stimmung. Das hat aber überhaupt nicht funktioniert. Verschiedenes Essen sieht mit unterschiedlichen Untergründen und Requisiten in verschiedensten Lichtsituationen unterschiedlich lecker aus.
Erst als ich das begriffen hatte, konnte ich mich von jeglichen Regeln und Vorgaben freimachen, um bei jedem Rezept spontan zu entscheiden, wie ich arbeite.
Meine Art zu fotografieren hat sich im Produktionsprozess völlig gewandelt. Lässt sich im Buch nachverfolgen.
Die Portrait-Fotos sind immer am Ende einer langen Koch- und Fotosession entstanden.
Ich glaube nicht an den magischen Moment, an dem man durch die Augen eines Menschen in seine Seele schauen kann. Und dass es die Kunst des Fotografen ist, genau diesen Moment zu kreieren und dann einzufangen. Esoterischer Hokuspokus.
Ich glaube an die Schönheit jedes Augenblicks und die Besonderheit des Banalen.
Ich bin immer wieder davon fasziniert, wie sich die Welt und der Mensch verändert, wenn ich durch den Sucher schaue. Und auch ich verändere mich, wenn ich die Kamera vor dem Auge habe.
Alex staunt immer wieder über die Metamorphose von Fotograf und Modell.
Mein Modell und ich gehen eine neue Beziehung ein, während die Kamera zwischen uns vermittelt. Sie währt nicht lange, aber der Kontakt ist sehr direkt.
Diese Situation ist das Besondere am Portrait und ich hoffe, man kann es den Bildern ansehen.

Ceviche _

Ceviche _ mit Avocado-Creme, eingelegten Schalotten, Passionsfrucht und Forellen-Kaviar

Zubereitung — 45 Min | Kühlschrank — 2 Std | Aufwand — mittel | Vorspeise | mit Fisch

Eine meiner Lieblings-Vorspeisen im Sommer ist definitiv Ceviche. Für diejenigen, die mit diesem Begriff nichts anfangen können, kommt hier eine kurze Erklärung: Ceviche kommt ursprünglich aus Peru bzw. dem südamerikanischen Raum und wird dort als Streetfood angeboten. Es handelt sich im Prinzip um eine Konservierung von leicht verderblichen Lebensmitteln (z.B. Fisch) unter Zuhilfenahme von Säure (in diesem Fall Zitronensäure). Die Idee ist also, den grob geschnittenen Fisch in einer sauer-scharfen Marinade einzulegen, sodass Bakterien keine Chance haben zu überleben. Nach nur wenigen Stunden verändert der eingelegte Fisch seine Konsistenz, da das Fischeiweiß durch die Säure anfängt zu stocken. Die Marinade selbst wird dadurch etwas milchig, weshalb man diese Flüssigkeit auch gerne als Leche de Tigre (Tigermilch) bezeichnet. Wahre Kenner schlürfen diese „Milch" dann auch noch auf. Um noch mehr in die Welt der südamerikanischen Küche einzutauchen und dieses Gericht noch tropischer daherkommen zulassen, gibt es dazu ein wenig Avocado-Creme, die auch die Schärfe ein wenig abmildert, sowie etwas frische Passionsfrucht. Welche Fisch- oder Seafoodarten Ihr verwendet, ist Euch überlassen.

Für die Ceviche:

150 g	Kabeljaufilet
120 g	Schollenfilet
80 g	Garnelen
3 Stk.	Limetten (unbehandelt)
2 Stk.	Zitronen (unbehandelt)
2 Stk.	Kleine Rote Chilis
1 Stk.	Knoblauchzehe
20 ml	Olivenöl
	Salz und Zucker

Für die Avocado-Creme:

2 Stk.	Reife, weiche Avocado
1 Stk.	Limette
30 ml	Olivenöl
	Salz, Pfeffer, Zucker

Für die Schalotten:

2 Stk.	Schalotten
30 ml	Rotweinessig
20 ml	Wasser
½ TL	Zucker
	Salz

Zum Anrichten:

20 g	Geröstete Cashewkerne
2 Stk.	Lauchzwiebeln
2 Stk.	Passionsfrüchte
8 Stängel	Koriander
15 g	Forellenkaviar
	Schiso / andere Kresse

Notizen

Ceviche _ Zubereitung

Zubereitung – Ceviche
_ Die Fischfilets häuten und restlos entgräten und die Garnelen pellen.
_ Den Fisch und die Garnelen in ca. 1,5 x 1,5 cm große Stücke schneiden und in eine Schüssel geben.
_ Die Schale der Limetten und Zitronen fein reiben und mit dem Zitrussaft verrühren.
_ Die kleingeschnittenen Chilis und den Knoblauch dazugeben und ein wenig mit Salz und Zucker abschmecken. (Wichtig: Die Marinade sollte eher überwürzt, also zu scharf und zu sauer sein. Die Flüssigkeit, die beim Marinieren aus dem Fisch austritt, wird das Ganze wieder etwas ausgleichen).
_ Zum Schluss das Olivenöl dazugeben und alles im Kühlschrank mindestens 2 Stunden marinieren lassen.
_ Nach dem Marinieren sollten die Marinade und der Fisch milchig/matt aussehen. Wenn man nun ein Stück Fisch quer durchschneidet, kann man ganz gut erkennen, bis wo die Marinade bereits vorgedrungen ist. (Mariniert und somit „gegart" = milchig, roh = glasig). Je länger man den Fisch in der Marinade liegen lässt, desto weiter wird er durchgaren. Probiert also einfach mal mehrere Garstufen aus und notiert die für Euch optimale Zeit in dem Notiz-Bereich.

Zubereitung – Avocado-Creme
_ Die Avocado schälen und entkernen.
_ Die Avocado in einer Schüssel mit Hilfe einer Gabel grob zerstampfen, sodass die Struktur noch ein wenig erhalten bleibt.

_ Mit etwas Limettensaft, Olivenöl, Salz, Pfeffer und einer kleinen Prise Zucker abschmecken.

Zubereitung – Schalotten
_ Die Schalotten in sehr feine Ringe schneiden.
_ Den Essig mit dem Wasser, dem Zucker und einer kleinen Prise Salz verrühren und über die Schalotten gießen.
_ Die Schalotten ungefähr 1,5 Stunden marinieren lassen.

Anrichten
_ Die Avocado-Creme als Nocke in der Mitte des Tellers anrichten.
_ Den Fisch und die Garnelen aus der Marinade nehmen und neben der Avocado platzieren.
_ Den gezupften Koriander, die gehackten Cashewkerne, die fein geschnittenen Lauchzwiebeln und die Kresse darüber verteilen.
_ Zum Schluss den Kaviar, das Fruchtfleisch inkl. der Kerne der Passionsfrucht und die Schalotten anrichten. Zum Schluss ein wenig der „Tigermilch" auf dem Teller verteilen.

Topinambur-Suppe _ mit frittierten Kapern und Hanf-Öl

45 Min
Zubereitung

einfach
Aufwand

Vorspeise

Die meisten Püree-Suppen basieren auf dem gleichen Prinzip. Ob Möhren-, Kürbis- oder Kartoffelsuppe. Der Ansatz ist meist derselbe. Da wir hier nun nicht 12 verschiedene Suppen mit unterschiedlichen Hauptbestandteilen, aber immer den gleichen Arbeitsschritten abbilden wollten, habe ich mich letztlich für eines meiner Lieblingsgemüse entschieden: Topinambur! Topinambur wird teilweise auch als Erdartischocke bezeichnet, da der Geschmack an Artischocken erinnert. Sonst haben diese beiden Gewächse aber nichts miteinander zu tun.

Leider findet man Topinambur immer noch recht selten auf den Speisekarten dieser Nation. Auch im Supermarkt bekommt man das eigentlich heimische Knollengemüse selten. Schade eigentlich, da Topinambur in unseren Breiten extrem gut wächst und in der Küche sehr vielseitig einsetzbar ist. Sogar Schnaps lässt sich aus der Knolle brennen!

Bei uns gibt es eine cremige Topinambur-Suppe mit knusprig frittierten Kapern und einem Spritzer Hanf-Öl.

Für die Suppe:

500 g	Topinambur
2 Stk.	Zwiebeln
1 Stk.	Knoblauchzehe
70 g	Mehlig kochende Kartoffeln (für die Bindung)
4 Stängel	Thymian
100 ml	Sahne
500 ml	Wasser oder Gemüsebrühe
½ Stk.	Zitrone
	Salz, Pfeffer, Pflanzenöl

Zum Anrichten:

1 EL	Kleine Kapern
15 ml	Hanf-Öl
8 Stängel	Schnittlauch
4 Stängel	Petersilie
	Öl zum Frittieren

Notizen

Topinambur-Suppe

Topinambur-Suppe _ Zubereitung

Zubereitung – Suppe

_ Topinambur, Zwiebeln, Knoblauch und Kartoffeln schälen und klein schneiden.
_ Das Gemüse und den Thymian in einem Topf mit etwas Pflanzenöl anschwitzen.
_ Das Wasser oder die Brühe dazugeben und alles ca. 20 min. weichkochen.
_ Die Sahne dazugeben und erneut kurz aufkochen.
_ Mit einem Pürierstab oder in einem Standmixer fein pürieren.
_ Mit Salz, Pfeffer und Zitronensaft abschmecken.

Anrichten

_ Die Kapern gut abtrocknen und in einem kleinen Topf mit reichlich Öl bei 170°C frittieren. (Wenn die Kapern keine Blasen mehr werfen und „aufgeblüht" sind, sind sie fertig.)
_ Kräuter fein hacken.
_ Die Suppe in einem Suppenteller anrichten.
_ Die Kapern und die Kräuter auf der Suppe verteilen und mit ein paar Tropfen Hanf-Öl garnieren.

Kalbszungen Salat

Kalbszungen Salat _ mit Rettich, Erbsen und Sushi-Ingwer (Nippon-Style)

Zubereitung — Aufwand — Vorspeise — mit Fleisch

Hier kommt jetzt mal ein Gericht für die wahren Spezialisten unter Euch! Kalbszunge und Innereien sind nicht unbedingt jedermanns Sache. Dies liegt in den meisten Fällen aber nicht am Geschmack, sondern eher an der Kraft der Vorstellung und in manchen Fällen auch an der Optik. Die Optik können wir durch die Zubereitung verändern und bezüglich der Vorstellung sei gesagt, dass ein Tier nicht nur aus Filet und Keule besteht. Ich könnte hier noch viele weitere Argumente hervorbringen, die für den Verzehr von Innereien sprechen, aber entscheiden müsst Ihr letztendlich selbst. Nur eins noch: Am Ende des Tages ist die Zunge auch nur ein Muskel, wie z.B. Filet und Roastbeef auch.

Jetzt aber zum eigentlichen Gericht: Kalbszunge lässt sich auf viele verschiedene Weisen zubereiten. Los geht es meist mit dem Kochen der Zunge, sodass der Muskel weich und genießbar wird. Nun könnte man die Zunge z.B. in Scheiben schneiden und in etwas Butter braten. In diesem Fall habe ich mir aber einen Salat überlegt, der mit dem vielleicht bekannten Kalbszungensalat aus der schwäbischen Küche nicht mehr allzu viel gemein hat. Hier geht es eher um eine leicht japanisch inspirierte Variante mit Daikon (Rettich), Sushi-Ingwer und Erbsen.

Für die Zunge:

500 g	Kalbszunge
100 g	Knollensellerie
100 g	Möhren
100 g	Zwiebeln
2 Stk.	Lorbeerblätter
10 Stk.	Wacholderbeeren
	Salz

Für den Salat:

300 g	Rettich
200 g	Junge Erbsen
2 Stk.	Lauchzwiebeln
10 g	Sushi-Ingwer
1 TL	Schwarzer Sesam
½ TL	Chili-Flocken
20 ml	Weißweinessig
	Salz, Zucker

Für das Dressing:

1 EL	Grobkörniger Senf
30 ml	Weißweinessig
80 ml	Pflanzenöl
	Salz, Zucker

Zum Anrichten:

2 Stängel	Petersilie
½ TL	Chili-Flocken
10 g	Sushi-Ingwer

Notizen

Kalbszungen Salat _ Zubereitung

Zubereitung – Zunge
_ Das Gemüse klein schneiden (ca. Walnuss-groß) und in einem Topf mit ca. 1,5 L Wasser und einem 1,5 TL Salz aufkochen.
_ Die Zunge dazugeben und ca. 1,5 Stunden leicht köcheln lassen.
_ Die Zunge ist gar, wenn man die Zungenspitze ohne großen Kraftaufwand etwas eindrücken kann, oder wenn man mit einem spitzen Messer an der dicksten Stelle in die Zunge sticht und sich die Einstichstelle weder vergrößert noch trüber Fleischsaft herausläuft.
_ Nun die Zunge aus der Brühe nehmen und ein wenig abkühlen lassen.
_ Die ledrige Haut vorsichtig vom Muskelfleisch abziehen und an der Zungenwurzel Adern und Sehnen entfernen.
_ Die Zunge in 1x1 cm große Würfel schneiden.

Zubereitung – Salat
_ Den Rettich schälen und in 1x1 cm große Würfel schneiden.
_ Die Rettich-Würfel mit den Chili-Flocken, dem Sesam, etwas Salz, Zucker und dem Essig marinieren.
_ Die Lauchzwiebeln in feine Ringe und den Ingwer in feine Streifen schneiden und mit den Erbsen zu dem Rettich geben.

Zubereitung – Dressing
_ Den Senf mit dem Essig, etwas Salz und Zucker verrühren.
_ Mit einem Schneebesen langsam das Öl einrühren, so dass eine sämige Konsistenz (Emulsion) entsteht.

Anrichten
_ Die gewürfelte Zunge zu dem Salat geben und mit dem Dressing vermischen.
_ Den Salat in der Mitte des Tellers anrichten.
_ Etwas gehackte Petersilie und die restlichen Chili-Flocken über den Salat streuen.
_ Die Ingwerscheiben aufrollen und hier und da in den Salat stecken.

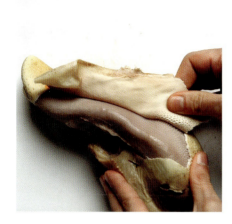

101

Gebackener Feta

Gebackener Feta _ im Sesammantel mit Zuckerschoten-Salat, Kichererbsen-Creme und Granatapfel

40 Min — Zubereitung | einfach — Aufwand | Vorspeise

Der gebackene Feta ist der Quoten-Star, wenn es bei uns um Kochkurs-Vorspeisen geht. Einfach in der Herstellung, ein optischer Hingucker und auch geschmacklich ein echter Allrounder – der mit Sesam panierte Feta mit einem Hummus-ähnlichen Kichererbsen-Püree, knackig-fruchtigen Granatapfelkernen und dem frischen Zuckerschoten-Salat überrascht unsere Kochkursteilnehmer immer wieder.

Für den Feta:

200 g	Feta
80 g	Sesamsaat
1 Stk.	Ei
1 EL	Mehl
	Pflanzenöl

Für die Kichererbsen-Creme:

125 g	Kichererbsen (Dose)
1 Stk.	Knoblauchzehe
½ TL	Kreuzkümmel
½ Stk.	Zitrone
	Salz, Pfeffer, Olivenöl

Für den Zuckerschoten-Salat:

150 g	Zuckerschoten
1 Stk.	Limette
1 Stängel	Minze
	Zucker, Salz, Pfeffer, Olivenöl

Zum Anrichten:

¼ Stk.	Granatapfel
½ TL	Schwarzer Sesam
	Shisokresse

Notizen

Gebackener Feta _ Zubereitung

Zubereitung – Feta
_ Feta in 4 Quader schneiden.
_ Eine Panierstraße aus Mehl, verquirltem Ei und Sesam aufbauen und den Feta darin panieren.
_ In reichlich Pflanzenöl in einer Pfanne bei mittlerer Hitze knusprig ausbacken.

Zubereitung – Kichererbsen-Creme
_ Kichererbsen abgießen und etwas abwaschen.
_ In einem Topf etwas Olivenöl erhitzen und Knoblauch, Kreuzkümmel sowie die Erbsen dazugeben.
_ Mit etwas Wasser auffüllen und weichkochen.
_ Die Kichererbsen pürieren.
_ Zum Schluss mit Salz, Pfeffer und einem Spritzer Zitronensaft abschmecken.

Zubereitung – Zuckerschoten-Salat
_ Die Zuckerschoten längs in feine Streifen schneiden.
_ Die Minze grob hacken und mit dem Saft einer Limette zu den Zuckerschoten geben.
_ Mit etwas Olivenöl, Salz, Pfeffer und Zucker abschmecken und ca. 10 min marinieren.

Anrichten
_ Die Kerne aus dem Granatapfel klopfen.
_ Den Feta zentral auf dem Teller anrichten.
_ Eine kleine Nocke vom Kichererbsen-Püree daneben platzieren und den Salat dahinter auf dem Teller anrichten.
_ Die Granatapfelkerne und den schwarzen Sesam dekorativ über den Salat und das Püree streuen und mit der Shisokresse garnieren.

Asiatischer Rindfleisch-Salat

Asiatischer Rindfleisch-Salat _ mit Zuckerschoten und Palmzucker

35 Min | einfach-mittel | |
Zubereitung | Aufwand | Vorspeise | mit Fleisch

Dieser Salat ist in meinen Augen das perfekte Mittagessen für einen heißen Sommertag. Die Zubereitung geht schnell und durch die frischen Aromen sowie die leichten Zutaten, lässt es sich auch nach dem Essen noch produktiv arbeiten. Ich weiß, wovon ich spreche, da dieses Gericht wohl eines meiner häufigsten Mittagessen in meiner Zeit in Australien war, bevor es dann zurück in die muckelig warme Küche ging.

Auch hier kann man das Rezept nach eigenem Gusto anpassen. Wenn Ihr also kein Rinderfilet verarbeiten möchtet, geht das Ganze z.B. auch mit Fisch/Garnelen oder rein vegetarisch, z.B. mit Tofu. Der Palmzucker ist natürlich „nice to have", aber auch kein Muss. Diesen Palmzucker (siehe Foto) habe ich aus Malaysia mitgebracht. Ihr könnt aber auch einfach welchen aus dem Asia-Laden nehmen oder Ihr besorgt Euch Kokosblütenzucker, den es mittlerweile auch in vielen Supermärkten gibt. Das Interessante an Palmzucker ist, dass dieser Zucker nicht nur süß ist, sondern eine gewisse Karamell-Note, aber auch etwas salzig/herzhaftes mitbringt.

Für den Salat:

½ Stk.	Spitzpaprika
75 g	Salatgurke
70 g	Zuckerschoten
½ Stk.	Rote Zwiebel
3 Stk.	Lauchzwiebel
15 g	Ingwer
5 Stängel	Koriander
3 Stängel	Minze
1 EL	geröstete Kürbiskerne
40 g	Pflücksalat
160 g	Rinderfilet

Für das Dressing:

1 Stk.	Limette
1 Stk.	Rote Chili (klein)
1 EL	Palmzucker
1 EL	Sojasoße
1 EL	Sesamöl
1 ½ EL	Fischsoße

Notizen

Asiatischer Rindfleisch-Salat _ Zubereitung

Zubereitung – Salat

_ Paprika, Gurke, Zuckerschoten, Zwiebeln, Lauchzwiebeln und Ingwer in sehr feine Streifen schneiden.

_ Die Gemüsestreifen (Julienne) mit den grob gehackten Kräutern, den Kürbiskernen und dem Pflücksalat vermischen.

_ Das Rinderfilet in dünne Scheiben oder Streifen schneiden und in einer sehr heißen Pfanne mit etwas Öl kurz und kräftig anbraten. (Das Rinderfilet sollte nicht zu durchgebraten werden, damit es nicht trocken wird.)

Zubereitung – Dressing

_ Chili entkernen und fein hacken (die „Scharfen" unter Euch verwenden natürlich auch die Kerne).

_ In einem Mörser den Chili mit dem geriebenen Palmzucker, dem Limettensaft, der Sojasoße, dem Sesamöl und der Fischsoße verrühren und ggfs. an den eigenen Geschmack anpassen (süßer, saurer, schärfer, etc.).

Anrichten

_ Das etwas abgekühlte Rinderfilet mit dem Gemüse, den Kräutern und dem Dressing vermischen und direkt in einer Schüssel oder auf einem Teller anrichten.

_ Der Salat sollte frisch verzehrt werden, da die Kräuter und das Gemüse bedingt durch die Säure sonst zusammenfallen und bereits nach einer Stunde nicht mehr knackig sind.

Gedämpfter Saibling _ mit Schüttelbrot, Apfel-Vinaigrette und Tiroler Speck

30 Min — Zubereitung | einfach-mittel — Aufwand | Vorspeise | mit Fisch

In diesem Rezept spiegelt sich eine gewisse Vorliebe von mir wider. Vor allem auf Reisen und im Urlaub versuche ich, regionale oder landestypische Zutaten zu verwenden, um aus diesen ein neues Gericht zu entwickeln. In diesem Fall seht Ihr das Ergebnis eines ausgedehnten Südtirol-Urlaubs. Wie Ihr in diesem Buch vielleicht erkennen könnt, bin ich ein großer Fan der traditionellen Südtiroler Küche, da diese eine sehr bodenständige, regionale und saisonale Richtung verfolgt.

Falls Ihr schon einmal in Südtirol zum Wandern oder Skifahren unterwegs wart, werdet Ihr mit Sicherheit irgendwo an einem der zahlreichen Delikatessenläden vorbeigekommen sein, in denen sich der Tiroler Speck und das typische Schüttelbrot in unterschiedlichsten Variationen, Größen und Preiskategorien stapelt. Außerdem werdet Ihr vermutlich an wunderschönen, glasklaren Gebirgsbächen und riesigen Apfelplantagen vorbeigekommen sein. Dies sind zumindest einige Dinge, an die ich sofort denken muss, wenn es um Südtirol geht. Die Gesamtheit meiner Eindrücke findet sich nun in dieser Vorspeise wieder.

Für den Saibling:

240 g	Saiblings-Filet
¼ Stk.	Bio-Zitrone
1 Stk.	Lorbeerblatt
80 ml	Weißwein
1 EL	Olivenöl
	Salz und Pfeffer

Für die Vinaigrette:

½ Stk.	Apfel
¼ Bund	Schnittlauch
2 EL	Apfelessig
3 EL	Olivenöl
	Salz, Pfeffer, Zucker

Zum Anrichten:

8 Stk.	Tiroler Speck (in Scheiben)
40 g	Pflücksalat
2 Stk.	Radieschen
¼ Stk.	Schüttelbrot (grob zerstoßen)

Notizen

Gedämpfter Saibling _

Gedämpfter Saibling _ Zubereitung

Zubereitung – Saibling

_ Das Saiblings-Filet von restlichen Gräten befreien und in 4 gleichgroße Stücke zerteilen.
_ Den Fisch auf ein mit Backpapier ausgelegtes Backblech legen und die Zitronenscheiben, das Lorbeerblatt, den Weißwein und das Olivenöl dazugeben und zum Schluss mit Salz und Pfeffer würzen.
_ Mit etwas Alufolie abdecken und im Ofen bei 120°C ca. 7-8 Minuten „dämpfen".
_ Der Fisch sollte noch leicht glasig sein.

Zubereitung – Vinaigrette

_ Den Apfel mit der Schale in sehr feine Würfel schneiden und mit dem gehackten Schnittlauch vermengen.
_ Die restlichen Zutaten dazugeben und mit Salz, Pfeffer und etwas Zucker abschmecken.

Anrichten

_ Die Hälfte des Specks im Ofen bei 200°C knusprig backen.
_ Den Salat waschen und mit der Apfel-Vinaigrette marinieren.
_ Die Radieschen in feine Scheiben hobeln.
_ Den Fisch vorsichtig vom Blech heben und auf der unteren Hälfte des Tellers platzieren.
_ Den Salat leicht oberhalb des Fisches anrichten und noch ein wenig der Apfel-Vinaigrette darüber geben.
_ Den knusprigen Speck als Segel an den Salat anlegen und die rohe Scheibe Speck als Rose/Schleife daneben platzieren.
_ Zum Schluss das Schüttelbrot über den Fisch und den Salat streuen und mit den Radieschen dekorieren. N'guatn!

Borschtsch _ mit Schmand und Dill

Zubereitung: 45 Min — Aufwand: einfach — Vorspeise

Borschtsch ist wohl das russische Traditionsgericht. Gefühlt hat jeder russische Haushalt sein eigenes Familienrezept. Wir haben uns für eine recht frische, vegetarische Variante mit ein wenig Fenchel entschieden. Es gibt aber auch zahlreiche Rezepte mit Kohl, Kartoffeln oder anderem regionalem Gemüse. Weit verbreitet sind auch viele Rezepte mit einer Fleischbrühe als Basis oder mit gekochtem Rindfleisch als Einlage. Der Kreativität sind hier also kaum Grenzen gesetzt. Eine Zutat findet sich aber in fast allen Borschtsch-Rezepten wieder: Rote Bete.
Auch Schmand und Dill sind sehr beliebte Zutaten der russischen Küche und passen einfach perfekt zu dem säuerlich-fruchtigen Eintopf.

Für das Bortschtsch:

400 g	Rote Bete
100 g	Fenchel
100 g	Zwiebeln
1 Stk.	Knoblauchzehe
400 g	Dosentomaten
1 TL	Tomatenmark
1 Stk.	Zitrone
500 ml	Gemüsebrühe oder Wasser

Zum Anrichten:

60 g	Schmand
4 Stängel	Dill
4 Stängel	Petersilie
	Salz, Pfeffer
	Zucker
	Pflanzenöl

Notizen

Borschtsch

Borschtsch _ Zubereitung

Zubereitung – Borschtsch

_ Die Rote Bete schälen und in ca. 1x1 cm große Würfel schneiden.
_ Den Fenchel ebenfalls in kleine Würfel schneiden.
_ Die Zwiebel und den Knoblauch fein würfeln.
_ In einem Topf mit etwas Pflanzenöl die Zwiebeln mit dem Knoblauch glasig anschwitzen.
_ Dann das Tomatenmark mit dem Fenchel dazugeben und etwas mitschwitzen.
_ Die Rote Bete und die grob durchgehackten Dosentomaten dazugeben und mit dem Saft einer halben Zitrone ablöschen.
_ Mit Gemüsebrühe oder Wasser auffüllen und ca. 30 min köcheln.
_ Wenn die Rote Bete weich genug ist mit Salz, Pfeffer und Zucker abschmecken und ggfs. noch mehr Zitronensaft und Brühe dazugeben.

Anrichten

_ Die Suppe mit reichlich Schmand, gehackter Petersilie und Dill anrichten.

SYBILLE
ehemalige Köchin in den Gekreuzten Möhrchen

Ulf Mahn und Frank Gautier (beide natürlich als Top-Möhrchen in diesem Buch vertreten!) haben die Mietküche „Gekreuzte Möhrchen" 2005 ins Leben gerufen. Von einem ihrer gemeinsamen Jobs als Kamera-Team brachten sie die Idee einer Mietküche nach Hamburg mit und setzten diese in die Tat um. Die erste Mietküche Hamburgs! Der anfängliche Wunsch, Kinder-Kochkurse dort am Tage stattfinden zu lassen, ging nicht auf, sodass die Küche nur am Abend, hauptsächlich an den Wochenenden, über Vermietungen genutzt wurde.

Und so kamen Nadine und ich ins Spiel. Über Frank kam ich und Nadine über Ulf. Anfangs kochten Frank und Ulf die Eintöpfe, Nadine und ich gaben sie aus. Das Interesse war geweckt und schon nach einiger Zeit hatten wir einen großen Kundenstamm, dem wir täglich unser Mittagessen anboten. Es gab wunderbare Schnitten aus selbstgebackenem Brot, kleines Frühstück, Kuchen und immer 2 Gerichte, mit oder ohne Fleisch. Alles täglich frisch produziert von Nadine und mir!

DER LADEN LIEF!
Ich sehe uns noch, Nadine mit Hacken-Porsche und ich mit Fahrrad, wie wir die Lebensmittel aus den nächstgelegenen Läden bei Wind, Schnee und Wetter in die „Möhrchen" karrten. Morgens sehr früh bauten wir das Café auf und gegen 15uhr wieder ab; fertig für die Übergabe der Mietküche. Am Abend bis ins die Nacht wurde gekocht und gefeiert und ab 7 Uhr morgens standen Nadine und ich in der Küche und sorgten für das kulinarische Wohl unserer Stammgäste!

Ohne Fabricio und Nathalia, unsere Reinigungsfeen, hätte das alles nie stattfinden können! Auch diese beiden müssen an dieser Stelle erwähnt sein!

Nadine und ich haben diesen Laden viele Jahre zusammen mit Frank und Ulf gewuppt. Später, mit dem „Gasthof", kam Werner dazu. Nun hatten wir 3 Chefs! Alles auf Augenhöhe.
Eine tolle, aufregende Zeit!

Ich habe selten mit jemandem so gut zusammen gearbeitet wie mit Nadine. Perfekte Team-Arbeit. Man konnte sich absolut aufeinander verlassen! Egal was war oder passierte, wir waren nicht unterzukriegen! So unterschiedlich wir auch sind, haben wir gefühlt immer am gleichen Strang gezogen... und auch viel gelacht... DANKE, NADINE!

Eisbergsalat _ mit knusprigem Bacon, Wassermelone und Croutons dazu ein Frozen Hibiscus Margerita

einfach
Aufwand

Vorspeise

Drinks

Kochen war schon immer meine Leidenschaft. Schon mit 18 habe ich beim Würzburger Afrika-Festival die Musiker bekocht. Immer schon große Essen gegeben. Gutes Essen macht glücklich! Für mich muss ein Gericht salzig, süß und sauer sein. Weich und knusprig. Saftig oder knackig. Ich liebe Obst und Herzhaftes, süß und salzig und bitter! Und ich esse für mein Leben gern Salat. Es gab einen Sommer, der so drückend heiß war, dass man schier nicht an Essen denken konnte. Innerhalb kürzester Zeit sind uns die Sachen verdorben...ich sag nur 20 Liter Gazpacho vergoren... Da kam mir die Idee mit dem Eisbergsalat. Warum machen die Leute sich eigentlicher immer über Eisbergsalat lustig? Das Budget der Möhrchen war immer schmal und Eisbergsalat ist nicht teuer, herrlich knusprig, saftig und besitzt einen herrlich süßlichen Geschmack.
Außerdem bin ich ein Riesenfan von Margeritas... Und warum nicht auch mal Hibiskus? Wunderbar erfrischend...

Für den Eisbergsalat:

250 g	Bacon (12 Scheiben, hauchdünn aufgeschnitten)
1/2	Wassermelone
1/2	Baguette
4-6	Tomaten
1	Eisbergsalat

Für das Dressing:

50-70 g	Blauschimmelkäse (z.b. Stilton, St. Agur)
100g	Schmand
1/2	Zitrone (Saft)
1 TL	Senf
	Worcestersauce
	Pfeffer, Honig, Knoblauch, Olivenöl

Für den Margerita

1 Liter	Wasser
350 g	Zucker
3 Scheiben	Bio Zitrone
50 g	getrocknete Hibiskusblüten
7	trockene Eiswürfel
6cl	Sirup
6cl	guter weißer Tequila
2cl	Cointreau oder Agaven dicksaft
1	Limette (Saft)

Zubereitung – Salat

_ Käse, Schmand, Senf und Zitronensaft in ein hohes Behältnis geben und mit dem Pürierstab pürieren.
_ Mit den restlichen Zutaten abschmecken.
_ Ofen auf 180 Grad vorheizen.
_ Bacon auf Backpapier aufs Blech. ca 10-15 min, dann auf Küchenpapier abtropfen lassen, dass der Speck trocknet und knusprig bleibt.
_ Baguette in dünne Scheiben schräg aufschneiden, Scheiben mit Salz und Olivenöl beträufeln und ebenfalls bei 180 Grad 10-15 min im Ofen kross backen.
_ Salat quer in Scheiben schneiden, Wassermelone in dünne Scheiben oder Würfel schneiden, Tomaten in Scheiben schneiden oder vierteln, Kräuter grob hacken.
_ Nun alles schichten und ordentlich Dressing und frische Kräuter on top! (Bacon kann man auch nach Gusto zerbrechen und über alles streuseln...!)
_ Die knusprigen Baguette-Scheiben gibt's dazu.
_ Man kann auch alles grob schneiden und in einer Schüssel mit dem Dressing vermengen. Bacon und Kräuter on top!

Zubereitung – Margerita

_ Das Wasser mit dem Zucker, 3 Scheiben Zitrone und den getrockneten Hibiskus in einem Topf bei mittlerer Hitze köcheln lassen, bis sich die Menge auf die Hälfte reduziert hat.
_ Sirup abkühlen lassen und kaltstellen. (Man kann die Blüten in einem kleinen Teil des Sirups aufheben, denn sie eignen sich gut als „Einlage" für Sekt oder Cremant, auch schmeckt der Sirup mit Soda auf Eis und Zitrone wunderbar erfrischend!)
_ Gläser vorbereiten.
_ Mit einem Schnitzer Limette oder Zitrone den Rand des Glases einreiben.
_ Salz-Chili Mischung auf eine Untertasse geben und das Glas mit dem Rand nach unten eintauchen und drehen, sodass ein gleichmäßiger Rand Salz am Glas hängenbleibt.
_ Mit dem Finger nun die Innenseite des Glases vom Salz befreien. der Salzrand sollte nur außen am Glas sein.
_ Die Eiswürfel mit dem Sirup, dem Tequila, dem Cointreau (Agavendicksaft) und dem Saft einer Limette im Blender auf höchster Stufe blenden.
_ In die vorbereiteten Gläser füllen und CHEERS!

Arancini _ Safran-Risotto Bällchen mit Ziegenkäse und Tomatenmarmelade

Zubereitung: 45 Min   Aufwand: einfach-mittel   Vorspeise

Es scheint schon etwas absurd, dass ich zunächst nach Nord-Australien reisen musste, um dieses ur-italienische Traditionsgericht kennenlernen zu dürfen. Andererseits ist es auch einleuchtend, da Australien historisch bedingt ein einziger Schmelztiegel verschiedenster kulinarischer Richtungen ist, sodass man auf engstem Raum oftmals das Beste aus ganz Europa findet.

Arancini waren ursprünglich (und sind es immer noch) eine gelungene Möglichkeit, Reste vom Vortag zu verwerten – oder sogar aufzuwerten. Wenn Ihr also mal ein wenig Risotto vom Vorabend übrighabt und nicht wisst, was Ihr damit anfangen sollt, dann sind die kleinen, frittierten Risotto Bällchen ein echtes Highlight für den nächsten Tag. Sie eignen sich je nach Menge perfekt als kleiner Snack zwischendurch, als hochwertige Vorspeise oder auch als Hauptgang.

Bei der Füllung und dem Risotto selbst könnt Ihr Eurer Kreativität freien Lauf lassen. Beispielsweise kann man die Bällchen auch mit etwas Bolognese oder Kaninchenragout füllen, falls Ihr dies grad im Kühlschrank rumliegen habt...

Wir haben uns für eine vegetarische Variante mit Safran-Risotto und Ziegenkäse entschieden. Dazu gibt es eine fruchtige Tomatenmarmelade, die sich hervorragend einwecken lässt.

Legen wir also los...

Für die Risotto Bällchen:

160 g	Risotto Reis
2 Stk.	Schalotten
2 EL	Olivenöl
80 ml	Weißwein
400 ml	Gemüsebrühe/Wasser
1 Prise	Safran
40 g	Parmesan
25 g	Ziegenfrischkäse
60 g	Panko/Paniermehl
2 Stk.	Eier
2 EL	Mehl

Für die Tomatenmarmelade:

2 EL	Olivenöl
400 g	Strauchtomaten
80 g	Zwiebeln
50 ml	Apfelessig/Weißweinessig
½ TL	Koriandersaat
2 Stk.	Lorbeerblätter
¼ Stk.	Unbehandelte Zitrone
140 g	Zucker

Zum Anrichten:

160 g	Rauke
¼ Stk.	Zitrone
1 EL	Olivenöl

Notizen

Arancini _

Arancini _ Zubereitung

Zubereitung – Risotto Bällchen
_ Die Schalotten fein würfeln und mit dem Reis in etwas Olivenöl farblos anschwitzen.
_ Mit Weißwein ablöschen und den Safran dazugeben.
_ Unter ständigem Rühren nach und nach die Gemüsebrühe dazugeben, sodass die Stärke aus dem Reis austreten kann und die Flüssigkeit direkt bindet.
_ Nach 20 Minuten sollte der Reis weich sein und die gesamte Brühe aufgenommen haben.
_ Zum Schluss noch den geriebenen Parmesan unterheben.
_ Das Risotto auf einem Blech ausstreichen und auskühlen lassen.
_ Das Risotto und den Ziegenkäse in 12 Portionen einteilen.
_ Mit gut angefeuchteten Händen kleine Fladen formen und den Ziegenkäse in die Mitte geben.
_ Das Ganze zu kleinen Bällchen formen und anschließend panieren (Mehl - verquirltes Ei - Panko).
_ In reichlich (neutralem) Öl goldgelb frittieren und zum Abtropfen auf ein Küchenpapier legen.

Zubereitung – Tomatenmarmelade
_ Die Zwiebeln in feine Streifen schneiden, die Tomaten grob würfeln und die Zitrone mit Schale in Scheiben schneiden.
_ Alle Zutaten in einen kleinen Topf geben und ca. 35 min. einkochen. (Währenddessen regelmäßig rühren, damit die Marmelade nicht anbrennt).
_ Die Kochzeit hängt stark vom Flüssigkeitsgehalt der Tomaten ab. Die Marmelade ist fertig, wenn sie einen schönen Glanz und eine gewisse Sämigkeit erreicht hat. Erst dann wird auch der Geschmack ausgewogen und nicht zu wässrig, süß und bitter sein!

Anrichten
_ Die gewaschene Rauke mit einem Spritzer Zitronensaft und etwas Olivenöl marinieren. (Es geht hier nicht um das perfekte Salatdressing, sondern nur um einen angenehmen Begleiter zu den Risotto Bällchen).
_ Für das Auge könnt Ihr auch ein wenig von der Rauke mit etwas Olivenöl zu einem grünen Öl pürieren, um damit lustige Punkte auf dem Teller zu malen.
_ Den Salat als kleines Bouquet auf einem Teller drapieren und die Marmelade als Kreis daneben anrichten.
_ Die Arancini entweder einzeln oder zu dritt davor gruppieren und ggfs. ein bisschen vom Ziegenkäse als Kügelchen auf die Bällchen setzen, um so noch einen weiteren Farbakzent zu setzen.

Jetzt aber endlich: Buon Appetito, oder so...

Gebratener Pulpo

Gebratener Pulpo _ mit weißem Bohnenpüree und mediterranem Brotsalat

1,5 Std
Zubereitung

mittel
Aufwand

Vorspeise

Hier stelle ich Euch eines meiner absoluten Lieblingsgerichte vor: Habt Ihr Euch schon mal an einem Pulpo, also einem Oktopus bzw. Kraken versucht? Die Kunst hierbei ist es, den Pulpo weich zu bekommen. Denn anders als viele andere Fische oder Meeresfrüchte verhält sich ein Oktopus beim Kochen ein wenig wie Fleisch. Sobald der Pulpo mit Hitze in Berührung kommt, zieht er sich zunächst zusammen und wird ungenießbar zäh. Nach einer gewissen Zeit im Kochtopf verändert sich dann die Konsistenz und der Pulpo wird wieder weicher. Das sollte der Moment sein, in dem man die Hitze abschaltet und den Oktopus in der eigenen Brühe abkühlen lässt. (Dadurch bleibt die Haut überwiegend intakt, pellt nicht ab und das Fleisch trocknet nicht aus.)

Nicht nur beim Kochen erinnert der Pulpo ein wenig an Fleisch. Auch der Geschmack ist, anders als bei den meisten Meeresfrüchten, deutlich kräftiger und „fleischiger". Daher kann man bei den Beilagen auch würziger und herzhafter werden als bei einem Forellenfilet. Ich habe mich hier für ein schnelles, weißes Bohnenpüree und einen herrlich sommerlichen Tomaten-Brot Salat mit gegrillter Paprika entschieden. Um ehrlich zu sein, braucht es bei diesen Beilagen gar keinen Pulpo mehr, da der Salat als solcher eigentlich schon lecker genug ist – aber das nur nebenbei.

Für den Pulpo:

½ Stk.	Pulpo (4 Arme á ca. 150 g)
150 ml	Weißwein
1 Stk.	Zwiebel
2 Stk.	Knoblauchzehe
1 Stk.	Lorbeerblatt
10 Stängel	Thymian
2 TL	Salz
	Wasser

Für den Brotsalat:

100 g	Ciabatta-Brot (oder Brot vom Vortag)
80 g	Kirschtomaten
1 Stk.	Rote Spitzpaprika
8 Stängel	Basilikum
4 Stängel	Petersilie
10 Stängel	Schnittlauch
1 TL	Oregano
	Dunkler Balsamico, Olivenöl, Salz, Pfeffer und Zucker

Für das Bohnenpüree:

150 g	Weiße Bohnen (aus der Dose, gewaschen)
25 g	Butter
1 Stk.	Lorbeerblatt
½ Stk.	Zitrone
	Salz

Notizen

Gebratener Pulpo _ Zubereitung

Zubereitung – Pulpo

_ In einem Topf den Weißwein mit der geviertelten Zwiebel, den halbierten Knoblauchzehen, den Kräutern, dem Salz und ca. 1,5 L Wasser erwärmen.

_ Den gewaschenen Pulpo in die handwarme Brühe geben und ca. 45 min leicht köcheln lassen.

_ Um herauszufinden, ob der Pulpo gar bzw. weich gekocht ist, sticht man an der dicksten Stelle mit einem spitzen Messer in das Fleisch. Wenn sich die Einstichstelle kaum verändert, ist der Oktopus fertig. Wenn die Einstichstelle allerdings regelrecht aufreißt und evtl. sogar etwas Flüssigkeit austritt, braucht der Pulpo noch Zeit im Topf.

_ Nach dem Garen den Pulpo in der eigenen Brühe auskühlen lassen.

_ Wenn der Pulpo abgekühlt ist, kann man ihn portionieren. (Theoretisch kann man bis auf Schnabel und Innereien den gesamten Pulpo essen. Am besten sind aber die Arme, da der Kopf etwas trockener ist.)

_ Zum Schluss werden die Arme in einer heißen Pfanne mit etwas Pflanzenöl gebraten, sodass die Haut und die Saugnäpfe ein wenig anknuspern.

Zubereitung – Brotsalat

_ Das Brot in 1x1 cm große Würfel schneiden, mit Olivenöl beträufeln und im Ofen bei 180°C ca. 15 min. trocknen.

_ Die Spitzpaprika längs halbieren, entkernen und mit der Hautseite nach oben auf ein Backblech legen.

_ Im Ofen (am besten unter dem Grill) bei 230°C fast verbrennen lassen. (Keine Panik! Die Haut verbrennt, aber konserviert das Fruchtfleisch und gibt dem Ganzen das nötige Grillaroma.

_ Nach dem Abkühlen lässt sich die Haut recht einfach vom Fruchtfleisch abziehen.

_ Das Fruchtfleisch von den restlichen Kernen befreien und in dünne Streifen schneiden.

_ Die Kirschtomaten vierteln und die Kräuter grob durchhacken.

_ Alle Zutaten miteinander vermischen und mit Balsamico, Olivenöl, Salz, Pfeffer und ggfs. etwas Zucker abschmecken. (Wenn Ihr den Salat am nächsten Tag nochmal essen wollt oder ihn bereits am Mittag für den Abend vorbereitet, solltet ihr das Abschmecken und die Zugabe der Ciabatta-Croutons erst 5-10 min. vor dem Anrichten erledigen, da das Brot sonst zu sehr durchweicht und das Gemüse matschig wird.

Zubereitung – Bohnenpüree

_ In einem kleinen Topf die Butter schmelzen.

_ Die Bohnen und das Lorbeerblatt dazugeben und mit Wasser angießen, sodass die Bohnen bedeckt sind.

_ Die Bohnen ca. 5 min. weichkochen und sehr fein pürieren. (Denkt daran, das Lorbeerblatt vor dem Pürieren zu entfernen!)

_ Mit etwas Salz und Zitronensaft abschmecken.

Anrichten

_ Das Bohnenpüree als großzügigen Klecks in der Tellermitte anrichten.

_ Daneben den Brotsalat platzieren.

_ Zum Schluss den gebratenen Pulpo-Arm an den Salat und das Püree anlegen.

_ Ggfs. mit einer Prise Oregano und etwas Olivenöl beträufeln.

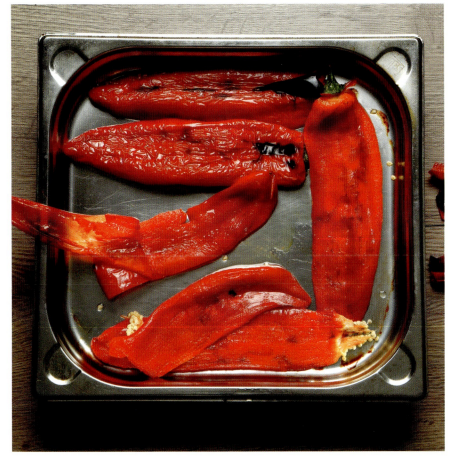

Cremige Maissuppe _

Cremige Maissuppe _ mit Chorizo und Koriander

Zubereitung — Aufwand — Vorspeise — mit Fleisch

Diese Suppe ist super einfach, schnell zubereitet und dennoch sehr lecker! Ihr benötigt nicht mehr als acht Zutaten und habt das Meiste davon sowieso im Küchenschrank. Bevor ich dieses Rezept entwickelt habe, kannte ich Dosenmais eigentlich nur als Beilage zu Fischstäbchen oder als Bestandteil eines Chilis. In Australien habe ich dann ein Maispüree gegessen, wodurch mir die Idee kam, daraus eine Suppe zu kochen.

Die gebratene Chorizo und der frische Koriander machen das Gericht noch spannender. Man könnte fast denken, dass es sich hierbei um ein traditionelles spanisches oder mexikanisches Gericht handelt. Falls Ihr die Suppe lieber vegetarisch kochen wollt, kann ich Euch anstatt der Chorizo ein paar mit Knoblauch und Paprikapulver gebratene Kräuterseitlinge empfehlen.

Für die Suppe:

500 g	Mais (Dose)
2 Stk.	Zwiebeln
20 g	Butter
1 TL	Kreuzkümmel (gemahlen)
1 Stk.	Zitrone
70 ml	Sahne
500 ml	Wasser oder Gemüsebrühe
	Salz, Pfeffer

Für die Einlage:

1-2 Stk.	Chorizo (roh)
½ Bund	Koriander

Notizen

Cremige Maissuppe _ Zubereitung

Zubereitung – Suppe

_ Die Zwiebeln in Streifen schneiden und in einem Topf mit der Butter glasig anschwitzen.
_ Den abgetropften Dosenmais und den Kreuzkümmel dazugeben und mit Wasser oder Gemüsebrühe auffüllen. (Der Mais sollte bedeckt sein).
_ Den Mais ca. 20 min. kochen und dann die Sahne hinzufügen.
_ Alles sehr fein pürieren und durch ein feines Sieb passieren.
_ Mit Salz, Pfeffer und Zitronensaft abschmecken.

Zubereitung – Einlage

_ Die Chorizo pellen und in ca. 1x1 cm große Würfel schneiden.
_ In einer Pfanne bei mittlerer Hitze die Chorizo langsam braten, sodass das Fett austritt und die Wurst ein wenig anknuspert.
_ Den Koriander grob hacken.

Anrichten

_ Die Suppe in einen Suppenteller füllen.
_ Die gebratene Chorizo in die Mitte des Tellers geben und das überschüssige, sehr aromatische Chorizo-Fett zum Garnieren verwenden.
_ Den gehackten Koriander über die Suppe streuen.

Salat von Räucheraal _ Roter Bete und Apfel mit Erbsenpüree, Kaviar und Honig-Senf-Dressing

35 Min — Zubereitung | einfach — Aufwand | Vorspeise | mit Fisch

Eigentlich ja nur ein Salat, aber sooo lecker und es ist alles dabei, was einen glücklich macht!

Mein damaliger Chef im „Weißen Haus" hat mich in meiner Ausbildung mal gebeten, mir Salate auszudenken, die nicht zwangsläufig „Cesar", „Nicoise" oder „Panzanella" heißen, aber dennoch ein wenig sättigen und für sich stehen können. Unser täglich wechselnder Mittagstisch zu dieser Zeit bestand nämlich immer aus einem Salat, einer Suppe, einer Pasta, einem richtigen Hauptgericht mit Fisch oder Fleisch und einem Dessert. Da viele Gäste nur einen Salat essen wollten, bestand meine Aufgabe darin, mich um eine gewisse Vielfalt zu kümmern. So entstand dieses vollwertige Gericht, welches es dann Jahre später auch auf die Gasthof Möhrchen Karte geschafft hat. Die Kombination aus dem rauchigen, fetten Aal, dem cremigen Erbsenpüree, knackig-frischem Apfel und leicht marinierter Rote Bete, ist nach wie vor eines meiner Highlights, wenn es um Salate geht. Der Forellen-Kaviar sorgt für eine leichte Salzigkeit und erzeugt durch seine Konsistenz einen besonderen Kick.

Da Aal bekanntlich nicht jedermanns Sache ist, ginge hier alternativ übrigens auch Räucherforelle oder kross gebratener Speck.

Für den Salat:

160 g	Räucheraal-Filet (oder ca. 300 g ganzer Räucheraal)
½ Stk.	Rote Zwiebel
120 g	Salatgurke
100 g	säuerlicher, knackiger Apfel (am besten Granny Smith)
60 g	Rote Bete
2 Stängel	Dill
40 g	Pflücksalat
20 ml	Weißweinessig

Für das Dressing:

1 EL	Grobkörniger Senf
1 EL	Honig
20 ml	Weißweinessig
50 ml	Pflanzenöl
	Salz, Pfeffer

Für das Erbsenpüree:

150 g	Junge Erbsen
½ Stk.	Zitrone
30 g	Schmand (optional)
	Salz, Pfeffer, Muskat

Zum Anrichten:

20 g	Forellenkaviar

Notizen

Salat von Räucheraal _

Salat von Räucheraal _ Zubereitung

Zubereitung – Salat
_ Den Aal filetieren und in ca. 0,5 cm dicke und 5 cm lange Streifen schneiden.
_ Die Gurke in feine Würfel und die Rote Zwiebel und den Apfel in dünne Streifen schneiden.
_ Rote Bete schälen und in ca. 0,5 x 0,5 cm große Würfel schneiden.
_ Rote Bete in einem Topf mit Essig und ca. 400 ml Wasser bissfest kochen (ca. 10 min.)
_ Die Rote Bete abgießen und abkühlen lassen.
_ Den Dill grob hacken und mit dem Pflücksalat zu den anderen Zutaten geben.

Zubereitung – Dressing
_ Senf, Honig und Essig miteinander verrühren und mit Salz und Pfeffer leicht überwürzen.
_ Mit einem Schneebesen kräftig rühren und das Öl langsam dazugeben, sodass ein sämiges Dressing entsteht.

Zubereitung – Erbsenpüree
_ Die Erbsen in einen Topf mit kochendem Wasser geben und direkt einen Spritzer Zitronensaft dazugeben, damit sich die Farbe länger hält. (Die Erbsen sollten gerade eben mit Wasser bedeckt sein.)
_ Den Schmand dazugeben und kurz aufkochen.
_ Die Erbsen pürieren und durch ein Sieb streichen, damit das Püree noch feiner wird.
_ Mit etwas Salz, Pfeffer und einer kleinen Prise Muskat abschmecken und abkühlen lassen.

Anrichten
_ Das Erbsenpüree als Basis in der Tellermitte anrichten.
_ Den Salat mit der Roten Bete und dem Dressing vermischen und auf dem Erbsenpüree anrichten, sodass man alle Zutaten erkennen kann.
_ Zum Schluss den Kaviar punktuell über dem Salat verteilen.

139

Spargel-Parmesan Tarte

Spargel-Parmesan Tarte _ mit grünem Pfeffer und Erdbeeren

45 Min — Zubereitung | mittel — Aufwand | Vorspeise

Das Lieblingsgemüse der Deutschen ist zumindest im ersten Halbjahr der Spargel. Neben dem klassischen Spargel mit Schinken, Kartoffeln und Hollandaise oder Butter gibt es mittlerweile viele Variationen, Ganze Spargelmenüs, in denen selbst im Nachtisch noch Spargel verarbeitet wird, werden angeboten. Ich habe mich hier auf eine Vorspeise konzentriert, die man aber auch als Hauptspeise anbieten kann. Das interessante an diesem Gericht ist gar nicht die Erdbeere im Salat oder der grüne Pfeffer in Kombination mit grünem und weißem Spargel, sondern der Teig. Es handelt sich ausnahmsweise nicht um einen einfachen Tarte- oder Mürbeteig, sondern um einen Parmesanteig, der dem ganzen Gericht eine gewisse Würze (Umami) verleiht. Nicht verwendete Teigreste lassen sich hervorragend zu kleinen Käse-Crackern verarbeiten.

Für die Tartlettes:

100 g	Mehl
100 g	Butter
100 g	Parmesan
1 Stk.	Eigelb

Für den Spargel:

4 Stangen	weißer Spargel
4 Stangen	grüner Spargel
½ Stk.	Zwiebel
1 TL	eingelegter grüner Pfeffer
	Salz, Pflanzenöl

Für die Tartes:

| 150 ml | Sahne |
| 2 Stk. | Eier |

Für den Salat:

40 g	Pflücksalat
8 Stängel	Kerbel
8 Stängel	Schnittlauch
80 g	Erdbeeren
	Heller Balsamico, Olivenöl, Salz, Zucker

Notizen

Spargel-Parmesan Tarte _ Zubereitung

Zubereitung – Tartlettes
_ Alle Zutaten miteinander verkneten und den Teig in Frischhaltefolie oder einem Wachstuch einschlagen und 20 min. kaltstellen.
_ Den Teig ca. 4-5 mm dick ausrollen, in die Tarteformen legen und gut andrücken.
_ Mit einer Gabel den Boden vorsichtig einstechen, damit der Teig im Ofen nicht aufgeht.

Zubereitung – Spargel
_ Den weißen Spargel ganz und den grünen Spargel zur Hälfte schälen und leicht schräg in ca. 0,5 cm dicke Scheiben schneiden.
_ Den Spargel mit der fein gewürfelten Zwiebel in einer heißen Pfanne mit etwas Öl scharf anbraten, sodass der Spargel noch sehr knackig bleibt.
_ Den grob gehackten grünen Pfeffer dazugeben und mit einer Prise Salz abschmecken.

Zubereitung – Tartes
_ Die Sahne mit den Eiern und dem fein geriebenen Parmesan verquirlen und mit etwas Salz, Pfeffer und einer kleinen Prise Muskat abschmecken. (Das Ganze nennt sich jetzt Royal).
_ Die Spargelmischung in die rohen Tartlettes füllen und mit der Royal bis zum Rand angießen.
_ Die Tartes im Ofen bei 180°C ca. 18 min. backen, bis der Teig durchgebacken und die Royal gestockt ist.

Zubereitung – Salat
_ Den Salat, die Erdbeeren und die Kräuter waschen.
_ Den Kerbel zupfen und den Schnittlauch fein schneiden und mit dem Salat vermischen.
_ Die geviertelten Erdbeeren dazugeben und mit etwas hellem Balsamico, Olivenöl, Salz und Zucker abschmecken.

Anrichten
_ Die Tarte lauwarm mit dem separaten Salat servieren und mit gehacktem Schnittlauch garnieren.

Kürbis-Salbei Strudel

Kürbis-Salbei Strudel _ mit Salat und Himbeer-Vinaigrette

40 Min — Zubereitung
einfach — Aufwand
Vorspeise

Der Kürbis-Salbei Strudel ist ein weiterer Klassiker unserer Kochkurs-Vorspeisen der letzten Jahre und eignet sich hervorragend auch für größere Gruppen und Buffets. Anders als viele andere Kürbisgerichte ist diese Vorspeise erstaunlich leicht und frisch. Sie stimmt Euch an einem Spätsommertag auf die bevorstehende kalte Jahreszeit ein, ohne zu erschlagen. Der Butternut-Kürbis ist einer meiner Lieblingskürbisse, da er nicht so plump ist wie der Hokkaido, dabei aber nicht so zerfasert wie ein Muskat- oder Spaghetti Kürbis. Durch seine Form lässt er sich sehr gut verarbeiten und schneiden. Er erhält durch das Anbraten ein leckeres nussiges Aroma. (Vielleicht kommt da ja der Name her?) Einziger Nachteil des Butternut ist, dass man ihn schälen muss, da die Schale hart und holzig bleibt. In Kombination mit Salbei und ein paar gerösteten Pinienkernen harmoniert der Kürbis perfekt und erinnert stark an die italienische Küche.

Die erfrischende Himbeer-Vinaigrette ist ein schöner Kontrast zu dem herzhaften Strudel und sieht obendrein noch ganz hübsch aus, oder?

Für den Strudel:

500 g	Butternut Kürbis
100 g	Zwiebeln
60 g	Pinienkerne
2/3 Stängel	Salbei
1 Stk.	Zitrone
3 Stk.	Filoteigblätter (DinA3-Format)
20 g	Butter
	Öl, Salz, Pfeffer, Muskat

Für die Vinaigrette:

50 g	Himbeeren (TK)
25 ml	Himbeeressig
30 ml	Olivenöl
	Salz, Zucker

Zum Anrichten:

60 g	Pflück- oder Wildkräutersalat

Notizen

Kürbis-Salbei Strudel _ Zubereitung

Zubereitung – Strudel
_ Den Kürbis schälen und in 1x1 cm große Würfel schneiden.
_ Die Kürbis-Würfel in einer heißen Pfanne mit etwas Pflanzenöl kräftig anbraten, die fein gewürfelte Zwiebel dazugeben und mitbraten.
_ Sobald der Kürbis etwas Farbe bekommen hat und fast fertig gegart ist, die gerösteten Pinienkerne und den fein geschnittenen Salbei dazugeben und nur noch kurz durchschwenken.
_ Mit Salz, Pfeffer, einer kleinen Prise Muskat und etwas Zitronensaft abschmecken und mindestens auf Zimmertemperatur abkühlen lassen.
_ Die Filoteigblätter mit flüssiger Butter einpinseln und übereinanderlegen, sodass ein 3-lagiger Blätterteig entsteht.
_ Die Kürbismasse kompakt auf das untere Fünftel der kurzen Seite des Filoteiges füllen und in Form drücken.
_ An den Seiten sollte der Teig noch ca. je 5 cm frei bleiben, damit man die Seiten gut einschlagen kann.
_ Dann die Kürbismasse von unten nach oben mit dem Teig einrollen, den Strudel mit Butter einpinseln und auf ein Backblech legen.
_ Im Ofen bei 190°C ca. 18 min. backen, bis der Teig gold-braun und knusprig ist.

Zubereitung – Vinaigrette
_ Die aufgetauten Himbeeren durch ein Sieb passieren.
_ Das Himbeermark mit Himbeeressig, Salz und Zucker leicht überwürzen.
_ Das Olivenöl mit einem Schneebesen einrühren und leicht emulgieren.

Anrichten
_ Den Salat waschen und mit einem Teil der Vinaigrette marinieren.
_ Den Strudel mit einem scharfen Sägemesser in breite Scheiben schneiden und auf einem Teller anrichten. (Aufpassen, dass nicht zu viel Füllung aus dem Strudel fällt!)
_ Den Salat neben dem Strudel anrichten und die restliche Vinaigrette dekorativ um den Salat und den Strudel verteilen.

147

Mediterrane Kaninchenroulade _ mit Möhrchen-Sternanis Püree und Salat

50 Min — Zubereitung | mittelschwer — Aufwand | Vorspeise | mit Fleisch

Alle Kaninchenbesitzer unter Euch müssen jetzt sehr stark sein! Nein, Spaß beiseite… Kaninchen findet man auf deutschen Speisekarten recht selten. Das liegt zum einen daran, dass wir Kaninchen heutzutage nicht mehr als Nutztiere, sondern als Haustiere ansehen und zum anderen vielleicht auch an unserer Vergangenheit. Im und vor allem nach dem Krieg wurde in Deutschland sehr viel Kaninchen gegessen, da andere Fleischsorten schlicht nicht verfügbar waren. Diese Generationen haben Kaninchen dann häufig als minderwertig oder „Arme-Leute-Essen" wahrgenommen. Naja, und die nächste Generation hat „Hasi" dann als Kuscheltier kennengelernt. So lautet zumindest meine Theorie.

Aber jetzt zurück zum eigentlichen Gericht. Kaninchen hat sehr feines, weißes Fleisch, ist aber deutlich fester als Geflügel. Die Keulen eignen sich hervorragend zum Schmoren (die Spanier und Tapas-Fans wissen, was ich meine), während der Rücken eher kurz gegart werden sollte, da er schnell trocken wird.

Um das Austrocknen ein wenig zu vermeiden habe ich den Kaninchenrücken mit getrockneten Tomaten, Basilikum und etwas Mozzarella in den Bauchlappen gewickelt und somit eine Roulade hergestellt, die man sehr gut pochieren, also unter dem Siedepunkt garen kann. Dazu gibt es ein cremiges Möhrchen-Sternanis Püree, ein paar sauer-salzige Kapernäpfel und ein wenig Salat mit einem Zitrusdressing für die Optik und das Gewissen.

Für die Roulade:

1 Stk.	Kaninchenrücken inkl. Bauchlappen
4 Stängel	Basilikum
6 Stk.	Eingelegte, getrocknete Tomaten
1 Stk.	Mozzarella
	Salz, Pfeffer

Für das Püree:

300 g	Möhren
30 g	Butter
3 Stk.	Sternanis
	Salz, Zucker

Für das Dressing:

1 Stk.	Orange
1 Stk.	Limette
1 Stk.	Zitrone
80 ml	Pflanzenöl
	Salz, Zucker

Zum Anrichten:

8 Stk.	Kapernäpfel
60 g	Pflück- oder Wildkräutersalat

Notizen

Mediterrane Kaninchenroulade

Mediterrane Kaninchenroulade _ Zubereitung

Zubereitung – Roulade

_ Den Kaninchenrücken auslösen, sodass der Bauchlappen unversehrt und am Rückenmuskel bleibt. (Dafür schneidet man ca. ½ cm neben der Wirbelsäule senkrecht nach unten bis man an den Rippen angekommen ist. Dann führt man das Messer auf dem Brustkorb, aber unter dem Bauchlappen bis zum Ende der Rippen. Das Ganze wiederholt man auf der anderen Seite, sodass am Ende nur die Wirbelsäule inkl. der Rippen übrigbleiben. Die Knochen kann man gut für eine Soße verwenden.)

_ Nun den zugeschnittenen Mozzarella, ein paar Basilikumblätter und die getrockneten Tomaten an den Rücken legen und alles ein wenig salzen und pfeffern.

_ Den Rücken inkl. der Füllung in den Bauchlappen wickeln.

_ Die Roulade in Frischhalte- und Alufolie fest einrollen und verschließen.

_ In einem Kochtopf bei leicht siedendem Wasser (nicht kochend!) ca. 20 min. pochieren.

_ Zum Schluss die Rouladen aus den Folien befreien und in einer Pfanne mit etwas Öl von allen Seiten kurz nachbraten, sodass ein paar Röstaromen entstehen.

Zubereitung – Püree

_ Die Möhren schälen und in dünne Scheiben schneiden.

_ Die Butter in einem kleinen Topf schmelzen und die Möhren dazugeben.

_ Mit einer Prise Salz und Zucker und dem Sternanis kurz etwas anschwitzen und dann mit Wasser bedecken.

_ Die Möhren sehr weich dünsten, sodass das meiste Wasser verdampft.

_ Den Sternanis heraussuchen und die Möhren mit einem Pürierstab oder in einem Standmixer sehr fein pürieren. (Wenn nicht lange bzw. fein genug püriert wird, trennt sich die Flüssigkeit von den festen Bestandteilen und wird nicht cremig.)

_ Zum Schluss erneut abschmecken.

Zubereitung – Dressing

_ Die geriebene Schale und den Saft der Zitrusfrüchte in ein hohes, schmales Gefäß geben und mit etwas Salz und Zucker überwürzen.

_ Dann mit einem Pürierstab mixen und währenddessen das Öl langsam einrühren, sodass eine Emulsion entsteht.

Anrichten

_ Das Möhrenpüree als Klecks oder „Swoosh/Sternschnuppe" in der Tellermitte anrichten.

_ Die aufgeschnittene Roulade anlegen.

_ Den Salat mit dem Dressing marinieren und ebenfalls an die Roulade anlegen.

_ Die Kapernäpfel halbieren und um die Roulade herum verteilen.

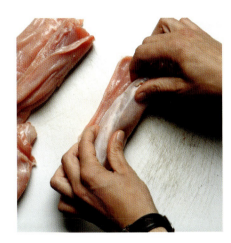

151

Austernpilz-Schnitzel _

Austernpilz-Schnitzel _ mit Mojo Verde, Parmesanchips und Chili-Ahorn Glaze

40 Min
Zubereitung

einfach
Aufwand

Vorspeise

Als großer Schnitzel-Liebhaber muss es für mich trotzdem nicht immer Fleisch sein. Die Variante mit Austernpilzen ist mindestens genauso gut wie ein Kalbsschnitzel und kommt hier als Vorspeise daher. Die Salsa/Mojo aus Apfel, Sellerie, Paprika und Koriander ist schön erfrischend und ein guter Kontrast zu den herzhaften Pilzen. Für Spannung sorgt die Chili-Ahorn Glaze.

Die Parmesanchips sind kein Muss, aber irgendwo musste ich diese Köstlichkeit noch unterbringen, damit Ihr sie als Beilage zu was auch immer nachkochen könnt. Ich muss hier immer an Käsebrötchen vom Bäcker denken. Der Käse, der sich nicht auf dem Brötchen halten konnte, sondern beim Backen an der Seite herablief, bildete dann diesen Käsechip, den ich immer als erstes weggeknabbert habe. Ging es Euch vielleicht auch so?

Für die Schnitzel:

20 Stk.	Austernpilzkappen
2 Stk.	Eier
50 g	Mehl
90 g	Semmelbrösel, Panko oder beides
	Pflanzenöl

Für die Mojo Verde:

½ Stk.	Säuerlicher Apfel
150 g	grüne Paprika
120 g	Staudensellerie
½ Stk.	Knoblauchzehe
1 Stk.	Limette
4 Stängel	Koriander
30 ml	Olivenöl
	Salz, Pfeffer, Zucker

Für die Chili-Ahorn Glaze:

1 Stk.	Kleine Rote Chili
15 ml	Sojaßoße
20 ml	Ahornsirup
¼ Stk.	Zitrone

Für die Parmesanchips:

| 60 g | Parmesan |

Notizen

Austernpilz-Schnitzel _ Zubereitung

Zubereitung – Schnitzel
_ Die Austernpilze mit einem Pinsel putzen und ggfs. den Stamm ein wenig kürzen.
_ Eine Panierstraße aus Mehl, verquirltem Ei und Semmelbröseln aufbauen und die Pilze darin panieren (Reihenfolge: Mehl dann Ei dann Semmelbrösel). Beim Panieren achte ich immer darauf, eine meiner Hände für alle trockenen und die andere Hand für alle feuchten Tätigkeiten zu verwenden. So verhindert man, dass die Hälfte der Panade an den Fingern kleben bleibt!
_ Die panierten Pilze in einer heißen Pfanne mit reichlich Öl ausbacken und zum Abtropfen auf ein Küchentuch legen.
_ Zum Schluss mit einer Prise Salz von allen Seiten würzen.

Zubereitung – Mojo Verde
_ Den geschälten Apfel, die Paprika, den Sellerie und die Knoblauchzehe klein schneiden.
_ Alle Zutaten bis auf das Olivenöl in einen Standmixer oder einen Zerkleinerer geben und grob pürieren. (Die Mojo sollte nicht zu fein püriert werden, sodass man beim Essen noch die einzelnen Zutaten herausschmecken kann.)
_ Das Olivenöl einrühren und mit Salz, Pfeffer und ggfs. etwas Zucker abschmecken. (Wenn man Olivenöl zu stark püriert, kann es bitter werden. Wenn man das Öl erst nach dem Pürieren dazugibt, bleibt der charakteristische Geschmack besser erhalten.)

Zubereitung – Chili-Ahorn Glaze
_ Den Chili (mit oder ohne Kerne) fein hacken.
_ Alle anderen Zutaten in einer kleinen Schüssel mit dem Chili verrühren.

Für die Parmesanchips
_ Den Parmesan fein reiben und auf eine Backmatte oder ein Backpapier streuen.
_ Im Ofen bei 180°C ca. 6 min. backen. (Hier kommt es auf das richtige Timing an! Nimmt man den Käse zu früh aus dem Ofen, werden die Chips blass und zäh. Achtet am besten darauf, dass der Käse nach dem Schmelzen keine Blasen mehr schlägt. Jetzt sollte der Parmesan eher gelblich sein und fast ein wenig verbrannt riechen. Das ist der Moment, den Ihr erwischen solltet. Eine Minute später und Ihr könnt von vorne beginnen...)
_ Den Parmesan auskühlen lassen und zum Schluss in gefällige Stücke zerbrechen.

Anrichten
_ Als Basis dient die Mojo, die man als kleine Häufchen auf dem Teller verteilen kann.
_ Darauf/daran werden dann die heißen Austernpilz-Schnitzel gelegt.
_ Die Ahorn-Glaze kann man dann ein wenig auf die Pilze, aber auch daneben träufeln, damit die Panade nicht gänzlich aufweicht.
_ Zum Schluss werden dann noch die Chips und ein paar Korianderblätter auf dem Teller verteilt.

155

Gegrillte Maispoulardenkeule _ mit Chimichurri, Melonen-Salat und Cashewnüssen

45 Min Zubereitung | mittel Aufwand | Vorspeise | mit Fleisch

Sommer auf dem Teller! Diese Vorspeise könnte im Hochsommer auch als leichter Hauptgang herhalten. Das gegrillte Keulenfleisch in Kombination mit der säuerlich-scharfen Chimichurri Marinade und dem erfrischenden Melonensalat passen einfach perfekt zu einem entspannten Abendessen auf der Terrasse. Dazu noch ein Gläschen eiskalten Vinho Verde und ich würde mich fast selbst einladen. Maispoularden heißen übrigens so, weil sie überwiegend mit Mais gefüttert werden. Durch diese recht einseitige Ernährung entwickelt sich ein etwas stärkerer, süßlicher Eigengeschmack und das Fleisch und die Haut färben sich im Vergleich zu einem konventionellen Huhn ein wenig gelb. Wenn Ihr keine Maishähnchen oder Poularden bekommt, könnt Ihr natürlich auch auf ein konventionelles Huhn zurückgreifen. Vermeidet nur bitte den Kauf von Billigfleisch! Aber das sollte ja generell für alle Rezepte in diesem Buch und darüber hinaus gelten!
Chimichurri kommt übrigens ursprünglich aus Südamerika, wo diese Soße häufig als Marinade für gegrilltes Fleisch verwendet wird.

Für die Maispoularde:
2 Stk.   Maispoulardenkeulen
           Salz, Pflanzenöl

Für die Chimichurri-Marinade:
30 ml   Rotweinessig
1 Stk.   Knoblauchzehe
2 Stk.   Lorbeerblätter
2 Stk.   Kleine Rote Chilis
½ Bund   Frischer Oregano
½ Bund   Frischer Thymian
25 ml   Olivenöl
           Salz, Zucker

Für den Melonensalat:
1 Stk.   Reife Cantaloupe-Melone
3 Stk.   Kafir-Limettenblätter
1 Stk.   Limette
           Salz und Pfeffer

Zum Anrichten:
60 g   Cashewkerne
40 g   Pflücksalat

Notizen

Gegrillte Maispoulardenkeule _ Zubereitung

Zubereitung – Maispoularde
_ Die Maispoulardenkeulen vorsichtig mit einem Ausbeinmesser auslösen (vom Knochen befreien) – Wenn euch dieser Vorgang neu und zu aufwendig ist, könnt Ihr bei Eurem Schlachter auch nach ausgelösten Keulen fragen. Wichtig ist bei diesem Rezept allerdings, dass die Haut noch am Fleisch bleibt.
_ Auf dem Grill oder in einer (Grill-)Pfanne mit etwas Öl die ausgelösten Keulen zunächst nur auf der Hautseite braten und die Fleischseite ein wenig salzen.
_ Wenn die Haut gold-braun und knusprig aussieht, die Keule wenden und auf der Fleischseite bei etwas geringerer Hitze fertig braten. (Keulenfleisch braucht deutlich länger als eine Hühnerbrust und verzeiht einem auch mal die eine oder andere Minute zu viel.)
_ Die gegarte Keule mit der Fleischseite nach unten in die Marinade einlegen, sodass die Haut knusprig bleibt.

Zubereitung – Chimichurri-Marinade
_ Alle Zutaten in einem Mörser zu einer dickflüssigen Soße zerstampfen und mit etwas Salz und Zucker abschmecken.

Zubereitung – Melonensalat
_ Die Melone schälen und ¾ der Melone in 1x1 cm große Würfel schneiden.
_ Das Kerngehäuse und die restliche Melone grob schneiden und durch ein Sieb streichen.
_ Das Melonenmark mit den fein gehackten Limettenblättern, dem Saft einer Limette und etwas Salz und Pfeffer pürieren.
_ Die Marinade zu den Melonenwürfeln geben und gut vermengen.

Anrichten
_ Den Melonensalat als Basis in der Mitte des Tellers anrichten.
_ Die Maispoularde aus der Marinade nehmen, in Tranchen schneiden und auf dem Salat platzieren.
_ Die gerösteten Cashewkerne darüber verteilen und hier und da ein Salatblatt dekorieren.
_ Zum Schluss noch ein wenig der Chimichurri Marinade über dem Fleisch und auf dem Teller verteilen.

Die Technologie des Kochens –

Sensorik, Menüzusammenstellung, Kreativität

Alex

In unseren Kochkursen stelle ich häufig die These auf: „Jede und jeder kann kochen!" Dies fördert die Motivation, gleichzeitig ist auch etwas Wahres daran!

Es gibt nur wenige Dinge, die man vorher wissen sollte. Zum Beispiel zum Thema Sensorik: Konservativ betrachtet, haben die meisten von uns 5 Sinne. Sehen, Hören, Fühlen, Schmecken und Riechen. Auch wenn man beim Essen so viele Sinne wie möglich ansprechen sollte, konzentrieren wir uns zunächst einmal auf das Schmecken.

Laut aktuellen Erkenntnissen verfügen wir über 5 Ausprägungen unseres Geschmackssinnes: Sauer, Salzig, Bitter, Süß und Umami.
Bei Umami redet man oft von herzhaft, ausgewogen oder würzig. Häufig wird Umami auch mit Geschmacksverstärkern, wie z.B. Glutamat, in Verbindung gebracht, da diese die Rezeptoren für „würzig" sehr stark ansprechen. Mir gefällt diese Assoziation nicht so gut, weil sie meist negativ behaftet ist. Würzigkeit oder Umami kann nämlich nicht nur durch künstliche Geschmacksverstärker entstehen, sondern kommt auch in natürlicher Form in zahlreichen Lebensmitteln vor. Parmesan ist hier wohl der prominenteste Vertreter, aber auch Algen, Tomaten oder Sellerie besitzen eine ordentliche Menge an Umami.
Das Ziel beim Kochen sollte sein, so viele Geschmacksrichtungen wie möglich anzusprechen. Erst wenn alle fünf Geschmäcker stimuliert werden, kommt uns ein Gericht wirklich rund vor. Häufig spricht man auch von einem Geschmacksprofil. Für jeden Geschmack gibt es auf unserer Zunge verschiedene Rezeptoren, die den Geschmack aufnehmen und als Information an unser Gehirn senden. Das klingt vermutlich recht technisch, daher ein paar Beispiele:
- In den meisten Rezepten für Süßspeisen oder Kuchen steckt eine Prise Salz. Wir wollen zwar nicht, dass man das Salz wirklich herausschmeckt, aber unsere Zunge wird auch schon kleinste Mengen an Salz registrieren, sodass auch dieser Geschmack abgedeckt ist. Ähnlich verhält es sich bei herzhaften Gerichten, bei denen häufig eine Prise Zucker verwendet wird.
- Ein gutes Risotto wird meist mit Gemüsebrühe gekocht und zum Schluss mit reichlich Parmesan verfeinert. Hier geht es in erster Linie um die „Herzhaftigkeit". Die Brühe besteht zu einem gewissen Teil aus Sellerie und der Parmesan tut sein Übriges.

- Häufig werdet Ihr in diesem Buch von einem Spritzer Zitronensaft lesen. Auch hier geht es nicht darum, ein Kürbispüree zu einem sauren Kürbispüree zu machen, sondern schlicht den Geschmack des Kürbisses durch einen Hauch an Säure hervorzuheben und zu verstärken.
- Zucker zu karamellisieren hat einen ähnlichen Effekt. Wenn man normalen Haushaltszucker karamellisiert, verliert er etwas an Süße und bekommt eine leichte Bitter-Note, die gewollt ist. Man könnte in diesem Zusammenhang auch von Röstaromen sprechen. Diese entstehen durch Karamellisierungsprozesse oder auch die sogenannte Maillard-Reaktion (das ist eine Bräunungsreaktion). Falls euch dies und andere chemische und physikalische Prozesse beim Kochen interessieren, kann ich Euch folgendes Buch wärmstens empfehlen: „Rätsel und Geheimnisse der Kochkunst – naturwissenschaftlich erklärt" von Hervé This-Benckhard.

Es ist natürlich gut, die Geschmacksrezeptoren zu befriedigen, dies reicht aber nicht aus, um am Esstisch für Begeisterungsstürme zu sorgen! Wie anfangs schon erwähnt, wollen auch unsere anderen Sinne stimuliert werden.

Jeder wird vermutlich den Spruch kennen: „Das Auge isst mit." Das Anrichten eines Gerichtes spielt also eine wichtige Rolle. Heutzutage ist häufig von Food-Porn die Rede, wenn es um verführerisch angerichtetes Essen geht. Man möchte direkt hineinbeißen und es „läuft einem das Wasser im Mund zusammen". Auch hier passiert viel im Gehirn.

Das Fühlen (zumindest mit der Zunge) von verschiedenen Konsistenzen und Temperaturen trägt ebenfalls einen sehr großen Teil zum Ess-Erlebnis bei. Bei den meisten Rezepten in diesem Buch werdet ihr immer etwas Weiches, Knackiges, Knuspriges, Flüssiges, Warmes, Kaltes, z.T. auch Zähes, Saftiges oder auch Trockenes finden. Seid versichert: Das ist kein Zufall. Zum Fühlen zählt auch die Schärfe eines Gerichts. Häufig verwechselt mit einem Geschmack, ist Schärfe eher ein Gefühl, welches wir wahrnehmen. Für viele Menschen macht eine gewisse Schärfe das Essen interessanter und kann sogar die Ausschüttung von Glückshormonen bewirken – nicht umsonst heißt es manchmal: „Spice up your life"! Dies kann sogar dazu führen, dass man süchtig nach scharfem Essen wird.

Zu guter Letzt möchte ich das Riechen und das Hören erwähnen. Bevor wir etwas schmecken, riechen wir es. Unser Geruchssinn erfüllt eine Sicherheitsfunktion, die im Laufe der Evolution bedeutsam war: Riecht ein Essen nicht gut, kann dies ein Indikator für verdorbene oder giftige Lebensmittel sein. Denkt nur an zu alten Fisch! Diese Regel gilt allerdings nicht immer. Nur weil Käse nicht gut riecht, muss er nicht schlecht sein.

Das Hören von Speisen hat vermutlich den geringsten Einfluss auf das Ess-Erlebnis, gehört aber dennoch dazu. Man stelle sich vor, die Kartoffelchips wären beim Kauen nicht hörbar. Dann wären sie vermutlich auch nicht knusprig und damit nicht mehr lecker.

Was bedeuten diese zum Teil naturwissenschaftlichen Informationen nun also für die Entwicklung von Gerichten oder Rezepten? Meiner Meinung nach sind diese Faktoren eine sehr wichtige Grundlage für gutes Essen und helfen Euch dabei, selbst neue Gerichte zu erfinden. Ihr könnt zwar nicht jede Zutat miteinander kombinieren, da manche Dinge einfach nicht zueinander

passen, aber das Wissen über unsere Sinne und die von ihnen ausgelösten Empfindungen bieten Euch einen Leitfaden, an dem Ihr Euch orientieren könnt.
Nun, da diese physiologischen Grundlagen geschaffen sind, geht es an die Kreativität.
Das vermutlich Schönste am Kochen ist die eigene Kreativität, die Ihr miteinfließen lassen könnt. Sich neue Gerichte auszudenken, kann im Ergebnis nicht nur lecker und horizonterweiternd sein, sondern macht schon beim Kochen und Herumprobieren Spaß. Es mag vielleicht etwas abgedroschen klingen, aber tatsächlich sind Eurer Kreativität kaum Grenzen gesetzt. Ein gutes Beispiel, welches im ersten Moment vielleicht befremdlich klingen mag, ist meine „Kümmel-im-Zahn" Geschichte. Im Urlaub in Süddeutschland habe ich mal eine „Seele" gegessen (eine Art kleines Baguette-Brötchen mit Kümmel und grobem Salz). Irgendwie muss mir dabei ein halbes Kümmelkörnchen in den Zähnen stecken geblieben sein. Etwas später habe ich dann einen frischen Pfirsich gegessen, wobei sich das Kümmelkörnchen wieder gelöst hat, um nochmal sein spezielles Aroma zu entfalten. Die Kombination aus dem Kümmelaroma und dem Pfirsich war erstaunlich harmonisch. Irgendwann hat es diese Verknüpfung in Form eines fruchtigen Ragouts als Beilage zu einer vegetarischen Kohlroulade dann auch auf die Speisekarte im Gasthof Möhrchen geschafft und für viel Lob gesorgt.
Vielleicht habt Ihr etwas Ähnliches auch schon mal erlebt. Spontan fallen mir noch so abgefahrene Kombinationen wie Banane auf Schwarzbrot mit Curry oder Nektarine mit grünem Pfeffer ein. Letztere Komposition findet Ihr übrigens auch in diesem Buch.
Falls Ihr auch derartige Kreationen (Flavour-pairings) kennt, immer her damit!

Möhrchen-Anekdoten

Alex

Auch wir müssen hier mal ein wenig aus dem Nähkästchen plaudern. Neben all der Arbeit und den ganzen Rezepten sind in den letzten Jahren natürlich auch eine Menge an erfreulichen und weniger erfreulichen Dingen passiert. Zu den schönsten bzw. nachhaltigsten Geschichten zählen natürlich die zahlreichen Liebesbeziehungen, die in oder durch die Möhrchen entstanden sind.
Zuallererst sei hier die Ehe von Werner und Gisa erwähnt. Direkt am Eröffnungsabend des „Gasthof Möhrchen" haben sich die beiden kennengelernt. Das war am 15.10.2010. Ende Januar 2011 waren die beiden ein Paar und am 02.03.2012 wurde im Gasthof mit 30 Gästen standesamtlich gehochzeitet. Im August folgte dann die große Feier mit 130 (!) Leuten, ebenfalls im Gasthof. Keine Ahnung, wie diese Menge an Menschen in den kleinen Laden gepasst hat. Seit 2018 sind die beiden nun stolze Eltern einer bezaubernden Tochter.
Auch innerhalb des Teams hat ein Topf seinen Deckel gefunden.
Simone, unsere langjährige Servicechefin und Aushängeschild des „Gasthof Möhrchen", und Sebastian, einer unserer Köche, der in diesem Buch auch ein Rezept beigesteuert hat, sind nach einiger Zeit bei uns zusammengekommen und haben mittlerweile ebenfalls eine kleine, bezaubernde Tochter.
Alex hat im Rahmen eines Kochkurses seine heutige Freundin Lola kennengelernt und blickt zuversichtlich in die Zukunft. Vielleicht entsteht hier ja auch bald der nächste Möhrchen-Spross. Neben den Kolleginnen und Kollegen haben aber auch einige Gäste bei uns die Romantik hochleben lassen und wurden dabei zum Teil von uns unterstützt. Gerne erinnern wir uns z.B. an ein Pärchen, das sich gerne bei uns verabredet hat und hin und wieder auch einen separaten Raum für ein Stelldichein zur Verfügung gestellt bekommen hat.

Dies führt uns unweigerlich zu der Rubrik: Kurioses und Geschichten aus dem Hause Möhrchen. Sämtliche kleinen Anekdoten und Ereignisse hier niederzuschreiben, würde wohl zu weit führen, da wirklich so einiges bei uns passiert ist, worüber man im Nachhinein gerne mal den Kopf schütteln kann. Wir beschränken uns daher auf einen kleinen Auszug, sodass Ihr einen Eindruck bekommt, was in den Restaurants und Küchen dieser Welt so vor sich geht. Bevor wir Euch jetzt von unseren regelmäßigen, kleinen Sozialstudien über die unterschiedlichsten Gäste berichten, fangen wir erstmal vor unserer eigenen Haustür, also bei den Kollegen und uns an.

Beginnen wir mal bei Werner, der sich für keine Frage zu schade ist. So ist mir noch gut in Erinnerung, wie Werner und ich eines Abends nach dem Service zusammen an der Bar saßen und über die Möglichkeit gesprochen haben, selbst auszubilden. Werner interessierte sich sehr für den Ablauf der Kochausbildung und dafür, was man mit so einem Azubi denn wohl alles anfangen könnte. Ich erklärte ihm, dass ein Auszubildender zunächst abends in der kalten Küche angelernt werden würde, um später auch den Mittagstisch allein kochen zu können. Werners Augen wurden immer größer und die Idee, einen Auszubildenden zu beschäftigen, gefiel ihm immer mehr. Nachdem ich Werner alles erklärt hatte, fragte er mich, was dann mein Job sei und ob man mich dann überhaupt noch bräuchte? Zu der Zeit war ich nämlich derjenige, der in der kalten Küche arbeitete. Ich entgegnete etwas schockiert, dass dies eine durchaus legitime Frage sei und ob ich dann nicht direkt jetzt schon gehen sollte. Das Ganze geschah an einem Tag, nachdem ich ca. 12-13 Stunden gearbeitet hatte. Wertschätzung sieht irgendwie anders aus. Zu Werners Verteidigung muss ich allerdings erwähnen, dass dieses Gespräch in den ersten paar Wochen nach der Eröffnung des Gasthofs stattfand und vielleicht auch ein Gläschen Wein im Spiel war. Wie Ihr seht, haben wir uns auch wieder vertragen. Außerdem ist Werner in den Jahren immer wieder durch bestimmte Charaktereigenschaften aufgefallen. Seien es seine grünen Schuhe, ohne die er in den ersten Jahren keinen Service machen konnte oder die diversen, ich nenne sie mal Verpflegungsstationen mit unterschiedlichen Erfrischungsgetränken, die er über den Abend verteilt an strategisch wichtigen Orten platziert hatte. Wichtige Orte waren hier z.B. hinter der Bar neben dem Zapfhahn, am Reservierungsbuch, in der Küche, im Treppenhaus und im Büro.

Gleichzeitig ist Werner wohl der beste und emotionalste Redner, den wir in den Möhrchen je hatten. Unsere erste, langjährige Restaurantleiterin Maja durfte dies anlässlich ihrer Verabschiedung erfahren und auch die Verkündung, dass wir den Gasthof nicht länger betreiben würden, hat Werner unter Tränen übernommen. Von Werners Rednerqualitäten kann man sich auch heute noch überzeugen, wenn man mal als Gast zu einem unserer Pop Ups in die „Gekreuzten Möhrchen" kommt. Überzeugt Euch selbst.
Apropos Maja. Maja war in den ersten 3 Jahren die gute Seele und Ulknudel in der Möhrchen-Familie. Ein wenig leichtgläubig und naiv, aber immer herzlich und ein richtiges Arbeitstier. In der Küche wollte sie gerne die Schüssel mit den Resten der rohen Leberpaté-Masse ausschlecken, da wir ihr versprochen hatten, es handele sich um Schokoladensoße sei. Keine Angst! Wir haben dies dann noch rechtzeitig aufgeklärt, oder?

Ihren größten Auftritt hatte Maja aber im Rahmen eines Mystery-checks. Es war an einem Samstagabend, als ein von Frank, Ulf und Werner beauftragter Gastroberater als Mystery-Guest bei uns zu Gast war, um unsere Gesamt-Performance zu analysieren. Die Chefs sollten an diesem Abend nicht vor Ort sein. Wie es der Zufall wollte, hatten wir an genau diesem Abend aber ein kleines Personalproblem, da einer unserer Kellner nur bis um 21.00 Uhr Zeit hatte und dann durch eine andere Kollegin abgelöst werden sollte. Diese kam aber zunächst nicht und als sie dann schließlich den Weg zu uns gefunden hatte, mussten wir feststellen, dass der Hangover dieser Kollegin es nicht erlaubt, sie im Service einzusetzen. Maja musste sich also alleine um das vollbesetzte Restaurant kümmern und raste nur so durch den Laden, während sich die Kollegin hinterm Tresen versteckte. Dieser Auftritt hat natürlich die Bewertung der Gastroberater maßgeblich beeinflusst…

Der Tresen war generell ein gern genutzter Aufenthaltsort. Auch ich hatte während meiner ersten Serviceschichten echte Schwierigkeiten aus dem Schutz des Tresenbereichs in das große, weite Restaurant hervorzudringen, um mich dort mit Gästen und deren Bestellungen auseinanderzusetzen. Ulf und Frank ging es anfangs ähnlich. Wobei Frank sich sogar am liebsten ganz in die Küche verzog (obwohl er eigentlich am Tresen hätte arbeiten sollen), um uns beim Kochen zuzuschauen und uns ein wenig zu unterhalten. Gerne stand er dabei auch mal ein bisschen im Weg oder naschte von unserem Mise en place.

Großartig waren auch unsere eingeschlafenen Kollegen. Ja, ihr habt richtig gehört! Eines Tages ereilte mich ein Anruf eines besorgten Mieters aus den „Gekreuzten Möhrchen", der mit seiner Kochgruppe gerade im Begriff war, die Küche zu entern, um dort einen netten Kochabend zu verbringen.

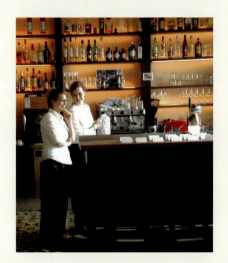

Am Telefon teilte er mir etwas besorgt mit, dass er Geräusche aus dem Keller hören könne, die irgendwie nach Schnarchen klangen. Da sich keiner der Gäste traute im Keller nachzusehen, fuhr ich so schnell ich konnte vom Gasthof zu den „Gekreuzten Möhrchen", um mir selbst ein Bild zu machen. Als ich dort eintraf, warteten die Gäste vor der Tür und waren ganz gespannt, wer oder was denn da wohl im Keller hausen würde. Als ich dann in den Keller ging, traf ich unseren Reinigungsmann, der es sich auf ein paar Wolldecken gemütlich gemacht hatte, um hier eine kleine Siesta zu halten. Vorsichtig aber bestimmt musste ich den Kollegen aus dem Reich der Träume reißen, damit die Gäste noch einen schönen, ungestörten Abend bei uns verbringen konnten. Fast genau die gleiche Geschichte ist wenig später noch einmal passiert. Allerdings war es diesmal nicht unser Reinigungsmann, sondern einer der Betreiber des Mittagstisches, der dort unten seinen Rausch ausschlafen wollte und dabei irgendwie die Zeit vergessen hatte. Dies sollte dann auch sein letzter Arbeitstag gewesen sein.

Zum Thema letzter Arbeitstag fällt mir auch der unrühmliche Abgang einer unserer Küchenchefs ein, durch den Sebastian und ich dann für ein paar Wochen zu unzähligen Doppelschichten gezwungen wurden. Aus einem kleinen Konflikt heraus entstand hier in kürzester Zeit eine Art lächerliches Kräftemessen zwischen Chef und Küchenchef, bei dem besagter Küchenchef zum Schluss ankündigte, ab morgen krank sein zu wollen. Gesagt, getan. Am nächsten Tag war der Küchenchef verschwunden und kam nur noch einmal vorbei, um Arbeitskleidung und Kündigung abzuholen, die er für die Agentur für Arbeit benötigte.

Jetzt zu unseren Gästen: Wie schon erwähnt, besteht die Gastronomie nicht nur aus Kochen und Servieren, sondern vor allem auch immer aus der Interaktion mit den unterschiedlichsten Gästen und Persönlichkeiten. Da sind die einen, die jedes Essen bei uns gefeiert haben, als wäre es von Paul Bocuse persönlich zubereitet worden und uns im Gegenzug mit kleinen Rum-Tastings aus dem heimischen Bestand belohnt haben. Auf der anderen Seite gab es aber auch die Spezialisten, die an allem etwas auszusetzen hatten und dennoch immer wieder kamen.
Sonderwünsche oder Änderungsvorschläge kommen in der Gastronomie recht häufig vor und

sind prinzipiell auch kein Problem. Die Frage ist halt immer nur, wie die Wünsche geäußert werden und ob diese auch realisierbar sind. Buntes Gemüse zu einem Steak zu bestellen, ist ja nichts Verwerfliches. Wenn dieser Wunsch aber bei jedem Besuch geäußert wird, obwohl die Antwort unsererseits jedes Mal dieselbe war, da wir schlicht kein buntes Gemüse vorrätig hatten, muss man sich irgendwann ein wenig wundern.

Wenn einem etwas nicht schmeckt, ist dies natürlich auch kein Drama. Wenn dann aber Äußerungen fallen wie: „Der Rotkohl schmeckt seifig" oder „Euer Steak ist ungenießbar", während am Nebentisch ein Steak vom selben Strang als Offenbarung gefeiert wird, reagiert ein Koch im Stress auch gerne mal mit: „Schickt den Spacken in die Küche, damit ich ihm auf die Schnauze hauen kann!" Das ist natürlich alles andere als professionell, aber menschlich nachvollziehbar. Gut, einem enttäuschten vegetarischen Gast, der aufgrund des Namens „Möhrchen" davon ausging, dass wir ein vegetarisches Restaurant seien, hinterher zu bellen, dass Hitler auch Vegetarier gewesen sei und man ja schließlich auch nicht zum Schuhe kaufen ins Laufhaus gehen würde, ist dann vielleicht eine Spur zu viel und vor allem heutzutage nicht mehr zeitgemäß.

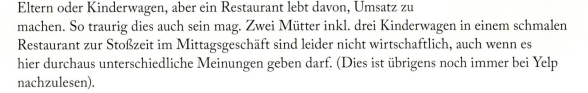

Ein weiteres schwieriges Thema, insbesondere in Ottensen und auf St. Pauli, ist die Kinderwagen-Diskussion. Nichts gegen Kinder, deren Eltern oder Kinderwagen, aber ein Restaurant lebt davon, Umsatz zu machen. So traurig dies auch sein mag. Zwei Mütter inkl. drei Kinderwagen in einem schmalen Restaurant zur Stoßzeit im Mittagsgeschäft sind leider nicht wirtschaftlich, auch wenn es hier durchaus unterschiedliche Meinungen geben darf. (Dies ist übrigens noch immer bei Yelp nachzulesen).

Zu den besonderen Erlebnissen zählten des Weiteren z.B. noch eine unangekündigte Stripperin anlässlich eines Junggesellenabschieds, den ich als Kochkurs in unserer Mietküche ausrichten durfte. Glaubt man nicht nur mir, sondern auch unseren Köchen und Servicekräften aus dem Restaurant, die sich am Fenster ihre Nasen plattgedrückt haben, war die Show sogar ziemlich gut. Dem zukünftigen Bräutigam und seinen Gästen, die überwiegend von der Bundespolizei kamen, hat es natürlich auch gefallen.

Bei Kochkursen passieren manchmal auch die kuriosesten Dinge. Bei einer Weihnachtsfeier mit 20 Personen verschwanden z.B. einmal zwei nagelneue Whiskey-Tumbler aus der Serie von Charles Schumann, die ich persönlich serviert hatte. Auf Nachfrage beim Organisator der Veranstaltung antwortete dieser etwas beschämt, dass die Gläser auf mysteriöse Weise rein zufällig in den Taschen zweier seiner Gäste verschwunden seien. Die Gläser sind letztendlich als „Zusatzverzehr" auf der Rechnung gelandet.

Ein wenig verwunderlich war auch die Buchvorstellung einer Bestseller-Autorin vor einem Dutzend Bloggerinnen in den Gekreuzten Möhrchen, die wir in Form eines Kochkurses ausrichten durften. Scheinbar ging es in dem Buch um sehr traurige Themen. Als wir nämlich den Hauptgang servieren wollten (und dies nach kurzem Hin und Her auch taten), waren gerade fast alle Gäste bitterlich in Tränen ausgebrochen. Die angerichteten Teller standen dann vor den Gästen und die Speisen mussten ca. 45 Minuten warten bis sie schließlich (kalt) verzehrt wurden. Timing…

Neben all diesen Geschichten über Kollegen und Gäste dürfen wir aber nicht die Momente vergessen, in denen wir gerade nochmal mit dem Schrecken davongekommen sind. So hat sich z.B. einmal mitten während des Mittagstischs, an einem schönen Sommertag, die Verankerung unserer Markise gelöst, die daraufhin auf die gut besetzten Tische fiel. Glücklicherweise ist niemandem etwas passiert. Gleiches gilt auch für eine Fensterscheibe in unserer Mietküchentür, die anscheinend nicht ganz ordnungsgemäß befestigt war. Der Massivholz-Tisch war danach gespickt mit handtellergroßen Scherben, aber den Gästen ging es gut.

Zum Thema „Glück gehabt" fällt mir noch ein, wie ich eines Morgens von unserem Reinigungsmann angerufen wurde, der gerade das Restaurant putzen wollte. In heller Aufregung teilte er mir mit, dass die Polizei bei uns im Laden stehen würde, er aber nicht wüsste weshalb. Ich bin dann aus dem Bett ins Restaurant gerast. Als ich dort ankam, standen die Polizisten mit ein paar Nachbarn im Gastraum und freuten sich sichtlich über mein Erscheinen. Es stellte sich heraus, dass unser Barmann, der nachts als letzter das Restaurant verlassen hatte, unsere Eingangstür nicht richtig verschlossen hatte. Diese muss dann durch einen Windstoß aufgedrückt worden sein und stand die ganze Nacht über einladend weit offen. Nach einer ausführlichen Bestandsaufnahme konnten wir dann aber beruhigt feststellen, dass nichts geklaut worden war.

HAUPTSPEISEN

Kalbs-Involtini _ mit Oliventapenade, cremiger Polenta, Spinat und Marsala-Beurre Blanc

Zubereitung — Aufwand — Hauptspeise — mit Fleisch
60 Min — mittelschwer

Man könnte fast behaupten, dass Involtini die italienischen Verwandten unserer Rindsrouladen sind, jedoch verbindet die beiden eigentlich nur die Form. Anders als bei den deftigen Rouladen, die wir von der Großmutter kennen, verwenden wir für die Involtini Kalbsschnitzel oder sogar Kalbsrücken, sodass die kleinen Rouladen auch medium gegart gegessen werden können und somit sehr saftig bleiben. Auch die Füllung der Involtini ist anders. Hier habe ich eine schwarze Olivenpaste hergestellt, die man auf die Schnitzel streicht. Diese „Tapenade" verleiht den Involtini einen ganz eigenen, charakteristischen Geschmack. Als Beilagen haben wir uns für eine cremige Polenta mit reichlich Parmesan, ein wenig Spinat mit getrockneten Tomaten und eine Marsala-Beurre Blanc entschieden. Bei der Beurre Blanc geht es um eine Grundtechnik, die sich auch mit vielen anderen Spirituosen oder Fonds umsetzen lässt. Die Idee ist, dass Ihr eine aromatische Basis herstellt (in diesem Fall reduzierter Marsala mit Schalotten) und diese dann mit kalter Butter bindet (montiert/emulgiert).

Für die Involtini:

500 g	Kalbsschnitzel (aus der Oberschale, Hüfte oder Rücken)
70 g	Schwarze Oliven (entsteint)
¼ Stk.	Knoblauchzehe
2 Stk.	Sardellenfilets
½ TL	Kapern
3 Stängel	Petersilie
½ Stk.	Eigelb
¼ Stk.	Zitrone
1 EL	Paniermehl
1 TL	Olivenöl
	Salz, Pfeffer, Pflanzenöl, Thymian

Für die Polenta:

40 g	Polenta
160 ml	Wasser
160 ml	Milch
4 Stängel	Thymian
1 Stk.	Lorbeerblatt
30 ml	Olivenöl
80 g	Parmesan
	Salz, Pfeffer

Für den Spinat:

1 Stk.	Schalotte
160 ml	Marsala
80 g	Butter
10 Stängel	Schnittlauch
	Salz, Pfeffer

Notizen

Kalbs-Involtini

Kalbs-Involtini _ Zubereitung

Zubereitung – Involtini

_ Die Schnitzel zwischen zwei Lagen Frischhaltefolie oder in einem Gefrierbeutel mit einem Schnitzelklopfer (flache Seite) von innen nach außen plattieren (ca. 4 mm dick).
_ Alle weiteren Zutaten in einen Mörser oder Zerkleinerer geben und zu einer feinen Paste pürieren.
_ Die Tapenade mit Salz und Pfeffer abschmecken.
_ Die Schnitzel mit der Tapenade bestreichen, die Seiten einklappen und dann aufrollen. Mit einem Zahnstocher oder einer Rouladen-Nadel verschließen.
_ Die Involtini in einer sehr heißen Pfanne mit etwas Pflanzenöl von allen Seiten scharf anbraten und salzen.
_ Die Involtini auf ein Backblech legen und mit etwas Thymian bestreuen.
_ Im Ofen bei 160°C ca. 12 min. garen. Die Involtini sollten innen noch leicht rosa, also medium gegart sein. Falls Ihr ein Bratenthermometer zur Hand habt, sollte das Ziel bei ca. 58 - 60°C liegen.

Zubereitung – Polenta

_ Die Milch, das Wasser, den Thymian, das Lorbeerblatt und das Olivenöl in einem Topf zum Kochen bringen.
_ Die Polenta nach und nach einrieseln lassen und mit einem Schneebesen kräftig verrühren.
_ Bei mittlerer Hitze und unter regelmäßigem Rühren ca. 10 min. köcheln und quellen lassen. Hier kommt es darauf an, welches Polentamehl Ihr verwendet. Manche Sorten brauchen etwas länger.
_ Zum Schluss den geriebenen Parmesan einrühren und mit Salz und Pfeffer abschmecken. Sollte die Konsistenz etwas zu fest sein, könnt Ihr die Polenta mit etwas Wasser verlängern, damit sie cremig bleibt.

Zubereitung – Spinat

_ Den Spinat waschen und trocken schleudern.
_ In einem Topf die fein gewürfelte Schalotte und den gehackten Knoblauch in etwas Butter anschwitzen.
_ Den Spinat und die gewürfelten Tomaten dazugeben und ca. 2-3 min. braten bis der Spinat zusammengefallen ist.
_ Mit einer Prise Salz und Pfeffer abschmecken.

Zubereitung – Soße

_ Die Schalotte fein würfeln und in einem kleinen Topf mit einem TL Butter glasig anschwitzen.
_ Den Marsala dazugeben und auf ca. die Hälfte des ursprünglichen Volumens einkochen.
_ Nun mit einem flachen Schneebesen unter ständigem Rühren die kalte, gewürfelte Butter in den Marsala geben und solange Rühren, bis die Butter restlos geschmolzen ist und eine cremige Konsistenz entstanden ist. Jetzt darf die Soße nicht mehr kochen, da sie sich sonst trennt.
_ Mit Salz, Pfeffer und gehacktem Schnittlauch abschmecken.

Anrichten

_ Die Polenta in der Mitte des Tellers anrichten.
_ Den Spinat abtropfen lassen und an die Polenta anlegen.
_ Die Involtini schräg oder in Scheiben aufschneiden und dekorativ auf der Polenta anrichten.
_ Die Soße großzügig auf dem Teller verteilen.

ULF

Gründer und ehemaliger Betreiber der Möhrchen

FRANK
Gründer und ehemaliger Betreiber der Möhrchen

Wie bist Du zur Möhrchen-Familie gekommen?
2005 habe ich mit meinem Freund und Kollegen Franki die Mietküche „Gekreuzte Möhrchen" auf St. Pauli eröffnet. Wir wollten einen Raum schaffen, in dem man zusammenkommen und – kochen konnte, wenn man zu Hause zu wenig Platz hatte oder/und die Last des Aufräumens und Putzens lieber anderen überlassen wollte. St Pauli war dafür damals der ideale Ort. Unser Vermieter Volker, ein alter Hafenstrassenrecke war sofort Feuer und Flamme für diese Idee, so starteten die Möhrchen nach 6 Wochen Umbau im Dezember 2005.

Was war/ist das Besondere an den Möhrchen (Gasthof/Gekreuzte)?
Immer besonders war bei den Möhrchen die Auswahl der Menschen, die es zu dem gemacht haben, was es war und ist. Ein offenes freundliches Haus. Die gute Atmosphäre zwischen Personal und Betreibern übertrug sich auch auf die Gäste, so dass die meisten Abende sich anfühlten als sei man zu Hause und hat Gäste.

Was machst Du jetzt? (Eigenwerbung erwünscht!)
Nach dem Ausstieg 2014 habe ich eine alte Leidenschaft ausleben lassen, ich verkaufe Mid Century Designermöbel, vornehmlich dänisches Design.

Wie würdest Du Deine Kochphilosophie/Stil beschreiben? Was ist Dir beim Kochen wichtig?
Durch einen Thailandaufenthalt bin ich der dortigen Küche verfallen. Ich liebe die frischen Zutaten und Kräuter. Eine gute Vorbereitung ermöglicht es, den reinen Kochvorgang schnell und unkompliziert ablaufen zu lassen, das mag ich.

Wie würdest Du Werner und Alex als Kollege/Chef/Gastgeber beschreiben?
Werner war schon lange vor den Möhrchen ein guter Freund von mir und ist es zum Glück auch nach vier gemeinsamen Jahren als Geschäftspartner geblieben. Es ist schwer, einen besseren Gastgeber zu finden. Alex lernte ich als Sous Chef von Max kennen und schätzen. Seine hanseatisch-ruhige Art war manches mal ein Anker in der rauen See eines ausgebuchten Freitagabends. Als ich 2014 ausschied, war er bereits ein souveräner Küchenchef mit feinem Händchen. Ich mag besonders seine Interpretationen von Deutschen Klassikern.

Welche „Geschichte" ist Dir noch in besonderer Erinnerung?
Bei der Eröffnung 2010 wurden wir überrannt, im Laden, vor dem Laden tummelten sich hunderte von Leuten. Es gab Flammkuchen und Freibier, was natürlich gut nachgefragt wurde. Irgendwann konnten wir nur noch warmes Bier ausschenken und zu guter Letzt flog der ganze Zapfhahn aus der Anlage und ein großer strahl warmes Bier klatschte mitten in die neu eingerichtete Bar. Für den nächsten Tag war das Restaurant bereits ausgebucht, so dass wir nachts bei guter Laune noch einige Gläser mehr als nötig polieren mussten.

Wie bist Du zur Möhrchen-Familie gekommen?
Ulf und ich waren für Spiegel TV in München unterwegs und haben für eine Reportage in einer Kinderküche gedreht. Eine sehr schöne umgebaute Ladenwohnung mit Küche und Esszimmer. So schön, dass wir am liebsten gleich dort ein Essen zubereitet und Freunde eingeladen hätten. Zuhause war die Küche zu klein und es fehlte auch immer an irgendetwas. Gläser, Geschirr, Stühle, Platz: Diese Küche hatte alles und es fühlte sich an wie zu Hause. Nur war sie in München und für private Kochevents am Abend nicht zu mieten. Für mich allein wäre die Geschichte jetzt zu Ende gewesen, wäre nicht Ulf eines Tages mit der Nachricht um die Ecke gekommen, es gebe in unserer Nachbarschaft eine Ladenwohnung zu mieten. Die Geburtsstunde der Mietküche! Der Name: „Gekreuzte Möhrchen".

Was war/ist das Besondere an den Möhrchen (Gasthof/Gekreuzte)?
Die Gekreuzten Möhrchen sind ein Rahmen, der jedem Gast die Möglichkeit bietet, sich seinen Abend selbst zu gestalten. Gegeben werden die Gastlichkeit und der Zauber eines Raumes mitten im Geschehen und doch ganz privat. Wenn die Gekreuzten Möhrchen ein Geistes Kind waren, so wurde der Gasthof der daraus erwachsende Teenager mit allem was dazugehört. Selbstfindung, Krisen, Euphorie und Enttäuschung, Ecken und Kanten, durchblutet aber immer durch das alte Herz. Die Gekreuzten Möhrchen heute sind die professionelle Reifung einer Vision und somit bereit für ein langes glückliches Leben.

Wie würdest Du Deine Kochphilosophie/Stil beschreiben? Was ist Dir beim Kochen wichtig?
Bei mir von einem Stil zu sprechen würde meine Freizeitbeschäftigung zu professionell darstellen. Kochen ist für mich weitestgehend ein Zeitvertreib, der mir im Ergebnis auch noch das Essen ermöglicht, was ich besonders gern mag. Tendenzen bei mir sind aber ein Hang zu Gewürzen und Eintöpfen: Eher derb und intensiv, meist etwas anders als erwartet. (Klingt als wollte Mensch da nicht zum Essen eingeladen werden).

Wie würdest Du Werner und Alex als Kollege/Chef/Gastgeber beschreiben?
Wenn ein alter Gnatz mit Schöngeist und ein Hamburger Lucky Luke ohne Rantanplan zusammen ein Restaurant führen, ist ausreichend Raum für Vielfalt gegeben. Diese Vielfalt zu orchestrieren, ist im Einzelnen nicht einfach zu beschreiben. In meiner Erinnerung verschwimmt alles zu einem harmonischen Brei aus scharfen Messern und Getränken, wildem hin und her, Grashalm im Mundwinkel kauender Entspannung, tiefen Erkenntnissen und sinnlosen Gelabers. Ein sicherer Rahmen für kleine Wildwasserfahrten im Alltag.

Welche „Geschichte" ist Dir noch in besonderer Erinnerung?
Zu den Dingen, die mich als Hamburger Neugastronomen überrascht und überfordert haben, zählen die Wünsche und Erwartungen vermeintlicher Kunden oder Gäste. Einer von Ihnen war der Samsung Mann. Eines Nachmittags spazierte ein energetisch hochgeladener Mann durch die Tür, der eine Location mit üppigem Menü für ein Firmenevent mit Norwegern suchte. Erst vor kurzem eröffnet, schien mir eine solche Veranstaltung gut für das weitere Überleben und ein Schritt in mögliche zukünftige, einträgliche Unternehmungen zu sein. Er wollte abends zu Probe essen und zur weiteren Besprechung seiner Firmenfeier wiederkommen, tat er aber nicht. Zumindest nicht an diesem Abend, sondern erst an einem folgenden. So besprachen wir die Details und er bot uns zusätzlich für diesen Moment noch einen außerhäuslichen Firmenverkauf eines seiner Großkunden Samsung an. Seine lebendige, leicht unangenehm überhebliche Art hatte mittlerweile das Interesse sämtlicher Mitarbeiter des nicht allzu vollen Gasthofes erweckt. Endlich nun begann der Samsung Mann mit der Aufnahme von Bestellungen interessierter Mitarbeiter und Inhaber zu wirklich guten Konditionen, während sein Konsum von Schnäpsen fast die Verluste der 40%igen Vorauszahlungen für hochwertige Endgeräte in Deckung brachte. Zu guter Letzt konnte er dann noch einem der Köche eine heißbegehrte Wohnung in Aussicht stellen. Er verließ den Laden leicht bis mittelschwer berauscht, uns in Verwunderung und Zweifel, dennoch zuversichtlich zurücklassend, auf jeden Fall gut unterhalten. Als wir zwei Wochen später die Verluste über unsere Vorauszahlungen und den Ausfall der unerhört lukrativen Betriebsfeier, mit hemmungslos viel trinkenden Norwegern, schon fast verdaut hatten, konnte uns die Mopo endlich von jeglicher Resthoffnung befreien: Unser Samsung Mann war als Betrüger etlicher Hamburger Restaurationen überführt und verhaftet worden.

Laab Gai _ mit Reis

normal
Aufwand

Vorspeise

Dieses Gericht habe ich auf einer Weihnachtsfeier, bei der wir Betreiber für alle gekocht haben, gekocht. Ich hätte mit europäischer Küche niemals die Profis überzeugen können, dieses Gericht hat auch den Profis ein Lächeln aufs Gesicht gezaubert.

Zubereitung – Laab Gai

_ Den Klebereis im Wok ohne Fett rösten, bis er goldbraun ist. Dann im Möser zermahlen. Der geröstete Reis gibt eine nussige Note, die den Charakter dieses Gerichts aus dem Norden Thailands ausmacht.
_ Das Hühnerfleisch muss eine hackfleischartige Struktur bekommen, idealerweise mit dem China-Beil hacken oder mit einem scharfen Messer so lange schneiden, bis es nicht mehr aneinanderhaftet.

_ Das Fleisch im Wok mit sehr wenig Öl garen, in eine Schüssel geben und den gerösteten Reis unterheben.
_ Den Limettensaft, die Fischsauce und die fein geschnittenen Schalotten, sowie den Chili dazugeben und alles vermengen.
_ Zuletzt die Korianderblätter dazugeben und servieren.
_ Der Wasserspinat wird als Beilage gereicht: Er wird in wenig Öl angebraten und mit Soja- und Fischsauce abgeschmeckt.
_ Wer mag kann eingelegte Sojasprossen dazugeben.

Für das Laab Gai:

500 g	Hühnerfleisch
3 Stk.	Schalotten
	Korianderblätter
4 EL	Klebereis
3 EL	Limettensaft
4 EL	Fischsauce
1	Chilischote
1 Pkt.	Wasserspinat

Rote Thai-Curry Variation _

normal
Aufwand

Hauptspeise

In Varianten ist diese Mahlzeit wohl die von mir am häufigsten gekochte und ich würde auch sagen, eben genau in der Vielfalt seiner Varianten, mein allzeit Genussfavorit.

Zubereitung – Curry-Paste

_ Die harten Wurzeln wie Koriander, Ingwer, Galgant, Knoblauch und, falls verwendet, Kurkuma auf einer Küchenreibe fein verarbeiten, damit später der Pürierstab nicht soviel Arbeit hat.
_ Alle anderen Zutaten mit dem Messer fein schneiden. Je feiner man schneidet, desto weniger Arbeit hat man später beim Pürieren.
_ Alle Zutaten im Zerkleinerer-Aufsatz des Pürierstabs zu einer feinen bis sehr feinen Paste verarbeiten. Eventuell etwas Fett oder Wasser dazugeben, um die Paste möglichst geschmeidig zu machen. Ich verwende immer den Zerkleinerer-Aufsatz des Pürierstabs, aber der Stab tut es auch, wenn man geduldig bleibt. Ich habe auch schon mal den Mörser benutzt, ist sehr kraftaufwändig und wird nicht so fein, andererseits gehen keine Aromen durch die Wärmeentwicklung der Küchenmaschinen verloren, etwas für feine Zungen. Für das Gericht wird nicht die ganze Paste verwendet, sondern nur 3-4 Esslöffel, je nach Geschmack. Der Rest lässt sich perfekt einfrieren.

Zubereitung – Variation

_ Wok auf mittlerer Stufe erhitzen, Kokosfett heiß werden lassen, die Currypaste ca. 4-6 Minuten unter ständigem Rühren darin braten. Falls sie ansetzt, den Wok von der Flamme nehmen und weiterrühren. Die Feuchtigkeit löst den Ansatz dann wieder und die Paste kann auf dem Feuer weiterbraten. Gegebenenfalls wiederholen.
_ Wenn die Paste duftet, sich mit dem Fett im Wok verbunden hat und etwas eingetrocknet ist. Kokoszucker zugeben und danach zeitig mit Fischsoße ablöschen. Der Zucker soll leicht karamellisieren, aber nicht verbrennen.
_ Hitze erhöhen und wieder breiig einkochen lassen, dann Fleisch unterrühren und ca. eine Minute scharf anbraten.
_ Das Gemüse hinzugeben, kurz warmbraten und dann nach und nach Kokosmilch hinzufügen. Ca. 4 Minuten kochen lassen.
_ Anschließend mit Fischsoße und Zucker abschmecken. Wichtig ist eine harmonische Balance zwischen Salz, Zucker und Schärfe.
_ Zum Schluss Limettensaft und einen Teil der Basilikumblätter einrühren. Von der Flamme nehmen und sofort servieren.

Für die Currypaste:

3-4	Schalotten (bei Thai-Schalotten doppelte Menge)
4-8	Knoblauch-Zehen (hier: 1 handvoll Bärlauch-Blätter
2-3	Korianderwurzeln
1 Stk.	Galgant
1 Stk.	Ingwer
1 Stk.	Kurkuma nach Belieben Chili nach Belieben
1-2	Limetten (die Schale)
1 Stängel	Zitronengras
3-7	Zitronenblätter
½ TL	Koriandersamen
¼ TL	Kreuzkümmel
1-2 TL	Kokosfett/Erdnussöl/Ghee
1 Prise	Salz

Für diese Variaton:

400 g	Rindfleisch (für Vegetarier Tofu)
1 Bund	Sellerie
1 Bund	grüner Spargel
400 ml	Kokosmilch
1 Schuß	Fischsoße (für Vegetarier Soja-Soße)
	Limettensaft
1 EL	Kokosfett/Erdnussöl/Ghee
1 EL	Kokoszucker

Als Beilage:

2 Tassen	Reis
	süße Thai-Basilikumblätter

Bio-Frikadelle _

Bio-Frikadelle _ mit Kartoffel-Möhrchen Stampf und Salat mit Hausdressing

40 Min — Zubereitung | Einfach — Aufwand | Hauptspeise | mit Fleisch

Muss man heutzutage noch ein Rezept für eine Frikadelle in ein Kochbuch schreiben? Unbedingt, wenn es um den absoluten Bestseller des Gasthof-Möhrchen Mittagstisches geht. Ganze Fanclubs wollten sich zu Ehren unserer Frikadelle gründen. Mal im Ernst, eine gute Frikadelle mit bestem Bio-Hack, cremig-buttrigem Kartoffel-Möhrchen Stampf und einem Salatdressing das seinesgleichen sucht, findet man nicht an jeder Ecke und verdient eine Erwähnung in diesem Buch. Alleine die Menge an Fleischpflanzerln, die wir in der Gasthof Möhrchen Zeit geformt, gebraten und serviert haben, ist Rechtfertigung genug. Denn kein Gericht wurde im Gasthof häufiger gegessen als dieses! Das Dressing ist übrigens nicht nur für die Frikadelle reserviert. Wir haben es (leicht abgewandelt) meist als Standard-Hausdressing benutzt und hatten immer reichlich davon vorrätig.

Für die Frikadelle:

700 g	Bio-Hackfleisch (gemischt)
100 g	Zwiebeln
100 g	Semmelbrösel
1 EL	Senf
3 Stk.	Eier
2 TL	Salz
	Pflanzenöl, Pfeffer

Für den Stampf:

400 g	Mehlig kochende Kartoffeln
300 g	Möhren
150 ml	Milch
3 EL	Butter
	Salz, Pfeffer, Muskat

Für das Dressing:

1 Stk.	Kleine Zwiebel
5 Stängel	Dill
5 Stängel	Petersilie
2 TL	Zucker
½ TL	Salz
½ TL	Senf
40 ml	Apfelessig
80 ml	Pflanzenöl
	Pfeffer

Notizen

Bio-Frikadelle _ Zubereitung

Zubereitung – Frikadelle
_ Zwiebeln fein würfeln und in einer Pfanne mit etwas Pflanzenöl glasig anschwitzen.
_ Die Zwiebeln und alle weiteren Zutaten in einer Schüssel verkneten.
_ Vier gleichgroße Kugeln formen.
_ Die Frikadellen in einer heißen Pfanne mit etwas Pflanzenöl ca. 3 min. anbraten und etwas andrücken.
_ Die Frikadellen wenden und weitere 3 min. braten.
_ Die Frikadellen auf ein Backblech legen und im Ofen bei 170°C durchgaren. (Die Frikadellen sind fertig, wenn der austretende Fleischsaft nicht mehr trüb erscheint.)

Zubereitung – Stampf
_ Kartoffeln und Möhren schälen.
_ Die Kartoffeln halbieren und die Möhren in 5 mm dicke Scheiben schneiden.
_ Kartoffeln und Möhren in einem Topf mit kaltem Wasser aufsetzen und ca. 25 min weichkochen.
_ Die Kartoffeln und Möhren abgießen und im selben Topf die Milch mit der Butter, einer Prise Muskat, Salz und Pfeffer aufkochen.
_ Die Kartoffeln und Möhren wieder dazugeben und mit einem Kartoffelstampfer stampfen.

Zubereitung – Dressing
_ Die Zwiebel fein würfeln und mit dem Zucker, dem Salz, etwas Pfeffer, dem Senf und dem Essig in ein hohes, schmales Gefäß geben.
_ Die gehackten Kräuter hinzufügen und mit einem Pürierstab sehr fein pürieren.
_ Dann nach und nach das Öl einpürieren und emulgieren.

Doraden-Filet

Doraden-Filet _ mit Nektarinen-Pfeffer Ragout und Mandel-Brot Püree

45 Min — Zubereitung | mittelschwer — Aufwand | Hauptspeise | mit Fisch

Eines meiner ersten Gerichte im Rahmen meiner Ausbildung im „Weissen Haus" in leicht abgeänderter Form und dennoch muss ich hier automatisch an Urlaub denken. Die fruchtigen, frischen Nektarinen harmonieren perfekt mit dem etwas plump daherkommenden Mandel-Brot Püree, welches vielleicht gar nicht so attraktiv erscheint, aber dann doch ziemlich geil und zudem eine gute Verwertung von altem Brot ist. Dann noch die gebratene Dorade dazu, Sonnenbrille und Strohhut auf und los geht's.
In diesem Rezept erkläre ich, wie man einen ganzen Fisch filetiert. Dieser Vorgang erfordert sehr viel Übung, da man ein gewisses Gefühl dafür entwickeln muss, wo die Mittelgräte ist und wieviel Kraft man mit dem Messer aufbringen muss. Falls Euch der Aufwand zu groß ist, könnt Ihr bei Eurem Fischhändler selbstverständlich auch Filets bestellen und ihm beim Filetieren über die Schulter schauen. Ich habe dieses Gericht als klassischen Zwischengang kennengelernt, allerdings könnte man es auch als Vor- oder Hauptspeise zubereiten. Dann müsstet Ihr nur die Mengen anpassen.

Für den Fisch:

2 Stk.	Große Doraden (oder 4 Filets)
4 Stängel	Thymian
	Pflanzenöl, Salz

Für die Nektarinen:

3 Stk.	Nektarinen
2 Stk.	Schalotten
6 Stängel	Thymian
1-2 TL	Eingelegter grüner Pfeffer
15 ml	Rotweinessig
8 Stängel	Schnittlauch
	Salz, Zucker, Pflanzenöl

Für das Brot-Püree:

50 g	Altbackenes Brot
80 g	Mandeln (blanchiert)
1 Stk.	Knoblauchzehe
25 ml	Olivenöl
210 ml	Milch
	Salz, Pfeffer

Notizen

Doraden-Filet _ Zubereitung

Zubereitung – Fisch
_ Doraden filetieren (alternativ fertige Filets verwenden).
_ Zuerst alle Flossen mit einer Küchenschere entfernen, damit man sich an den Stacheln nicht stechen kann.
_ Dann die Doraden mit der Rückseite eines Messers oder mit einem Fischentschupper schuppen.
_ Mit einem scharfen Filetiermesser hinter dem Kopf senkrecht bis auf die Mittelgräte schneiden.
_ Das Messer flach auf die Mittelgräte legen und vorsichtig vom Kopf bis zum Schwanz auf der Wirbelsäule entlang schneiden.
_ Den Fisch umdrehen und den Vorgang mit dem zweiten Filet wiederholen.
_ Die Haut der Filets ganz vorsichtig einschneiden, damit sich das Filet in der Pfanne nicht zu stark zusammenzieht.
_ Letzte Gräten mit einer Pinzette entfernen.
_ Die Filets in einer heißen Pfanne mit etwas Pflanzenöl und dem Thymian auf der Hautseite scharf anbraten und die Fleischseite salzen.
_ Sobald die Filets fast durchgebarten sind, kurz wenden und nach 20 Sekunden aus der Pfanne nehmen und anrichten.

Zubereitung – Nektarinen
_ Die Nektarinen in Spalten schneiden.
_ Die Schalotten in Scheiben schneiden und in einem Topf mit etwas Pflanzenöl anschwitzen.
_ Die Nektarinen und den Thymian dazugeben und ein wenig salzen und zuckern.
_ Den Essig und den Pfeffer (Menge je nach Geschmack) hinzufügen und ca. 5 min bei regelmäßigem Rühren und mittlerer Hitze köcheln lassen.

Zubereitung – Brot-Püree
_ Mandeln, Knoblauch, Olivenöl und Milch in einen Topf geben und 4 min. köcheln lassen.
_ Das grob gewürfelte Brot dazugeben und 2 min. bei niedriger Hitze quellen lassen.
_ Mit einem Pürierstab fein pürieren und ggfs. etwas Wasser dazugeben, um eine cremige Konsistenz zu erhalten.
_ Mit Salz und Pfeffer abschmecken.

Graupen-Risotto

Graupen-Risotto _ mit Bärlauch, grünem Spargel und Haselnuss

40 Min
Zubereitung

einfach
Aufwand

Hauptspeise

Dass ein Risotto nicht unbedingt mit Reis gekocht werden muss, ist vielen bereits seit dem Quinoa-Trend bekannt. In zahlreichen Restaurants stieß man zu dieser Zeit immer mal wieder auf ein sogenanntes „Quinotto", also ein Risotto auf Quinoa-Basis. Wir haben uns hier für eine alternative Form des Risotto entschieden und verwenden regionale Graupen. Diese kann man genau wie ein Risotto kochen, erhält aber dennoch ein völlig anderes Gericht. Graupen (polierte Weizen- oder Gerstenkörner) besitzen nämlich die Eigenschaft, kaum verkochen zu können. Während man bei Risotto-Reis den genauen Zeitpunkt finden muss, wann der Reis noch einen leichten Biss hat, aber nicht zu hart oder zu weich ist, hat man bei Graupen einen deutlich größeren Toleranzbereich. Der zweite Hauptdarsteller dieses Gerichtes ist der Bärlauch. Frischer Bärlauch hat ein an Knoblauch erinnerndes, leicht nussiges Aroma, ist aber nicht so penetrant und scharf wie Knoblauch. Das Beste am Bärlauch ist aber, dass es ein regionales Gemüse ist, welches man recht einfach, sogar in einer Großstadt wie Hamburg, selbst finden und pflücken kann. Bärlauch ist eine der ersten Gemüse- oder Kräutersorten, die Ihr im Frühling finden könnt. Im Vergleich zu den giftigen Maiglöckchen, mit denen man Bärlauch vielleicht verwechseln kann, sind die Blätter etwas schmaler und weicher. Spätestens die Blüten und der Geruch sorgen aber für Klarheit.

Für das Risotto:

200 g	Graupen (mittelgroß)
2 Stk.	Schalotten
3 EL	Butter
1 Stk.	Lorbeerblatt
80 ml	Weißwein
900 ml	Wasser oder Gemüsebrühe
180 g	Bärlauch
120 g	Parmesan
½ Stk.	Zitrone
	Salz, Pfeffer

Für den Spargel:

500 g	Grüner Spargel
10 Stk.	Kirschtomaten
10 ml	Alter Balsamico
	Pflanzenöl, Salz

Zum Anrichten:

30 g	gehackte und geröstete Haselnüsse

Notizen

Graupen-Risotto _ Zubereitung

Zubereitung – Risotto

_ In einem Topf 1 EL Butter schmelzen und die fein gewürfelten Schalotten und die Graupen darin anschwitzen.

_ Das Lorbeerblatt dazugeben und mit dem Weißwein unter ständigem Rühren ablöschen.

_ Nun das Wasser oder die Brühe nach und nach hinzufügen und regelmäßig rühren. Am besten fangt Ihr mit einem Viertel des Wassers an, wartet dann, bis die Graupen die Flüssigkeit vollständig aufgenommen haben und fügt dann das nächste Viertel hinzu. Weiter so verfahren bis das Wasser aufgebraucht ist.

_ Den Bärlauch in einem Topf mit kochendem Wasser 3 min. blanchieren und mit kaltem Wasser abschrecken.

_ Den gekochten Bärlauch ein wenig ausdrücken und mit einem Pürierstab zu einer feinen Paste pürieren.

_ Nach ca. 20 min. sollten die Graupen noch leicht bissfest sein.

_ Das Bärlauchpüree, die restliche Butter und den geriebenen Parmesan einrühren und mit Salz, Pfeffer und etwas Zitronensaft abschmecken.

Zubereitung – Spargel

_ Den Spargel putzen (ggfs. schälen) und schräg in ca. 4 cm lange Stücke schneiden.

_ Den Spargel in einer heißen Pfanne mit etwas Öl scharf anbraten.

_ Nach 2 min. die halbierten Kirschtomaten dazugeben, mit dem Balsamico ablöschen und bei mittlerer Hitze weitere 3 min. köcheln lassen. Die genaue Garzeit hängt von der Dicke des Spargels ab. Der Spargel darf gerne noch leicht knackig sein.

_ Das Spargel-Tomaten Ragout mit einer Prise Salz würzen.

Anrichten

_ Das Risotto in einem Pasta-Teller anrichten.

_ Den gebratenen Spargel mit den Tomaten und ein paar Tropfen der Soße auf dem Risotto verteilen und mit den Haselnüssen garnieren.

Hirschrücken

Hirschrücken _ mit Kürbis-Püree, Rosenkohl und Haselnuss-Gnocchi

Zubereitung 1,5 Std

Aufwand mittel

Hauptspeise

mit Fleisch

Wenn es in der kalten Jahreszeit etwas festlicher sein soll, macht dieses Gericht wirklich etwas her, ohne dabei kompliziert zu sein. Auf den Hirschrücken muss ich hier gar nicht großartig eingehen, da mir die Öffentlichkeitsarbeit für den oft verhassten Rosenkohl wichtiger erscheint. Viele denken bei Rosenkohl nämlich an einen verkochten, weichen, bitteren Klops, den man in einschlägigen Landgasthöfen gerne als Tiefkühlgemüse serviert. Diese Art der Zubereitung räumt mit dem schlechten Image auf. Dadurch, dass der Rosenkohl ganz fein gehobelt wird und dementsprechend nur ganz kurz gebraten (sautiert) werden muss, behält er seinen Biss und entwickelt nicht die angesprochenen Bitterstoffe. Das sogenannte „Mundgefühl" ist fast samtig und durch ein wenig braune Butter bzw. die dadurch verbundenen Röstaromen, wird das nussige Aroma dieses verkannten Wintergemüses zusätzlich unterstützt. Die Haselnuss-Gnocchi bilden hier die Sättigungsbeilage und greifen das „Nuss-Thema" nochmal auf. Das Kürbispüree fungiert als leicht fruchtige Komponente, die alle anderen Bestandteile miteinander verbindet.

Für den Hirschrücken:

600 g	Hirschrücken
4 Stängel	Thymian
5 g	Ingwer
1 Stk.	Tonkabohne (alternativ eine halbe Vanilleschote)
1 TL	Wacholderbeeren
1 Stk.	Zimtstange
1 Stk.	Lorbeerblatt
2 EL	Butter
	Salz, Pfeffer

Für das Kürbispüree:

600 g	Butternut-Kürbis
40 g	Butter
½ Stk.	Zitrone
	Salz, Pfeffer, Muskat, Pflanzenöl

Für den Rosenkohl:

300 g	Rosenkohl
1 EL	Butter
¼ Stk.	Zitrone
	Salz, Pfeffer

Für die Gnocchi:

350 g	Mehlig kochende Kartoffeln (wir benötigen 250 g gegarte, gepellte Kartoffeln)
40 g	Haselnüsse (geröstet)
2 Stk.	Eigelb
65 g	Mehl
25 g	Parmesan
1 EL	Butter
	Muskat, Salz, Pflanzenöl

Notizen

Hirschrücken _ Zubereitung

Zubereitung – Hirschrücken
_ Den Hirschrücken parieren (von Sehnen und Silberhäuten befreien).
_ In einer Pfanne bei mittlerer Hitze die Butter schmelzen und den leicht gesalzenen Hirschrücken einlegen.
_ Den Thymian, den grob geschnittenen Ingwer, die geriebene Tonkabohne und die übrigen Gewürze dazugeben.
_ Den Hirschrücken ca. 8 min. von allen Seiten langsam anbraten und regelmäßig mit der Gewürzbutter beträufeln (arosieren).
_ Den Hirschrücken aus der Pfanne nehmen und auf ein Rost legen. (Die Butter aus der Pfanne nicht entsorgen!).
_ Im Ofen bei 120°C ca. 15 – 20 min. garen und hin und wieder ein wenig von der Gewürzbutter über den Rücken träufeln. (Der Rücken sollte medium gegart sein, also eine Kerntemperatur von ca. 60°C) erreichen.
_ Den Hirschrücken aus dem Ofen nehmen und 7 min. ruhen lassen.

Zubereitung – Kürbispüree
_ Den Kürbis schälen, entkernen und in ca. 1 x 1 cm große Würfel schneiden.
_ Den Kürbis in einem Topf mit der Hälfte der Butter anschwitzen und mit Wasser ablöschen und fast bedecken.
_ Den Kürbis ca. 20 min weich dünsten. (Das Wasser sollte größtenteils verdampft sein).
_ Den Rest der Butter, ein wenig Zitronensaft, eine Prise Muskat, Salz und Pfeffer hinzufügen und mit einem Pürierstab fein pürieren.

Zubereitung – Rosenkohl
_ Den Rosenkohl putzen und mit einem Gemüsehobel in sehr dünne Scheiben/Streifen schneiden.
_ In einer Pfanne die Butter braun werden lassen und den Rosenkohl dazugeben.
_ Den Rosenkohl 4 min. kräftig braten und etwas bräunen. (Der Rosenkohl sollte noch leicht bissfest sein.)
_ Mit einem Spritzer Zitrone, Salz und Pfeffer abschmecken.

Zubereitung – Gnocchi
_ Die Kartoffeln im Ofen bei 180°C ca. 45 min. weich garen. (Alternativ kann man die Kartoffeln auch kochen. Das geht schneller, aber die Kartoffeln werden nicht ganz so aromatisch.)
_ Die Kartoffeln pellen, mit einer Kartoffelpresse durchdrücken und etwas ausdampfen lassen.
_ 250 g durchgepresste Kartoffeln mit 30 g sehr fein gehackten Haselnüssen, dem Eigelb, Mehl, einer Prise Muskat und dem fein geriebenen Parmesan schnell vermengen. (Wenn man diese Masse zu lange knetet, kleistert die Stärke der Kartoffeln aus, sodass man keine Gnocchi mehr formen kann).
_ Den Teig zu daumendicken Würsten formen und mit einem kleinen Messer Rauten abstechen.
_ Die Gnocchi in einem großen Topf mit siedendem Wasser geben und ca. 3 min. kochen. (Wenn die Gnocchi fertig sind, kommen sie an die Oberfläche. Dort sollten sie noch eine Minute ziehen).
_ Die Gnocchi aus dem Kochtopf direkt in kaltes Wasser geben, abkühlen lassen und abgießen.
_ Die abgetrockneten Gnocchi in einer sehr heißen Pfanne mit etwas Öl gold-braun braten und mit der Butter, den restlichen grob gehackten Haselnüssen und einer Prise Salz abschmecken.

Anrichten
_ Das Kürbispüree und den Rosenkohl nebeneinander auf einem vorgewärmten Teller mittig anrichten.
_ Das Fleisch in Scheiben schneiden und vor den Beilagen platzieren.
_ Die Gnocchi und ein wenig Jus in einer separaten Schüssel bzw. Sauciere servieren.
_ Mit etwas Kresse garnieren.

Miesmuscheln _

Miesmuscheln _ in Weißwein

30 Min einfach
Zubereitung Aufwand Hauptspeise

Vermutlich das einfachste Gericht in diesem Buch und dennoch ein absoluter Klassiker – vor allem in den kühleren Monaten (mit „R") – wobei diese Regel nicht mehr ganz so ernst genommen werden muss. Die Zubereitung und auch der Einkauf für diesen Haupt- oder Zwischengang sind sehr simpel. Achten müsst Ihr beim Putzen der Muscheln nur auf beschädigte Schalen oder Muscheln, die sich beim Kochen nicht öffnen. Beide solltet Ihr aussortieren, um keine unangenehme Überraschung zu erleben.
Ansonsten braucht Ihr nicht mal Besteck, da Ihr einfach die erste leere Muschelschale als kleine Zange für den nächsten Happen nutzen könnt. Wenn Ihr Euch dann noch als Experten outen wollt, steckt Ihr die leeren Muschelschalen ordentlich ineinander.
Den Sud stippt Ihr mit etwas Baguette aus der Schale.

Für die Muscheln:

3,5 kg	Miesmuscheln
150 g	Möhren
150 g	Knollensellerie
100 g	Porree
2 Stk.	Knoblauchzehe
4 Stängel	Petersilie
3 Stängel	Dill
1 TL	Schwarze Pfefferkörner
½ TL	Wacholderbeeren
120 ml	Weißwein
	Pflanzenöl, Salz

Notizen

Miesmuscheln _ Zubereitung

Zubereitung – Muscheln
_ Die Muscheln mit kaltem Wasser abwaschen und ggfs. beschädigte und tote Muscheln aussortieren. (Miesmuscheln leben noch, wenn man sie kauft. Tote Muscheln müssen aussortiert werden. Um herauszufinden, ob eine Muschel noch lebt, kann man sie bei leicht geöffneter Schale zusammendrücken. Wenn Sie dann geschlossen bleiben, leben sie noch. Geöffnete Muscheln, die auf Druck oder anpusten nicht reagieren, sind meistens bereits tot).
_ Möhren, Sellerie und Porree in sehr feine Streifen (Julienne) schneiden.
_ Knoblauch und Kräuter grob hacken.
_ Einen großen Kochtopf mit etwas Pflanzenöl erhitzen und die Muscheln dazugeben.
_ Kurz durchrühren und das Gemüse, die Gewürze und den Weißwein dazugeben.
_ Alles schnell miteinander verrühren und den Deckel schließen.
_ Die Muscheln je nach Größe 7 – 10 min. garen.
_ Die Kräuter und eine Prise Salz hinzufügen.

205

Mai-Scholle „Büsum"

Mai-Scholle „Büsum" _ mit Bratkartoffeln und Kopfsalat

Zubereitung: 45 Min | Aufwand: mittel | Hauptspeise | mit Fisch

Wenn Hamburger ein Kochbuch schreiben, darf dieser norddeutsche Klassiker nicht fehlen. Neben dem Bezug zur Heimat geht es mir hier um drei andere, wichtige Komponenten. Woran erkennt man, ob ein im Ganzen gebratener Fisch auch wirklich durch ist, ohne ihn anzuschneiden? Wie funktionieren richtig gute Bratkartoffeln? Und wem gebührt der Dank für das beste Kopfsalatdressing der Welt, welches vermutlich nicht nur bei mir echte Kindheitserinnerungen weckt? Die ersten beiden Fragen werden weiter unten im Rezept beantwortet. Und die Antwort auf die letzte Frage lautet: Mama! Meine Mutter hat in meiner Kindheit aufgrund Ihres Vollzeitjobs nicht viel gekocht.

Aber ein paar Standardgerichte hatte auch sie in petto. Neben ihrer einzigartigen „Bollo" mit viel Ketchup und Sahne(!) erinnere ich mich am liebsten an ihr leicht süßes Zitronen-Sahne oder Schmand Dressing, welches ich früher auch gern ohne Salat gegessen habe. Danke, Mama!

Für die Scholle:

4 Stk.	Mai-Scholle (mind. ausgenommen)
2 EL	Mehl
2 EL	Butter
	Salz, Pflanzenöl
60 g	Nordseekrabben
1 Stk.	Zitrone
2 Stängel	Dill

Für die Bratkartoffeln:

700 g	Kleine festkochende Kartoffeln (Drillinge)
1 Stk.	Zwiebel
10 Stängel	Schnittlauch
1 TL	Butter
	Pflanzenöl, Salz, Pfeffer

Für den Salat:

1 Stk.	Kopfsalat
40 g	Schmand
40 ml	Sahne
1 Stk.	Zitrone
6 g	Zucker
8 Stängel	Schnittlauch
	Salz

Notizen

Mai-Scholle „Büsum" _ Zubereitung

Zubereitung – Scholle
_ Die Scholle mit einer Küchenschere „zuschneiden". (Also den Flossensaum, die Schwanzflosse und den Kopf abtrennen. Alternativ könnt Ihr die Schollen auch bereits „küchenfertig" kaufen).
_ Die Schollen salzen mit Mehl bestäuben.
_ Etwas Öl und Butter in einer Pfanne erhitzen und die Schollen darin braten. (Je nach Größe ungefähr 5 min. auf jeder Seite.)
_ Die Schollen regelmäßig mit dem Bratfett übergießen.
_ Die Nordseekrabben mit dem gehackten Dill vermischen.
_ Eine Zitrone filetieren, die Filets etwas kleinschneiden und zu den Krabben geben.

Zubereitung – Bratkartoffeln
_ Die Kartoffeln weich kochen (ca. 20 min.) oder gekochte Kartoffeln vom Vortag verwenden.
_ Die Kartoffeln in ca. 5 mm dicke Scheiben schneiden.
_ Die Kartoffelscheiben in einer heißen Pfanne mit reichlich Pflanzenöl knusprig anbraten. (Die Kartoffeln müssen nicht ständig gewendet werden. Eine schöne Kruste bildet sich erst, wenn man den Kartoffeln auch ein wenig Zeit zum Bräunen gibt.)
_ Kurz bevor die Kartoffeln die gewünschte Farbe entwickelt haben, die fein gewürfelte Zwiebel und die Butter dazugeben und 3 min weiter braten.
_ Zum Schluss mit gehacktem Schnittlauch, Salz und Pfeffer abschmecken.

Zubereitung – Salat
_ Den Kopfsalat waschen und klein zupfen.
_ Aus dem Schmand, der Sahne, dem Saft und der geriebenen Schale einer Zitrone, dem gehackten Schnittlauch, dem Zucker und einer Prise Salz ein cremiges, süß-saures Dressing herstellen.

Spinat-Knödel _ mit brauner Butter und Rote Bete Salat

Zubereitung Aufwand Hauptspeise

Auch hier zeigt sich meine Affinität zur einfachen Südtiroler Küche. Ob als Beilage oder eigenständiges Hauptgericht, die fluffigen Spinatknödel mit reichlich brauner Butter und einem frischen Rote Bete Salat inklusive einer Spur von Kümmel sind einfach großartig. Selbst am nächsten Tag kann man die Knödel nochmal aufbraten und mit frisch geriebenem Parmesan genießen. Ich habe diese Knödel übrigens zum ersten Mal auf einem Almbauernhof gegessen, wo die Bäuerin noch selbst in der Küche stand und nur Zutaten aus dem heimischen Garten verwendet hat. Dazu gab es eine reichhaltige Brettl Jause samt dem selbstgekelterten Silvaner. Der Blick auf die Berge und das Läuten der Kuhglocken machte dieses Erlebnis perfekt.

Für die Knödel:

250 g	Blattspinat
60 g	Zwiebeln
1 Stk.	Knoblauchzehe
2 EL	Butter
2 Stk.	Eier
170 g	Knödelbrot (altbackenes, getrocknetes Brot)
1 EL	Mehl
50 ml	Milch
	Muskat, Salz und Pfeffer

Für den Rote Bete Salat:

300 g	Rote Bete
40 ml	Rotweinessig
1 EL	Olivenöl
	Kümmel, Zucker, Salz und Pfeffer

Zum Anrichten:

80 g	Butter
50 g	Parmesan
	Schnittlauch

Notizen

Spinat-Knödel

Spinat-Knödel _ Zubereitung

Zubereitung – Knödel

_ Den Blattspinat in kochendem Wasser kurz (ca. 30 Sekunden) blanchieren und in kaltem Wasser abschrecken.
_ Den Spinat gut ausdrücken.
_ Die fein gewürfelte Zwiebel sowie den gehackten Knoblauch in einem Topf in Butter glasig anschwitzen und die Milch dazugeben.
_ Den Spinat dazugeben und kurz aufkochen.
_ Die Spinatmischung mit einem Pürierstab oder im Mixer kurz anpürieren (nicht zu fein, damit man den Spinat noch wahrnimmt).
_ Das „Püree" zum Knödelbrot geben und das Mehl, die Eier sowie die Gewürze hinzufügen und gut durchmischen.
_ Die Knödelmasse 15 min. stehen lassen, damit das Brot quellen kann.
_ Mit angefeuchteten Händen 12 Knödel formen.
_ In siedendem Salzwasser ca. 12-15 Minuten garen. Das Wasser sollte nicht kochen, damit die Knödel nicht auseinanderfallen.

Zubereitung – Rote Bete Salat

_ Die Rote Bete schälen und mit einer Kastenreibe grob raspeln.
_ Den fein gehackten (nicht gemahlenen!) Kümmel, den Essig und das Öl dazugeben und mit etwas Salz, Pfeffer und Zucker marinieren.
_ Nach ca. 20 min. erneut mit Salz, Zucker und ggfs. etwas Essig abschmecken.

Anrichten

_ Die Butter im Topf schmelzen und solange erhitzen, bis sich ein leicht bräunlicher Bodensatz bildet und ein nussiger Geruch entsteht. (Daher kommt der Begriff: Nussbutter)
_ Den Parmesan fein reiben.
_ Den Schnittlauch fein schneiden.
_ Einen Teil der braunen Butter über die gegarten Knödel gießen und den geriebenen Parmesan darüber verteilen.
_ Auf einem separaten Teller den Salat anrichten und mit dem Schnittlauch bestreuen.

Gebratene Kalbsleber _ mit Blumenkohlpüree, Pfifferlingen und Gewürz-Pflaumen

Zubereitung Aufwand Hauptspeise mit Fleisch

Leber „Berliner Art" kennen wohl die meisten von Euch. Dieses Gericht ist eine leichte Abwandlung des bekannten Klassikers. Die Idee bleibt aber die Gleiche. Leber hat einen sehr starken Eigengeschmack, den nicht jeder mag. Um diesen Eigengeschmack besser einzubinden, eignet sich häufig eine fruchtige, aber auch saure Komponente.

In diesem Fall die Pflaumen. Aber auch eine leicht erdige, herzhafte Komponente sollte nicht fehlen. Was beim Klassiker die Röstzwiebeln und das Kartoffelpüree sind, wird in dieser Variante zu gebratenen Pfifferlingen und Blumenkohlpüree. Die klassische Variante gab es bei uns früher regelmäßig zum Mittagessen. Spannend waren dabei immer die unterschiedlichen Reaktionen. Während meine Eltern das Gericht jedes Mal gefeiert haben, musste ich mich erst langsam herantasten bevor dieses Gericht auch zu einer meiner Leibspeisen wurde. Meinen Bruder konnten wir hingegen nie für Leber in welcher Art auch immer begeistern. Alleine der Geruch von gebratener Leber hat bei meinem Bruder früher schon für leichte Übelkeit und Kopfschmerzen gesorgt. Geschmäcker sind nun mal verschieden.

Für die Leber:

720 g	Kalbsleber
2 EL	Mehl
1 EL	Butter
	Salz, Pfeffer, Pflanzenöl

Für das Püree:

800 g	Blumenkohl
1 EL	Butter
80 ml	Sahne
¼ Stk.	Zitrone
	Salz, Pfeffer, Muskat

Für die Pfifferlinge:

360 g	Pfifferlinge
1 EL	Butter
1 Stk.	Zwiebel
6 Stängel	Schnittlauch
4 Stängel	Petersilie
	Salz

Für die Pflaumen:

24 Stk.	Zwetschgen/Pflaumen
2 EL	Zucker
20 ml	Sherry- oder Rotweinessig
1 TL	Koriandersaat
20 g	Ingwer
1 Stk.	Lorbeerblatt

Notizen

Gebratene Kalbsleber _

Gebratene Kalbsleber _ Zubereitung

Zubereitung – Leber
_ Die Leber putzen (Sehnen, Silberhäute und Adern entfernen).
_ Die Leber portionieren (nicht zu dünn schneiden, damit die Leber nicht zu trocken wird.)
_ Die Leber mit dem Mehl bestäuben und gut abklopfen.
_ In einer heißen Pfanne mit etwas Pflanzenöl und einem Esslöffel Butter braten. (Je nach Dicke ca. 2-3 min auf jeder Seite. Die Pfanne sollte dabei nicht zu heiß sein, sodass die Butter nicht verbrennt).
_ Mit einer Prise Salz und Pfeffer würzen.

Zubereitung – Püree
_ Den Blumenkohl (ohne Strunk und Blätter) grob schneiden und in einem Topf mit Wasser aufsetzen.
_ Den Blumenkohl ca. 15 min. weich kochen und abgießen.
_ Die Butter im Topf schmelzen und den Blumenkohl sowie die Sahne dazugeben und kurz aufkochen.
_ Mit einem Pürierstab fein pürieren und mit Salz, Pfeffer, einer Prise Muskat und einem Spritzer Zitronensaft abschmecken.

Zubereitung – Pfifferlinge
_ Die Pfifferlinge putzen (Pilze, insbesondere Pfifferlinge sollten nach Möglichkeit nicht mit Wasser in Berührung kommen und demnach nicht gewaschen werden. Am besten putzt man die Pilze mit einem trockenen Pinsel oder einem Küchenpapier. Zur Not, also wenn es schnell gehen muss, oder die Pilze sehr schmutzig sind, kann man etwas Mehl in Wasser auflösen (ca. 1 EL je Liter) und die Pilze sehr schnell darin waschen. (Das Mehl verhindert, dass die Pilze zu viel Wasser aufnehmen.) Danach die Pilze auf einem Küchentuch abtrocknen lassen.)
_ Die Pfifferlinge in einer sehr heißen Pfanne, zunächst ohne Öl anbraten. (Die Pilze fangen an zu quietschen, wenn die Pfanne richtig heiß ist.)
_ Nach ca. 3 min. die fein gewürfelte Zwiebel und die Butter dazugeben und ein wenig durchschwenken.
_ Mit gehackter Petersilie, geschnittenem Schnittlauch und einer Prise Salz abschmecken.

Zubereitung – Pflaumen
_ Die Pflaumen halbieren und entsteinen.
_ In einem Topf den Zucker gold-braun karamellisieren und mit dem Essig ablöschen.
_ Die Pflaumen, den geriebenen Ingwer, den Koriander und das Lorbeerblatt hinzufügen und bei mittlerer Hitze ca. 5 min einkochen.

NADINE
ehemalige Köchin in den Gekreuzten Möhrchen

Wie bist Du zur Möhrchen-Familie gekommen?
Ich bin vor ca.14-15 Jahren zu den Gekreuzten Möhrchen gekommen. Ulf und Frank hatten die Idee, ihre Mietküche um ein Café inklusive Mittagstisch zu erweitern. Dazu haben sie sich im Freundeskreis umgesehen und so kamen sie auf mich und Sibylle, ebenfalls eine Freundin der beiden.

Was war/ist das Besondere an den Möhrchen (Gasthof/Gekreuzte)?
Sie setzten ihr Vertrauen in uns. Dadurch hatten wir freie Hand und konnten unsere Ideen eins zu eins umsetzen. Wir haben gebacken und gekocht und jeden Tag einen Schritt mehr gemacht und sind so gewachsen. Es gab viel Motivation von unseren Gästen, die uns und unsere Arbeit sehr zu schätzen wussten. Da hatten wir unglaubliches Glück!

Wie würdest Du Deine Kochphilosophie/Stil beschreiben? Was ist Dir beim Kochen wichtig?
Nach den Jahren mit den Möhrchen habe ich angefangen, im Koch Kontor zu arbeiten (einem Kochbuch-Laden, der u.a. Mittagstisch anbietet). Ich bin keine gelernte Köchin und habe mein Illustrations-Studium während der Möhrchen-Zeit abgeschlossen und mich parallel der Keramik gewidmet. Und nun ist es so, dass meine künstlerische Tätigkeit gewachsen ist und meine Schwerpunkte sich verlagert haben. Momentan mache ich meinen Master an der Muthesius Kunsthochschule in Kiel. Doch Kochen ist und bleibt ein großer Bestandteil meines Lebens. Ich habe kleinere und größere Dinner ausgerichtet. Unter anderem in Galerien für andere Künstler oder auch für die eigene Ausstellung. Diese Art der Verknüpfung meiner Leidenschaften werde ich auch weiterhin fortführen!

Welche „Geschichte" ist Dir noch in besonderer Erinnerung?
Eine verrückte und besondere Zeit war das damals mit all ihren Herausforderungen. Es gab in diesen Jahren von Beginn an tolle, lustige Momente. Was auch kein Wunder war mit all' den lieben Verrückten, die diese Zeit mitgeprägt haben. Es ist schön, dass Werner und Alex am Ende wieder als Standort in den „Gekreuzte Möhrchen" gelandet sind, wo alles anfing. Die beiden ergänzen sich. Sie bilden ein gutes Team und machen ihr eigenes Ding!

Rinderbrust _ mit Gemüse, Ofentomaten und cremiger Polenta

normal
Aufwand

Hauptspeise

Für dieses Buch habe ich eines meiner Lieblingsgerichte beigesteuert. Ich liebe es, für meine Freunde diese Art von Gerichten zu kochen - ein Teller voller Wärme und Geschmack! Wenn ich koche, soll jede Zutat zu dem Ganzen beitragen, auch visuell! Das kann überraschend und opulent sein, aber auch reduziert und einfach.

Für die Rinderbrust:

1 kg	Rinderbrust (vom Metzger das gröbere Fett weg schneiden lassen. Wer ein scharfes Messer hat, macht es selbst!)
500 g	Schalotten (Bitte eine zurückhalten für das Gemüse!)
1 Bund	Kräuter der Provence
1 Liter	Rotwein (es ist kein Muss, den Wein zu nehmen, den man am Abend dazu trinken möchte…)
500 ml	roten Portwein
2-3 EL	Öl
1	Sternanis
2-3	Wacholderbeeren
5-6	Pfefferkörner
	Salz

Für das Gemüse:

1	Möhre klein gewürfelt
200 g	Champignons (braun, klein gewürfel)
100 g	Bauchspeck oder Pancetta (mit Pancetta wird es feiner im Geschmack; mit Bauchspeck kräftiger) klein ge würfelt
40 g	Pinienkerne
1 Bund	Estragon

Für die Ofentomaten:

500 g	Strauchtomaten
1-2 EL	roter Balsamico Essig
1-2 EL	Olivenöl

Für die Polenta:

250 g	Polenta
1/2 Liter	Milch
1/2 Liter	Wasser
20 g	Butter
80 g	Parmesan fein gerieben (Und etwas zum drüber streuen)

Zubereitung – Rinderbrust

_ Die Rinderbrust ½ Stunde vor dem Anbraten aus dem Kühlschrank nehmen.
_ Den Ofen auf 180 Grad Ober- und Unterhitze vorheizen.
_ Das Gemüse und den Bauchspeck/ Pancetta vorbereiten und zur Seite stellen.
_ Die Strauchtomaten (gerne mit den Stängeln) auf ein Blech geben und mit den restlichen Zutaten vermischen und zur Seite stellen.
_ Schalotten vierteln.
_ Die Rinderbrust in 4- 6 Stücke teilen. In einer Pfanne mit dem Öl von allen Seiten scharf anbraten und anschließend in einen Bräter legen. (Oder in eine Kasserolle. Es ginge auch eine andere tiefe Form, die am Ende mit Alufolie fest verschlossen wird).
_ Die Schalotten in die Pfanne (ja dieselbe!) anbraten, salzen und pfeffern, Kräuter hinzufügen und mit dem Wein ablöschen.
_ Dann den Portwein dazu geben und ca. 10 min köcheln lassen. Anschließend alles über die Rinderbrust gießen und verschließen. Die Rinderbrust sollte gut bedeckt sein!
_ In den Ofen (mittlere Schiene für 2 1/2 Stunden bei 180 Grad) schieben.
_ Nach den 2 1/2 Stunden die Rinderbrust aus dem Ofen holen und ca. die Hälfte der Rotwein-Mischung (es sollte noch genügend im Bräter bleiben für das Fleisch) in einen Topf geben und leise köcheln lassen. (Bitte vorsichtig den Deckel oder die Alufolie abnehmen - heißer Dampf!)
_ Die Rinderbrust wieder gut verschließen, den Ofen auf 100 Grad einstellen und auf die unterste Schiene geben. Die Strauchtomaten auf dem Blech ebenfalls in den Ofen (über der Rinderbrust) schieben.
_ Während der Rotwein köchelt: Zuerst den Bauchspeck/ Pancetta in die Pfanne geben, leicht anbräunen, dann das restliche Gemüse und Pinienkerne dazu geben und leicht weiter anschwitzen. Es sollte nur auf kleiner Stufe eingestellt sein, da in der Zwischenzeit die Polenta gemacht wird!
_ Wenn man Sorge hat, dass man das Gemüse während der Polenta-Zubereitung vergisst: Kein Problem, einfach das Gemüse zuerst fertig machen und vor dem Anrichten nochmal in der Pfanne schwenken!

Zubereitung – Polenta

_ Die Milch, das Wasser und die Butter in einem Topf zum Kochen bringen. Die Polenta mit einem Schneebesen einrühren - und bei geringer Hitze ca.15 min gelegentlich rühren.
_ Die Polenta im Topf mit Deckel für 5-10 min quellen lassen und dann den geriebenen Parmesan unterrühren. Fertig! Am besten in einem tiefen Teller servieren!

Orientalische Serviettenknödel

Orientalische Serviettenknödel _ mit süß-saurer Zucchini, Auberginenpüree und Hüttenkäse

1,5 Std – Zubereitung
einfach-mittel – Aufwand
Hauptspeise

Spätestens seit dem Siegeszug der Ottolenghi-Kochbücher sind orientalische Gerichte bzw. die Levante-Küche voll im Trend. Da ich aber, wie man in diesem Buch unschwer erkennen kann, schon seit meiner Kindheit ein großer Knödel-Fan bin, wollte ich beide Welten miteinander verbinden. Herausgekommen sind die orientalischen Serviettenknödel mit süß-saurer Zucchini, Auberginenpüree und Hüttenkäse. „Klassische" Fusion-Küche also. Dieses Gericht lässt keine Wünsche offen und ist vegetarisch! Es handelt sich hier nicht wirklich um Serviettenknödel, sondern eher um Frischhalte- und Alufolienknödel. Das klingt jedoch nicht ganz so schön. Spaß beiseite – Serviettenknödel heißen so, weil man die Knödelmasse früher in eine Serviette oder ein Geschirrtuch eingerollt hat, um sie zu pochieren. Diese Methode wurde irgendwann, vor allem in der Gastronomie, durch Frischhalte- und Alufolie ersetzt, damit die guten Servietten nicht ständig erneuert werden mussten. Insbesondere bei den orientalischen Knödeln, mit einer gewissen Menge Kurkuma, würden sich die schneeweißen Servietten schnell unansehnlich verfärben. Im Sinne der Nachhaltigkeit könnte man mittlerweile fast wieder die altbewährte Methode der modernen Technik vorziehen, um unnötigen Müll zu vermeiden.

Notizen

Für die Knödel:

500 g	Altes Fladenbrot
2 Stk.	Zwiebeln
30 g	Butter
300 ml	Milch
4 Stk.	Eier
1 TL	Schwarzkümmel
1 TL	Kurkuma (gemahlen)
1 EL	Currypulver
25 g	Rosinen
4 Stängel	Petersilie
	Salz, Pfeffer, Pflanzenöl

Für die Zucchini:

2 Stk.	Zucchini
200 ml	Apfelessig
100 ml	Wasser
80 g	Zucker
¼ TL	Salz
1 Stk.	Knoblauchzehe
1 Stk.	Lorbeerblatt
3 Stk.	Nelken
2 Stk.	Sternanis
1 Prise	Safran

Für das Püree:

2-3 Stk.	Auberginen
2 Stk.	Knoblauchzehe
6 Stängel	Thymian
2 Stk.	Zwiebeln
1 TL	Kreuzkümmel (gemahlen)
1 EL	Currypulver
1 TL	Tomatenmark
½ Stk.	Zitrone
	Olivenöl, Salz

Zum Anrichten:

80 g	Körniger Hüttenkäse
½ Stk.	Zitrone
15 g	Pistazienkerne (geröstet)
2 Stängel	Minze
2 Stängel	Petersilie
3 EL	Olivenöl
24 Stk.	Kirschtomaten
½ TL	Schwarzkümmel
	Salz, Pfeffer, Zucker

Orientalische Serviettenknödel _ Zubereitung

Zubereitung – Knödel

_ Das Fladenbrot grob würfeln und im Ofen bei 170°C ca. 15 min. trocknen.

_ Die fein gewürfelte Zwiebel in einem Topf mit Butter anschwitzen, mit der Milch ablöschen und kurz aufkochen.

_ Das Brot mit den Gewürzen, den Rosinen, der Petersilie und der Milch-Zwiebel Mischung in eine Schüssel füllen und die Eier dazugeben.

_ Alles gut miteinander vermengen, mit Salz und Pfeffer abschmecken und ca. 10 min. quellen lassen.

_ Mit Frischhalte- und Alufolie Würste formen, fest verschließen und in siedendem Wasser (nicht kochend!) ca. 30 min pochieren.

_ Die Knödel auspacken, in Scheiben schneiden und in einer Pfanne mit etwas Öl von allen Seiten knusprig braten.

Zubereitung – Zucchini

_ Zucchini mit einem Gemüsehobel in dünne Streifen schneiden.

_ Die übrigen Zutaten zusammen in einen Topf geben und kurz aufkochen.

_ Die Zucchini-Streifen mit dem Essig-Sud bedecken und 1 Stunde marinieren.

Zubereitung – Püree

_ Die Auberginen längs halbieren und die Schnittseite mit einem kleinen Gemüsemesser rautenförmig einritzen.

_ Die Auberginenhälften mit der Schnittseite nach oben auf ein Backblech legen und mit dem Thymian, einer gehackten Knoblauchzehe, etwas Olivenöl und einer Prise Salz würzen.

_ Im Ofen bei 200°C ca. 25 min. schmoren, bis das Fruchtfleisch weich und saftig erscheint.

_ Die Auberginen etwas auskühlen lassen und dann mit einem Esslöffel vorsichtig das Fruchtfleisch aus der Schale kratzen. Den Thymian, die Auberginenschalen und den gehackten Knoblauch benötigen wir nicht mehr.

_ In einem Topf mit etwas Olivenöl die grob geschnittene Zwiebel mit dem restlichen gehackten Knoblauch anschwitzen und anschließend die Gewürze und das Tomatenmark hinzufügen und kurz mitbraten.

_ Die ausgekratzten Auberginen dazugeben und kurz aufkochen.

_ Mit einem Pürierstab sehr fein pürieren und mit Salz und Zitronensaft abschmecken.

Anrichten

_ Den Hüttenkäse mit einem Spritzer Zitrone, den Pistazien, den gehackten Kräutern und 1 EL Olivenöl vermengen.

_ Die Tomaten an der Rispe auf ein Backblech legen, mit 2 EL Olivenöl, je einer Prise Salz, Pfeffer und Zucker würzen und im Ofen bei 170°C ca. 30 min. backen.

_ Das Auberginenpüree als Basis auf einem Teller oder Brett anrichten und die gebratenen Knödel darauflegen.

_ Den Hüttenkäse über den Knödeln verteilen und die Tomaten sowie die Zucchini und den Schwarzkümmel um die Knödel und das Püree gruppieren.

Gebratene Lammhüfte

Gebratene Lammhüfte _ mit Süßkartoffel-Püree, gegrillter Paprika, Feta-Minz Salat und Orangen-Olivenöl Emulsion

1,5 Std — Zubereitung
einfach-mittel — Aufwand
Hauptspeise
mit Fleisch

Es muss ja nicht immer Filet sein! Nein, auch eine Lammhüfte kann überzeugen und ist manchmal sogar spannender als das bekannte Lammcarrée. Dies liegt vor allem daran, dass die Hüfte aus mehreren Muskelsträngen besteht, die z.T. leicht unterschiedliche Konsistenzen besitzen und durch Bindegewebe, welches beim Braten schmilzt und das Fleisch saftig macht, voneinander abgetrennt sind. Außerdem verrate ich Euch hier das Geheimnis des besten Süßkartoffelpürees (in der Küche teilweise auch SüKaPü genannt) und zeige Euch eine schnelle, würzig-frische Soße, die eine gute Alternative zu einer klassischen Jus/Bratensoße sein kann. Dieses Gericht wurde bei uns bereits recht häufig in Kochkursen zubereitet und ist bisher jedes Mal außerordentlich gelobt worden.

Für die Lammhüfte:
- 750 g Lammhüfte
- 4 Stängel Thymian
- 2 Stk. Knoblauchzehe
- ½ TL Kreuzkümmel (gemahlen)
- ¼ TL Zimt (gemahlen)
- 1 EL Butter
- Pflanzenöl, Salz

Für das Süßkartoffelpüree:
- 800 g Süßkartoffeln
- 3 EL Butter
- ¼ Stk. Zitrone
- Salz, Pfeffer, Muskat

Für die Paprika:
- 2 Stk. Rote Paprika
- 2 Stk. Gelbe Paprika
- 1 Stk. Zwiebel
- 4 Stängel Thymian
- ½ Stk. Zitrone
- Olivenöl, Salz, Pfeffer

Für die Soße:
- 200 ml Orangensaft
- 1 Stk. Zimtstange
- 2 Stk. Sternanis
- 1 TL Schwarze Pfefferkörner
- 1 TL Wacholderbeeren
- 1 TL Kardamom
- 2 Stk. Lorbeerblätter
- 50 ml Olivenöl
- Salz

Zum Anrichten:
- 80 g Feta
- 4 Stängel Minze
- 4 Stängel Petersilie
- ¼ Stk. Zitrone
- 10 ml Olivenöl

Notizen

Gebratene Lammhüfte _ Zubereitung

Zubereitung – Lammhüfte
_ Die Lammhüften parieren (von Sehnen und Fett befreien).
_ In einer heißen (Grill-)Pfanne mit etwas Öl die Hüften von allen Seiten kräftig anbraten und salzen.
_ Die Hüften im Ofen bei 140°C je nach Größe und Geschmack ca. 15 – 20 min. garen. (Als Gar-Stufe würde ich hier medium empfehlen. Habt Ihr ein Thermometer zur Hand, sollte die Ziel-Kerntemperatur ungefähr bei 58 – 60°C liegen).
_ Das Fleisch aus dem Ofen nehmen und zunächst 5 min. ruhen lassen.
_ In einer Pfanne die Butter schmelzen und den Knoblauch, den Thymian und die Gewürze dazugeben.
_ Die Lammhüften in die Pfanne legen und bei mittlerer Hitze 2 min. immer wieder mit der Gewürzbutter übergießen (arosieren).

Zubereitung – Süßkartoffelpüree
_ Die Süßkartoffeln mit der Schale einzeln in Alufolie einwickeln und je nach Größe 50-75 min. im Ofen bei 190°C weich garen.
_ Die Süßkartoffeln auswickeln und vorsichtig die Schale abpellen.
_ In einem Topf die Butter schmelzen, die Süßkartoffeln dazugeben und mit einem Pürierstab sehr fein pürieren.
_ Mit Salz, Pfeffer, einer Prise Muskat und einem Spritzer Zitronensaft abschmecken.

Zubereitung – Paprika
_ Die Paprika längs halbieren und entkernen.
_ Die Paprika mit der Schnittseite nach unten auf ein Backblech legen und die Haut mit etwas Olivenöl einpinseln.
_ Im Ofen bei 230°C ca. 10 min backen, bis die Haut anfängt zu verbrennen.
_ Die Paprikahälften mit einem Geschirrtuch abdecken und 5 min. ausdampfen lassen.
_ Die Haut abziehen und die Paprika in feine Streifen schneiden.
_ Eine fein gewürfelte Zwiebel in einem Topf mit etwas Olivenöl anschwitzen, die Paprika und den Thymian dazugeben und 10 min. köcheln lassen.
_ Mit einem Spritzer Zitronensaft, Salz und Pfeffer abschmecken.

Zubereitung – Soße
_ Den Orangensaft in einem kleinen Topf mit den Gewürzen aufkochen und auf die Hälfte einkochen.
_ Die Reduktion durch ein feines Sieb passieren und zurück in den Topf gießen.
_ Nun mit einem flachen Schneebesen kräftig rührend das Olivenöl dazugeben und mit dem Saft emulgieren. (Die Soße, darf jetzt nicht mehr kochen oder zu stark erhitzt werden, da sich sonst das Öl absetzt).
_ Mit einer Prise Salz abschmecken.

Anrichten
_ Den Feta grob zerbröckeln und mit den gehackten Kräutern, dem Olivenöl und einem Spritzer Zitrone vermischen.
_ Das Süßkartoffelpüree als Nocke auf dem Teller anrichten und das Paprikaragout daneben setzen.
_ Die Lammhüfte in Tranchen schneiden und an das Püree und die Paprika anlegen.
_ Den Feta-Minz Salat als Topping auf dem Fleisch anrichten und die Soße dekorativ angießen.

231

Gebratener Seehecht _

Gebratener Seehecht _ mit warmem Kartoffel-Gurken Salat und Walnüssen

40 Min
Zubereitung

einfach
Aufwand

Hauptspeise

mit Fisch

So wie ein Lachs nichts mit einem Seelachs zu tun hat, hat auch der Seehecht nichts mit dem Hecht zu tun! Vor allem bei den Gräten sieht es beim Seehecht deutlich entspannter aus. Seehechte sind Raubfische und treiben ihr Unwesen u.a. in der nördlichen Nordsee. Das Fleisch ist schneeweiß und hat eine leicht süßliche, aber auch salzige Note. Wenn der Seehecht ordentlich geschuppt ist, lässt sich die Haut sehr gut kross braten und mitessen. Die Haut hält das Filet darüber hinaus zusammen und schützt das zarte Fleisch vorm Austrocknen. Dieses Hauptgericht eignet sich ideal für ein frisches, nicht zu schweres Mittagessen. Generell bin ich seit meiner Ausbildung ein großer Fan von vollwertigen, lauwarmen Salaten. Also solche, von denen man auch satt wird. Für diesen Salat benötigt man nicht einmal ein aufwendiges Dressing, da die einzelnen Bestandteile bereits ausreichend Eigengeschmack mitbringen und nur noch ein wenig Essig und Öl vertragen. Die Zubereitungsart der Kartoffeln (Quetschkartoffeln) könnt Ihr auch für andere Gerichte übernehmen. Im Gasthof Möhrchen haben wir die Quetschkartoffeln meist mit etwas Trüffelöl und Schnittlauch mariniert und als Beilage zum Ribeye-Steak serviert.

Für den Fisch:

700 g	Seehechtfilet (mit Haut, geschuppt)
2 EL	Butter
	Pflanzenöl, Salz

Für den Salat:

1 Stk.	Salatgurke
1 Stk.	Rote Zwiebel
500 g	Kleine festkochende Kartoffeln (Drillinge)
60 g	Walnüsse
1 Bund	Brunnenkresse
2 Stk.	Knoblauchzehe
30 g	Radieschen
10 Stängel	Schnittlauch
3 Stängel	Dill
	Apfelessig, Olivenöl, Salz, Pfeffer, Zucker

Zum Anrichten:

8 Stk.	Kapernäpfel
1 Stk.	Zitrone
2 Stängel	Kerbel

Notizen

Gebratener Seehecht _ Zubereitung

Zubereitung – Fisch
_ Den Fisch in vier gleichgroße Stücke schneiden.
_ Eine beschichtete Pfanne mit etwas Öl erhitzen und den Fisch auf der Hautseite anbraten.
_ Nach 2-3 min. die Hitze etwas runterstellen und die Butter zum Fisch geben.
_ Die Fleischseite salzen und immer wieder mit der geschmolzenen Butter übergießen.
_ Wenn sich der Fisch leicht vom Pfannenboden lösen lässt, den Fisch wenden und bei niedriger Hitze zu Ende garen. Ein häufig gemachter Fehler ist, dass man den Fisch zu früh und zu oft wendet, da man Angst hat, dass der Fisch verbrennen könnte. Die Gefahr hierbei ist, dass die Haut beim Lösen reißt und der Fisch auseinanderfällt und trocken wird. Meistens klebt die Fischhaut zunächst am Pfannenboden. Sobald die Haut knusprig wird, löst sie sich aber vom Boden, sodass man das Filet problemlos wenden kann. Generell sollte der Fisch auch nur einmal gewendet werden. In diesem Fall habe ich den Fisch zu ca. 2/3 auf der Hautseite gebraten und dann nur noch kurz umgedreht, um das letzte Drittel zu garen. Die Garzeit hängt von der Dicke des Filets ab. Um herauszufinden, ob der Fisch durchgegart ist, nimmt man eine Rouladen-Nadel o.ä. und sticht diese an der dicksten Stelle des Filets in den Fisch. Nun führt man die Nadel langsam bis zum Boden. Wenn man auf halber Strecke einen gewissen Widerstand fühlt, ist der Fisch an dieser Stelle noch nicht gar. Wenn die Nadel problemlos durch das Filet gleitet, ist er fertig.
_ Zum Schluss die Hautseite des Filets ein wenig salzen.

Zubereitung – Salat
_ Die Gurke mit einem Gemüsehobel in lange, dünne Streifen schneiden.
_ Die Rote Zwiebel ebenfalls in feine Streifen schneiden.
_ Die Drillinge kochen (ca. 20 min).
_ Die Walnüsse im Ofen bei 180°C ca. 10 min. rösten.
_ Die Brunnenkresse putzen.
_ Die Radieschen hobeln.
_ Die Kräuter fein schneiden.

_ Die gekochten Kartoffeln mit dem Handballen platt drücken.
_ In einer Pfanne mit etwas Öl die halbierten Knoblauchzehen leicht anrösten und die Kartoffeln dazugeben.
_ Die Kartoffeln salzen und 4-5 min. knusprig braten.

_ Die heißen Kartoffeln mit den übrigen Zutaten vermischen und mit etwas Apfelessig, Olivenöl, Salz, Pfeffer und einer kleinen Prise Zucker abschmecken.

Anrichten
_ Den Salat anrichten und den gebratenen Fisch daneben platzieren.
_ Mit den Kapernäpfeln, Zitronenscheiben und Kerbel garnieren.

Entenbrust _ mit Honig-Ingwer Lack, Rotkohl, Semmelknödel und gegrilltem Frühlingslauch

2 Std — Zubereitung | mittel — Aufwand | Hauptspeise | mit Fleisch

Eine Vorweihnachtszeit im Möhrchen ist ohne den Duft von gebratener Ente nicht denkbar. In Spitzenzeiten könnte man fast das Gefühl bekommen, selbst eine gebratene Ente zu sein, wenn man nach der Arbeit abends an seinen Klamotten schnuppert. Im Ernst: Das meistgewählte Kochkurs-Gericht für Weihnachtsfeiern etc. war und ist bei uns immer noch die rosa gebratene Entenbrust.

In diesem Rezept zeige ich, worauf es bei einer guten Entenbrust ankommt und warum ein hausgemachter Rotkohl kein Hexenwerk ist. Der urdeutsche Klassiker kann durch ein wenig Kreativität noch interessanter gestaltet werden. Um eines direkt vorwegzunehmen: Anders als ein Steak oder andere Kurzbratstücke kommt die rohe Entenbrust in eine kalte Pfanne, damit sie schön knusprig wird. Der Grund dafür ist der hohe Fettanteil in der Entenhaut. Würde ich die Entenbrust zum Braten in eine heiße Pfanne legen, würden sich die „Poren" auf der Haut schließen und das in der Haut befindliche Fett einschließen. Die Haut würde zwar braun werden, aber nicht knusprig. Dadurch, dass ich die Brust in die kalte Pfanne lege und dann langsam erwärme, hat das Fett genügend Zeit zu schmelzen und aus der Haut auszutreten. Zurück bleibt nur die Haut, die schön knusprig wird. In der Pfanne bildet sich ein ordentlicher Fettspiegel, den man sonst mitgegessen hätte. Als Soße haben wir eine klassische Jus verwendet, die Ihr auch in diesem Buch findet.

Für die Ente:
| 4 Stk. | Weibliche Entenbrüste |
| | Salz |

Für den Lack:
10 g	Ingwer
15 g	Honig
10 ml	Sojasoße

Für die Knödel:
150 g	Knödelbrot oder altbackenes, getrocknetes Brot
1 Stk.	Zwiebel
1 EL	Butter
190 ml	Milch
3 Stk.	Eier
4 Stängel	Petersilie
	Salz, Pfeffer, Muskat

Für den Rotkohl:
1 kg	Rotkohl
1 Stk.	Zwiebel
100 ml	Orangensaft
60 ml	Rotweinessig
2 EL	Zucker
1 Stk.	Zimtstange
2 Stk.	Lorbeerblätter
3 Stk.	Nelken
4 Stk.	Kardamom
2 Stk.	Sternanis
1 EL	Johannisbeergelee
1 TL	Speisestärke
	Salz

Zum Anrichten:
| 8 Stk. | Lauchzwiebeln |
| | Salz, Pflanzenöl |

Notizen

Entenbrust _

Entenbrust _ Zubereitung

Zubereitung – Ente
_ Die Entenbrüste auf der Fleischseite von Sehnen und Silberhäuten befreien (parieren).
_ Die Hautseite mit einem scharfen Messer oder einer Rasierklinge vorsichtig einritzen, sodass ein Rautenmuster entsteht. (Die Rauten sehen nicht nur schön aus, sondern tragen auch dazu bei, dass das austretende Fett besser abfließen kann (ungefähr wie bei dem Profil eines Winterreifens). Das Einritzen erfordert ein wenig Übung, da man nur die Haut, nicht jedoch das darunterliegende Fleisch einschneiden sollte).
_ Die Entenbrüste auf beiden Seiten ein wenig salzen und auf der Hautseite in eine kalte Pfanne legen.
_ Die Pfanne langsam bis auf die höchste Stufe erhitzen und die Entenbrüste ca. 5 min. gold-braun anbraten. (ggfs. muss man die Brust in der Mitte ein wenig herunterdrücken, damit sich die Haut nicht wölben kann und somit knusprig wird).
_ Die Entenbrüste wenden und 10 Sekunden auf der Fleischseite braten/versiegeln.
_ Die Entenbrüste aus der Pfanne nehmen und mit der Haut nach oben auf ein Rost legen.
_ Mit dem Lack (s.u.) bepinseln und im Ofen bei 160°C ca. 12 min medium (60°C Kerntemperatur) garen.
_ Die Enten aus dem Ofen nehmen und an einem warmen Ort 5 min. ruhen lassen.

Zubereitung – Lack
_ Den Ingwer schälen und fein reiben.
_ Den geriebenen Ingwer mit den übrigen Zutaten in einen kleinen Topf geben und 2 min. einkochen.

Zubereitung – Knödel
_ Die fein gewürfelte Zwiebel in der Butter glasig anschwitzen und mit der Milch ablöschen.
_ Die aufgekochte Milch zu dem Knödelbrot geben und kurz vermengen.
_ Die Eier, die gehackte Petersilie, eine großzügige Prise Salz, Pfeffer und eine Prise Muskat hinzufügen und gut miteinander verkneten.

_ Die Knödelmasse 15 min. quellen lassen, erneut durchkneten und 4 gleichgroße Knödel formen.
_ Die Knödel in siedendem Salzwasser ca. 15 min pochieren.

Zubereitung – Rotkohl
_ Den Rotkohl in feine Streifen schneiden. (Den Strunk nicht verwenden).
_ Die Zwiebel fein würfeln und zu dem Rotkohl in eine Schüssel geben.
_ Den O-Saft, den Essig, den Zucker und eine Prise Salz hinzufügen und mit den Händen ein wenig durchkneten.
_ Die Gewürze in einem Gewürzsäckchen, Teebeutel oder Teesieb dazugeben.
_ In einem großen Kochtopf den Rotkohl bei mittlerer Hitze und geschlossenem Deckel ca. 1 Stunde weich kochen. (Ab und zu umrühren und checken, ob noch ausreichend Flüssigkeit im Topf ist, damit der Kohl nicht anbrennt. Ggfs. etwas Wasser dazugeben).
_ Die Speisestärke in einem Schluck Wasser auflösen und mit dem Johannisbeergelee zu dem Kohl geben und kurz aufkochen.
_ Ggfs. mit etwas Salz, Zucker und Essig abschmecken.

Anrichten:
_ Den Lauch putzen.
_ In einer heißen Grillpfanne den Lauch mit ein paar Tropfen Pflanzenöl von beiden Seiten weich grillen und etwas salzen.

_ Den Rotkohl in einem Anrichtering anrichten.
_ Den Lauch halbieren und neben dem Rotkohl platzieren.
_ Den Knödel auf den Lauch legen.
_ Die Ente in Scheiben schneiden (tranchieren) und vor dem Knödel und dem Rotkohl auffächern.
_ Etwas Jus angießen und servieren.

Seelachs

Seelachs _ im Kadayif-Teig mit gekochter Artischocke, Papas arrugadas und Mojo Rojo

Zubereitung   Aufwand   Hauptspeise   mit Fisch

Dieses Hauptgericht ist eigentlich gar kein Hauptgericht, sondern eher eine Kombination von verschiedenen Tapas, die alle ganz hervorragend zu einer leicht pikanten Mojo Rojo, also einer Paprika-Mayonnaise passen. Ich mag diese Art von Essen, bei dem man viele verschiedene Dinge in der Mitte des Tisches hat, sodass man sich einfach bedienen kann und den Abend nie enden lassen möchte. Mit diesem Gericht funktioniert das Ganze ausgezeichnet. Alle Gäste sitzen um den Tisch verteilt und dippen hin und wieder mal eine Kartoffel in die Mojo. Keiner ist zu sehr auf sein eigenes Tellergericht konzentriert, so dass die Gespräche gut in Fahrt kommen und nie dieses gefräßige oder peinliche Schweigen entsteht. Ich hoffe, Ihr wisst, was ich meine... Den Kadayif-Teig kennt man von türkischen Süßspeisen. Aber auch für herzhafte Gerichte kann man den Faden-Teig sehr gut verwenden. Letztendlich geht es hier um eine Alternative zum Paniermehl oder Panko. Böse Zungen würden also behaupten, dass wir hier das türkische Fischstäbchen entwickelt haben. Mit Käpt'n Iglo hat das hier vorgestellte Gericht aber dennoch nichts zu tun.

Notizen

Für den Fisch:

600 g	Seelachsfilet
2 Stk.	Eier
2 EL	Mehl
ca. 150 g	Kadayif-Teig
	Öl zum Frittieren, Salz, Pfeffer

Für die Mojo:

1 Stk.	Ei
1 TL	Senf
1 Stk.	Knoblauchzehe
2 TL	Piment d'espelette oder Paprikapulver (edelsüß)
1 TL	Kapern
½ Stk.	Zitrone
1 Stk.	Spitzpaprika
120 ml	Pflanzenöl
4 Stängel	Petersilie
	Salz, Pfeffer

Für die Artischocke:

2 Stk.	Große Artischocken
2 EL	Salz

Für die Kartoffeln:

600 g	Kleine festkochende Kartoffeln (Drillinge)
120 g	Meersalz

Zum Anrichten

12 Stk.	Kirschtomaten
1 Stk.	Zitrone
	Salz, Olivenöl

Seelachs _ Zubereitung

Zubereitung – Fisch
_ Den Fisch von letzten Gräten befreien und in fingerdicke Streifen schneiden.
_ Den Fisch mit Salz und Pfeffer würzen und zunächst in Mehl und dann in verquirltem Ei wenden.
_ Dann den Kadayif-Teig fest um die Fischstücke wickeln und ein wenig verknoten, sodass sich der Teig beim Frittieren nicht wieder aufwickelt.
_ Die „Fischstäbchen" bei 170°C ca. 3-4 min. frittieren.

Zubereitung – Mojo
_ Das Ei mit dem Senf, der Knoblauchzehe, dem Zitronensaft, einer großzügigen Prise Salz und 1 TL Piment d'espelette in ein hohes schmales Gefäß geben und mit dem Pürierstab pürieren.
_ Nun in einem feinen Strahl oder tröpfchenweise das Öl zu der Ei-Mischung geben und währenddessen weiter pürieren, sodass eine Mayonnaise entsteht.
_ Die Paprika längs halbieren und mit der Hautseite nach oben auf ein Backblech legen.
_ Im Ofen bei 230°C Oberhitze ca. 8 min. backen. (Die Haut darf dabei richtig dunkel, fast schwarz werden.)
_ Die Paprika aus dem Ofen nehmen, etwas abkühlen lassen und dann die Haut abziehen.
_ Die restlichen Kerne entfernen und die Paprika grob durchhacken.
_ Die Paprika und die Kapern zur Mayonnaise geben und erneut kurz pürieren.
_ Mit Salz, Pfeffer und ggfs. etwas mehr Zitronensaft abschmecken.
_ Die Soße in eine Schüssel füllen und mit der gehackten Petersilie und dem restlichen Piment d'espelette garnieren.

Zubereitung – Artischocke
_ Einen Topf mit Wasser zum Kochen bringen und das Salz dazugeben.
_ Die Artischocken in das kochende Salzwasser geben und je nach Größe 30-40 min. garen. Wenn man die Blätter ohne viel Kraftaufwand lösen kann, ist die Artischocke fertig.

Zubereitung – Kartoffeln
_ Die Kartoffeln in einen Topf geben und mit Wasser bedecken.
_ Das Salz dazugeben und die Kartoffeln ca. 20 min gar kochen.
_ Die Kartoffeln aus dem Topf in eine Pfanne füllen und ca. 70 ml vom Kochwasser dazugeben.
_ Bei mittlerer Hitze hin und wieder durchschwenken und solange köcheln lassen bis das Wasser verdampft ist und sich das Salz als feine Kruste um die Kartoffeln gesammelt hat.

Anrichten
_ Die Kirschtomaten an der Rispe auf ein Backblech legen und mit einer Prise Salz und Olivenöl beträufeln.
_ Die Tomaten bei 130°C für 20 min. im Ofen backen.
_ Die Mojo Rojo in die Mitte des Tisches platzieren und die anderen Bestandteile um die Soße gruppieren.
_ Eine Zitrone zu dem Fisch servieren.

243

Geschmorter Schweinebauch

Geschmorter Schweinebauch _ mit Steckrübenpüree, Sauerkraut, Röstzwiebeln und Bier-Jus

3 Std — Zubereitung | mittel — Aufwand | Hauptspeise | mit Fleisch

Noch so ein Wohlfühlgericht für kalte Wintertage. Schweinebauch ist aufgrund des hohen Fettanteils nicht jedermanns Sache, aber ich stehe drauf. Für mich ist dieses Gericht eines der Ganzheitlichsten in diesem Buch. Weshalb das so ist, sollte sich spätestens dann erklären, wenn Ihr meinen kleinen Exkurs in die Technologie des Kochens gelesen habt. Hier werden sämtliche Geschmacksrezeptoren (süß, sauer, salzig, bitter und umami) angesprochen und verschiedene Konsistenzen (knusprig, weich, cremig, flüssig) machen dieses Gericht zu einem Erlebnis.

Wichtig ist mir bei diesem Gericht vor allem die extrem gute Qualität des Ausgangsproduktes! Und die Steckrüben sollten im besten Fall schon einen leichten Frost hinter sich haben, um die richtige Süße zu entwickeln. Die Qualität des Ausgangsproduktes ist natürlich immer entscheidend. Insbesondere bei Schwein und einem hohen Fettgehalt ist Qualität aber unerlässlich, da Fett ein Geschmacksträger ist und sich hier wirklich die Spreu vom Weizen trennt.

Notizen

Für den Schweinebauch:

1 kg	Bio-Schweinebauch (mit Schwarte)
180 g	Möhren
180 g	Staudensellerie
230 g	Zwiebeln
3 Stängel	Thymian
5 Stängel	Majoran
2 Stk.	Lorbeerblätter
2 TL	Schwarzer Pfeffer
1 TL	Wacholderbeeren
1 TL	Tomatenmark
300 ml	Dunkelbier
	Salz, Pflanzenöl, Speisestärke

Für das Steckrübenpüree:

500 g	Steckrüben
100 g	Möhren
2 EL	Butter
¼ Stk.	Zitrone
	Salz, Pfeffer, Pflanzenöl

Für das Sauerkraut:

400 g	Sauerkraut
60 ml	Weißwein
½ TL	Kümmel
1 Stk.	Lorbeerblatt
80 ml	Sahne
3 Stängel	Petersilie
	Salz, Zucker

Für die Zwiebeln:

2 Stk.	Zwiebeln
1 EL	Mehl
	Salz, Pflanzenöl

Geschmorter Schweinebauch _ Zubereitung

Zubereitung – Schweinebauch

_ Die Schwarte des Schweinebauches mit einem scharfen Messer oder einem Teppichmesser vorsichtig einritzen. (Das darunterliegende Fleisch nicht verletzen!).
_ Das Gemüse in grobe Würfel schneiden und in einem Bräter mit etwas Öl bräunlich anrösten.
_ Die Gewürze und die Kräuter sowie das Tomatenmark dazugeben und weitere 2 min. rösten.
_ Mit dem Dunkelbier ablöschen und ein wenig einkochen.
_ Den gesalzenen Schweinebauch in den Bräter auf das Gemüse legen und mit Wasser bis zur Hälfte des Bauches angießen.
_ Im Ofen bei 180°C je nach Dicke ca. 2 Stunden weich schmoren.
_ Den Bauch aus dem Bräter nehmen und auf einem Backblech bei 210°C im Ofen ca. 20 min. knusprig backen.
_ Den Schmorfond durch ein feines Sieb in einen Topf passieren, 20 min. einkochen und ggfs. mit etwas Speisestärke binden/andicken.
_ Den Bauch mit einem Sägemesser portionieren.

Zubereitung – Steckrübenpüree

_ Die Steckrüben und die Möhren schälen und in ca. 1 x 1 cm große Würfel schneiden.
_ Das Gemüse in einem Topf mit etwas Pflanzenöl anschwitzen und mit Wasser bedecken.
_ Die Steckrüben ca. 30 – 40 min weich garen.
_ Das Wasser abgießen und die Butter dazugeben.
_ Mit einem Pürierstab oder einem Standmixer fein pürieren und mit Salz, Pfeffer und einem Spritzer Zitronensaft abschmecken.

Zubereitung – Sauerkraut

_ Das Sauerkraut mit dem Weißwein, dem gehackten Kümmel und einem Lorbeerblatt in einem Topf aufsetzen und 10 min. köcheln.
_ Die Sahne dazugeben und weitere 8 min. einkochen.
_ Mit etwas Salz und einer Prise Zucker abschmecken und die gehackte Petersilie unterrühren.

Zubereitung – Zwiebeln

_ Die Zwiebeln schälen und mit einem Gemüsehobel in sehr dünne Ringe schneiden.
_ Die Zwiebelringe mit einer großzügigen Prise Salz 15 min. marinieren.
_ Die Zwiebeln auf einem Küchenpapier ausbreiten, aufrollen und kräftig auswringen.
_ Einen Esslöffel Mehl und die Zwiebeln in einer Schüssel vermischen.
_ In einem Topf mit reichlich heißem Öl (170°C) oder in einer Fritteuse die Zwiebelringe gold-braun frittieren und auf einem Küchenpapier abtropfen lassen.

Veganes Curry _ von regionalem Wintergemüse mit Mandeln und Reis

Zubereitung   Aufwand   Hauptspeise

Was bedeutet eigentlich Fusion-Küche? Dieses Gericht gibt die Antwort. Die Idee ist, zwei oder mehrere verschiedene Landesküchen miteinander zu kombinieren, um so etwas Neues entstehen zu lassen.
In diesem Fall geht es um ein ursprünglich traditionelles, malaysisches Curry, welches ich mit dem uns bekannten heimischen Wintergemüse anstatt mit Chinakohl, Pak Choi oder auch Okra-Schoten zubereitet habe. Insbesondere im Sinne der Nachhaltigkeit macht die Vermischung verschiedener Landesküchen Sinn, da die meisten Zutaten eines klassischen Currys in unseren Breiten nicht vorkommen und man auf regionale und saisonale Produkte zurückgreifen kann. Lange Transportwege werden vermieden. Ein weiterer Pluspunkt dieses Gerichtes ist, dass es vegan ist. Vegane und vegetarische Ernährung ist zu Recht immer weiter auf dem Vormarsch und die Vielfalt an vegetarischen und veganen Produkten nimmt immer mehr zu. Bis vor ein paar Jahren war es allerdings noch so, dass die vegane Küche oft einfallslos war und eigentlich nur die tierischen Bestandteile eines Gerichtes durch vegane Alternativen oder Substitute ersetzt wurden. (Saitan-Schnitzel, Tofu-Würstchen, usw.) Diese Produkte müssen nicht unbedingt schlecht sein und können geschmacklich z.T. sogar mit ihren fleischigen „Vorbildern" mithalten oder besser sein, aber man wird wieder daran erinnert, dass es hier um einen Ersatz für etwas geht. Schaut man sich andere Länderküchen an, wird man feststellen, dass es zahlreiche Kulturen gibt, in denen seit Jahrhunderten vegan oder vegetarisch gekocht wird, ohne dass dies vorsätzlich passiert oder als Ersatz für ein Fleischgericht gemeint ist.
Auch die Idee, dass man immer eine Fleisch-, eine Gemüse- und eine Sättigungsbeilage haben muss, ist eher mitteleuropäisch. Bei Currys erkennt man das gut. Dieses Gericht kann durch seine Aromenvielfalt locker mit den Fleisch- oder Fischgerichten in diesem Buch mithalten und man vermisst an keiner Stelle sein Stück Fleisch. Bei der Gemüseauswahl könnt Ihr natürlich je nach Gusto variieren.

Notizen

Veganes Curry

Für die Currysoße:

1 TL	Koriandersaat
1 TL	Sensaat
1 TL	Fenchelsaat
1 TL	Kreuzkümmel (ganz)
½ Stk.	Zimtstange
30 g	Ingwer
1 Stk.	Knoblauchzehe
2 Stk.	Schalotten
1 TL	Tomatenmark
1 Stk.	Rote Chili
4 Stängel	Koriander
3 Stk.	Zitronengras
3 Stk.	Kafir-Limettenblätter
500 ml	Kokosmilch
2 Stk.	Limetten
1-2 EL	Fischsoße
1-2 TL	Palmzucker
	Salz, Pflanzenöl

Für das Gemüse:

200 g	Schwarzwurzeln
200 g	Steckrüben
200 g	Hokkaido-Kürbis
100 g	Pastinaken
100 g	Rosenkohl
150 g	Spitzkohl
	Salz, Pflanzenöl

Für den Reis:

140 g	Jasminreis
2 Stk.	Sternanis
½ Stk.	Zimtstange
6 Stk.	Kardamom
1 Stk.	Lorbeerblatt
1 Stk.	Kafir-Limettenblatt
280 ml	Wasser
¼ TL	Salz

Für die Mandeln:

60 g	Mandeln
½ TL	Palmzucker
	Salz

Zum Anrichten:

1 Stk.	Kafir-Limettenblatt
2 Stk.	Lauchzwiebel
4 Stängel	Koriander

Veganes Curry _ Zubereitung

Zubereitung – Currysoße
_ Die Gewürze bei mittlerer Hitze in einem kleinen Topf anrösten, bis die Gewürze anfangen zu knistern und kräftig duften.
_ Die Gewürze fein mörsern und mit dem Ingwer, dem Knoblauch, den Schalotten, dem Tomatenmark, der Chili, dem Koriander, einem Limettenblatt und der Hälfte des Zitronengrases zu einer feinen Paste zermahlen oder pürieren.
_ In einem großen Topf etwas Pflanzenöl erhitzen und die Currypaste darin 3 min. anschwitzen.
_ Das restliche, angestoßene Zitronengras sowie 2 Limettenblätter dazugeben und mit der Kokosmilch ablöschen. Das Zitronengras und die Limettenblätter kann man je nach Geschmack jederzeit wieder entfernen, damit das Curry nicht zu zitronig/seifig wird. Ich mag diesen Geschmack allerdings sehr gerne und lasse daher alles bis zum Ende mitkochen.
_ Die Currysoße ca. 30 min. köcheln lassen und regelmäßig umrühren, damit nichts anbrennt.
_ Mit dem Limettensaft, Salz, dem Palmzucker und der (veganen) Fischsoße abschmecken.
_ Zum Schluss alles durch ein feines Sieb passieren.

Zubereitung – Gemüse
_ Das Gemüse waschen und schälen und in ungefähr gleichgroße Würfel schneiden.
_ Das Gemüse in einer Pfanne mit etwas Pflanzenöl braten bis es noch leicht bissfest ist. Die unterschiedlichen Gemüsesorten haben verschiedene Garzeiten, sodass Ihr am besten mit der Steckrübe anfangt, dann die Schwarzwurzeln mit den Pastinaken und dem Kürbis dazugebt, anschließend den Rosenkohl und ca. 3 min. vor Schluss den Spitzkohl hinzufügt.
_ Das Gemüse mit einer Prise Salz abschmecken, mit der Currysoße ablöschen und noch 5 min. ziehen lassen.

Zubereitung – Reis
_ Alle Zutaten in einem Topf aufsetzen und 3 min. mit geschlossenem Deckel aufkochen.
_ Anschließend bei niedriger Hitze und geschlossenem Deckel 15 min. ziehen lassen.

Zubereitung – Mandeln
_ Die Mandeln mit dem Palmzucker, einem Spritzer Wasser und einer großzügigen Prise Salz in eine Pfanne geben und durchschwenken.
_ Im Ofen bei 180°C ca. 10 min. rösten und anschließend grob hacken.

Anrichten
_ Das Limettenblatt, die Lauchzwiebel und den Koriander fein schneiden und separat mit dem Curry, dem Reis und den Mandeln servieren.

251

Geschmorte Ochsenbacke _

Geschmorte Ochsenbacke _

45 Min
Zubereitung

2,5-3 Std
im Ofen

mittel
Aufwand

Hauptspeise

mit Fleisch

Die geschmorte Ochsenbacke ist im Möhrchen schon fast eine Religion. Es handelt sich hier um das erste Hauptgericht, welches die Küche im Gasthof Möhrchen verlassen und auch in den nächsten Jahren immer wieder den Weg in die Speisekarte geschafft hat. Bei Pop-Ups oder Geburtstagen in den Gekreuzten Möhrchen oder auch bei Caterings, war die Backe immer wieder ein gerngesehener bzw. gegessener Gast.

Als Koch werde ich häufig nach meinem Lieblingsessen gefragt. Eigentlich keine schwere Frage. Für mich allerdings schon, da mein Lieblingsessen von vielen verschiedenen Faktoren abhängt. So ist es auch mit der Ochsenbacke. Dieses Gericht ist tatsächlich mein absolutes Lieblingsgericht – zumindest an einem kalten, regnerischen Novembertag, wenn draußen alles grau ist und ich etwas Wärme und Farbe auf dem Teller brauche. Soulfood halt.

Für die Backe:

1,2 kg	Ochsenbacken (2 Stück)
100 g	Möhren
100 g	Knollensellerie
150 g	Zwiebeln
2 Stk.	Knoblauchzehe
1 TL	Wacholderbeeren
2 TL	Schwarze Pfefferkörner
2 Stk.	Lorbeerblätter
2 Stk.	Sternanis
4 Stängel	Thymian
1 TL	Tomatenmark
200 ml	Rotwein
	Speisestärke, Pflanzenöl, Salz

Für die Möhrchen:

600 g	Bunte Möhren
2 EL	Butter
	Salz, Zucker

Für den Stampf:

750 g	Mehlig kochende Kartoffeln
50 g	Butter
120 ml	Milch
5 Stängel	Petersilie
4 Stängel	Thymian
10 Stängel	Schnittlauch

Notizen

_____

_____

_____

_____

Geschmorte Ochsenbacke _ Zubereitung

Zubereitung – Backe
_ Die Backen parieren (von überschüssigem Fett und Sehnen/Silberhäuten befreien) und von allen Seiten etwas salzen.
_ In einem sehr heißen Bräter oder einem Schmortopf mit etwas Öl die Backen und die Abschnitte scharf von allen Seiten anbraten.
_ Die Backen herausnehmen und das walnussgroß geschnittene Gemüse sowie die Gewürze in den Bräter geben.
_ Das Gemüse kräftig anrösten.
_ Das Tomatenmark dazugeben und kurz mitschwitzen.
_ Mit dem Rotwein ablöschen und die Backen wieder in den Bräter legen.
_ Mit lauwarmem Wasser bedecken und im Ofen bei 170°C ca. 2,5 – 3 Stunden schmoren. (Die Backen sollen sich weich anfühlen, wenn sie fertig sind)
_ Die Backen aus dem Schmorfond nehmen und den Fond durch ein feines Sieb in einen Kochtopf passieren. (Im Idealfall lässt man den passierten Fond ein paar Stunden oder über Nacht abkühlen, damit sich das Fett absetzen und man es einfach abschöpfen kann).
_ Den Fond ca. auf ein Drittel bis die Hälfte reduzieren und ggfs. mit etwas Speisestärke andicken.

Zubereitung – Möhrchen
_ Die Möhren schälen und in ca. 4 cm lange Stifte oder Scheiben schneiden.
_ In einer Pfanne die Butter erhitzen und die Möhren mit je einer großzügigen Prise Salz und Zucker dazugeben.
_ Bei mittlerer Hitze und regelmäßigem Durchschwenken die Möhren ca. 18 min. garen.

Zubereitung – Stampf
_ Die Kartoffeln schälen, grob schneiden und in Salzwasser weich kochen.
_ Die Kartoffeln abgießen.
_ In einem Topf die Butter mit der Milch aufkochen und die Kartoffeln dazugeben.
_ Mit einem Kartoffelstampfer zerstampfen und mit der Milch verrühren.
_ Die fein gehackten Kräuter dazugeben und mit Salz, Pfeffer und Muskat abschmecken.

Steinbeißer _

Steinbeißer _ in weißer Tomaten-Consommé
mit buntem Gemüse, gedörrten Kirschtomaten und Panko

45 Min — Zubereitung | 1 Nacht — Abhängen | mittel — Aufwand | Hauptspeise | mit Fisch

Dieses Gericht ist ein großartiges, hochwertiges und leichtes Essen für den Sommer und wird Eure Sinne ein wenig auf die Schippe nehmen. Hiermit meine ich natürlich die weiße Tomaten-Consommé! Oder habt Ihr schon einmal einen glasklaren Tomatensaft getrunken? (Wäre ja vielleicht mal eine Idee für Airlines...)

Der rote Farbstoff in Tomaten sitzt überwiegend in der Schale und in den Zellen im Fruchtfleisch, die erst „platzen", wenn sie erhitzt werden. Wenn man nun also reife, rohe Tomaten grob püriert und über Nacht mit Hilfe eines Passier- oder Geschirrtuches auf- bzw. abhängt, tropft nach und nach der klare Tomatensaft unten heraus und zurück bleibt der Farbstoff und die Fruchtfleischreste. Diesen Tomatensaft habe ich dann mit etwas Zitronengras, Limette und Chili aromatisiert, um ihn spannender und frischer zu machen. Dies ist die Basis für unseren gebratenen Steinbeißer, mit saisonalem Gemüse und knusprigem Panko.

Für die Consommé:

1,5 kg	Strauchtomaten
2 Stk.	Schalotten
2 Stk.	Zitronengras
2 Stk.	Limettenblätter
1 Stk.	Limette
1 Stk.	Kleine Rote Chili
2 Stk.	Lorbeerblätter
1 Stk.	Knoblauchzehe
25 g	Ingwer
	Salz, Zucker

Für die Einlage:

10 Stk.	Kirschtomaten
600 g	Steinbeißerfilet
200 g	Festkochende Kartoffeln
200 g	Erbsen
200 g	Mini-Maiskolben
2 Stk.	Lauchzwiebeln
40 g	Enoki-Pilze
1 EL	Butter
	Salz, Zucker, Pflanzenöl

Für das Panko:

2 EL	Butter
40 g	Panko
	Salz

Notizen

Steinbeißer _ Zubereitung

Zubereitung – Consommé
_ Die Tomaten grob schneiden und mit einem Standmixer oder Pürierstab grob pürieren.
_ Das Tomatenpüree in ein mit einem Passier- oder Geschirrtuch ausgelegtes Sieb füllen.
_ Das Tuch zuschnüren und im Idealfall im Kühlschrank aufhängen.
_ In einer Schüssel über Nacht den klaren Tomatensaft auffangen. Man kann das Püree im Tuch auch vorsichtig „auswringen". Bei zu viel Druck kann sich allerdings ein wenig des roten Farbstoffes lösen und den klaren Saft verfärben.
_ Am nächsten Tag den Tomatensaft in einen Topf füllen und mit den halbierten Schalotten, der angedrückten Knoblauchzehe, dem angestoßenen Zitronengras, den Limettenblättern, der halbierten Chili, den Lorbeerblättern und dem grob gehackten Ingwer aufkochen und ein wenig reduzieren.
_ Zum Schluss die Consommé mit Limettensaft, Salz und einer Prise Zucker abschmecken.

Zubereitung – Einlage
_ Die Kirschtomaten halbieren und mit der Schnittseite nach oben auf ein Rost legen.
_ Mit einer Prise Salz und Zucker würzen.
_ Im Ofen bei 90°C und leicht geöffneter Ofentür ca. 2-3 Stunden trocknen. (Alternativ gehen auch getrocknete Tomaten aus dem Supermarkt).
_ Die Erbsen pulen, die Maiskolben längs halbieren, die Kartoffeln schälen und würfeln und die Lauchzwiebeln in Ringe schneiden.
_ Nun zunächst die Kartoffeln, dann die Maiskolben und zum Schluss die Erbsen in einem Topf mit kochendem Wasser garen.
_ Den Fisch in vier gleichgroße Stücke schneiden, von beiden Seiten salzen und in einer heißen Pfanne mit etwas Öl scharf anbraten.
_ Nach 3 min. die Hitze etwas runterschalten und die Butter dazugeben.
_ Die geschmolzene Butter immer wieder über den bratenden Fisch träufeln und den Fisch hin und wieder wenden. Die Garzeit hängt von der Dicke des Filets ab. Um herauszufinden, ob der Fisch durchgegart ist, nimmt man eine Rouladen-Nadel o.ä. und sticht diese an der dicksten Stelle des Filets in den Fisch. Nun führt man die Nadel langsam bis zum Boden. Wenn man auf halber Strecke einen gewissen Widerstand fühlt, ist der Fisch an dieser Stelle noch nicht gar. Wenn die Nadel problemlos durch das Filet gleitet, ist er fertig.
_ Die Enoki-Pilze putzen.

Zubereitung – Einlage
_ Die Butter in einem kleinen Topf schmelzen und das Panko dazugeben.
_ Bei mittlerer Hitze gold-braun rösten und mit einer Prise Salz abschmecken.

Anrichten
_ Das gegarte Gemüse, die Pilze und die Lauchzwiebeln in einem Suppenteller anrichten.
_ Den gebratenen Fisch auf das Gemüse setzen und die heiße Consommé angießen.
_ Mit den gedörrten Tomaten und dem gerösteten Panko garnieren.

Wiener Schnitzel _ mit Kartoffel-Gurken Salat

1 ¼ Std
Zubereitung

einfach
Aufwand

Hauptspeise

mit Fleisch

Weshalb sollte man eigentlich heutzutage noch ein Rezept für ein Wiener Schnitzel in ein Kochbuch aufnehmen? Ganz einfach: Weil ein Kochbuch ohne Schnitzel auch keine Lösung ist. Im Gasthof Möhrchen haben wir auf Wunsch vieler Gäste und Mitarbeiter irgendwann den Schnitzel-Mittwoch eingeführt. In vielen Restaurants ist das Schnitzel ein Gericht, welches halt so mitläuft. Unser Anspruch war es, einem guten Schnitzel auch den Rahmen zu bieten, den es verdient. Das perfekte Schnitzel läuft nicht einfach so mit, weil man es schon paniert aus dem Kühlschrank holt und dann in die Fritteuse schmeißt. Nein, das perfekte Schnitzel wird aus der Kalbsoberschale geschnitten, von Hand geklopft, dann frisch paniert und erst unmittelbar vorm Anrichten in reichlich Öl und einer kleinen Flocke Butter, einzeln in der Pfanne (!) knusprig und gold-gelb ausgebacken. Die Panade darf keinesfalls festgedrückt werden, damit sie mit dem Fleisch verklebt wird. Nein, die Panade sollte sich ganz locker, als schützenden Mantel um das Fleisch legen, damit sie sich später beim Ausbacken ein wenig vom Fleisch abhebt und die typischen, goldenen Wellen formt. Diesen Effekt nennt man soufflieren und er entsteht erst, wenn man mit der richtigen Menge Öl arbeitet und das Schnitzel in der Pfanne ständig bewegt und immer wieder mit etwas Öl aus der Pfanne übergießt. Ihr seht also, dass dieses Gericht zwar banal klingt, in Wirklichkeit aber eine Wissenschaft für sich ist und daher einen extra eingeführten Schnitzel-Tag benötigt.
Bei den Beilagen kann man wieder kreativ werden. Mein Favorit ist zwar die Kombination mit einem gut durchgezogenen, vielleicht leicht angewärmten Kartoffel-Gurken Salat, Sardellen, Kapern und Zitrone, aber auch Bratkartoffeln oder Pommes und Preiselbeeren sind gute Begleiter.
Meiner Meinung nach sollte ein Wiener Schnitzel in einem neutralen Pflanzenöl mit einer Flocke Butter ausgebacken werden und nicht, wie häufig beschrieben, ausschließlich in Butterschmalz. Ich finde nämlich, dass reines Butterschmalz das Schnitzel ein wenig zu süß macht und ihm somit schon fast einen Dessertcharakter verleiht. Das ist Geschmackssache.

Notizen

Wiener Schnitzel

Für das Schnitzel:

500 g	Kalbsschnitzel (aus der Hüfte oder Oberschale; ca. 0,8 cm dick)
5 EL	Mehl
3 Stk.	Eier
120 g	Semmelbrösel
1 EL	Butter
	Salz, Pfeffer

Für den Kartoffel-Gurkensalat:

600 g	Festkochende Kartoffeln
1 Stk.	Zwiebel
1 Stk.	Lorbeerblatt
1 EL	Senf
50 ml	Apfelessig
250 ml	Wasser/Gemüsebrühe
4 Stängel	Petersilie
10 Stängel	Schnittlauch
3 Stängel	Dill
25 ml	Pflanzenöl
1 Stk.	Salatgurke
	Salz, Pfeffer, Zucker

Zum Anrichten:

8 Stk.	Sardellenfilets
1 EL	Kapern
1 Stk.	Zitrone
4 Stängel	Petersilie
4 Stängel	Dill

Wiener Schnitzel _ Zubereitung

Zubereitung – Schnitzel

_ Die einzelnen Schnitzel in einen Gefrierbeutel oder zwischen zwei Lagen Frischhaltefolie legen und mit einem Schnitzelklopfer oder einem kleinen Kochtopf von innen nach außen plattieren (ca. 4 mm dick). Bei einem Schnitzelklopfer bitte nur die flache Seite verwenden!

_ Die Schnitzel salzen und pfeffern.

_ Eine Panierstraße aufbauen (Mehl, Ei, Semmelbrösel) und die Schnitzel locker panieren. Das Mehl dient dazu, dass Fleisch ein wenig abzutrocknen, sodass das Ei besser hält. Daher muss das Schnitzel nach dem Mehlieren zunächst gut abgeklopft werden. Die Semmelbrösel sollten nicht zu fest angedrückt werden, sodass die Panade beim Braten später die erwünschten Blasen werfen (soufflieren) kann.

_ Direkt nach dem Panieren, die Schnitzel in einer Pfanne mit reichlich Öl (ca. 6 mm) und einem EL Butter ausbacken. Die Schnitzel sollten ausreichend Platz in der Pfanne haben und ständig bewegt werden. Hierfür lasse ich die Pfanne, während sie auf dem Herd steht, konstant ein wenig kreisen oder bewege sie immer wieder vor und zurück. Dadurch brennen die Schnitzel von unten nicht an und die Panade kann ein wenig aufgehen.

_ Die Schnitzel aus der Pfanne nehmen und auf einem Küchenpapier kurz abtropfen lassen.

Zubereitung – Kartoffel-Gurkensalat

_ Die Kartoffeln mit der Schale ca. 20 min. gar kochen.

_ In einem Topf die fein gewürfelte Zwiebel mit dem Lorbeerblatt in 10 ml Öl anschwitzen.

_ Den Essig, Senf, eine großzügige Prise Salz, etwas Pfeffer, eine Prise Zucker und das Wasser oder die Brühe dazugeben und aufkochen.

_ Die noch heißen Kartoffeln pellen und in ca. 4 mm dicke Scheiben schneiden.

_ Die heiße Marinade dazugeben und vorsichtig vermischen. (Durch das Verrühren bindet die Stärke aus den Kartoffeln die Marinade und macht den Salat sämig.)

_ Den Kartoffelsalat abkühlen lassen und währenddessen die Gurke fein hobeln.

_ Die Gurkenscheiben ein wenig salzen und nach 15 min. das überschüssige Wasser entfernen.

_ Die Gurken und die gehackten Kräuter zum Kartoffelsalat geben, gut vermengen und mit Salz, Pfeffer, Zucker und ggfs. etwas Essig abschmecken.

Anrichten

_ Den Kartoffel-Gurken Salat in einem separaten Schälchen anrichten und mit einem Dill-Zweig garnieren.

_ Das Schnitzel auf einem großen Teller anrichten und mit den Sardellenfilets, den Kapern, der Petersilie und einer Zitronenscheibe garnieren.

SEBASTIAN
ehemaliger Koch im Gasthof Möhrchen

Zum Gasthof bin ich durch meinen Freund Dominic gekommen. Er hat bereits mit Max in der Küche gekocht. Als er mir erzählte, dass noch ein Koch gesucht wird, bin ich direkt mal vorbei gekommen und geblieben. Ich habe von 2013-2015 im Möhrchen gearbeitet. Das Besondere am Gasthof Möhrchen war für mich die familiäre Atmosphäre. Viele meiner ehemaligen Kollegen gehören noch heute zu meinen besten Freunden. Durch das entspannte Arbeiten in flachen Hierarchien, insbesondere mit Alex und Werner, konnte man sich immer kreativ austoben und frei entfalten. Eine gewisse Skepsis seitens Werner konnte man zum Glück immer schnell überwinden. Seit Januar 2020 betreibe ich gemeinsam mit drei Partnern das Fritzis auf St. Pauli. Das, was mir am Gasthof am meisten Spaß gemacht hat, setzen wir auch dort um: eine abwechslungsreiche, saisonale & regionale Küche in entspannter und familiärer Atmosphäre.

Schwarzwurzel-Kartoffelstrudel _ mit Wirsing und Haselnuß

mittel
Aufwand

Hauptspeise

Ich habe mich für dieses Gericht entschieden, weil vegetarische Küche mehr als Pasta Pesto und Salat kann. Einfache Produkte, die jeder kennt, in einfachen Schritten zu etwas besonderem werden zu lassen - so würde ich meine Art zu kochen am besten beschreiben.

Für den Teig:

300 g	Mehl
5 El	Öl
2 El	Butter (ca. 50g)
	Salz

Für die Füllung:

1 kg	Kartoffeln
500 g	Schwarzwurzeln
125 g	Butter
50 ml	Milch
3 Zweige	Estragon
750 g	Wirsing
1 EL	Butter
240 g	Schmand
4 EL	Dijon Senf
	Zucker, Salz, Pfeffer aus der Mühle, Muskat

Für den Salat:

120 g	Frisee (gelber Teil)
8	Radieschen
2 EL	Apfelessig
5 EL	Olivenöl
1 TL	Honig
½ TL	Senf
60 g	Haselnuss (gehackt)
2 TL	Maldonsalz
	Pfeffer aus der Mühle

Zubereitung – Teig
_ Einen ca. 15 cm hohen Topf mit Wasser aufstellen und zum Kochen bringen.
_ 300 g Mehl, 125 ml lauwarmes Wasser, 1 Prise Salz und 4 EL Öl in eine Schüssel geben. Anfangs mit der Gabel vermengen, danach mit den Händen auf der mit Mehl bestäubtem Arbeitsplatte zu einem glatten Teig kneten. Teig mit Öl einpinseln und auf einen Teller legen. Wasser abgießen und den heißen Topf über den Teig stülpen. Mindestens 30 Minuten ruhen lassen.

Zubereitung – Füllung
_ 1 kg Kartoffeln waschen, schälen und in reichlich gesalzenem Wasser kochen.
_ 1 Pfund Schwarzwurzeln schälen und in Milchwasser legen.
_ Schwarzwurzel diagonal schneiden und die Wurzel nach jedem Schnitt um 90 Grad drehen. Anschließend in 1 EL Butter anrösten, 2 Prisen Salz, 1 Prise Zucker zugeben. Wenn das Gemüse leicht Farbe bekommt, mit 50 ml Milch ablöschen und auf kleiner Stufe zugedeckt bissfest kochen.
_ Braune Butter zubereiten – hierfür 125 g Butter bei mittlerer Hitze im Topf erwärmen. Erhitze die Butter so lange, bis der entstehende Schaum sich auf dem Boden absetzt und die Butter langsam karamellisiert. Die Butter hat nun ihre goldbraune Farbe und ihr nussiges Aroma.
_ 750 g Wirsing vierteln. Blätter einzeln entnehmen, Strunk und dicke Stiele abschneiden und die Wirsingblätter dann zu ca. 4x4cm großen Stücken schneiden.
_ Ofen auf 180°C vorheizen.
_ Drei Zweige Estragon fein hacken.
_ Kartoffeln abgießen und ca. 2 Minuten auf der Resthitze vom Herd ausdämpfen lassen.
_ Kartoffeln mit einer Gabel etwas andrücken. Anschließend Schwarzwurzeln, Estragon und braune Butter zugeben. Mit einer Prise frischen Muskat, Salz und Pfeffer abschmecken.

Zubereitung – Strudel
_ 2 EL Butter schmelzen
_ Teig auf bemehlter Fläche legen und anfangs mit einem Nudelholz ausrollen. Anschließend mit den Handrücken vorsichtig ausziehen. Teig anschließend auf einem frischen Handtuch in rechteckige Form bringen. Dicke Ränder abschneiden.
_ Teig mit der geschmolzenen Butter einpinseln.
_ Kartoffel-Schwarzwurzelmasse auf dem Teig verteilen.
_ Seiten einklappen und den Strudel rollen. Oberfläche großzügig mit Butter bepinseln.
_ Im vorgeheizten Ofen für ca. 30 Minuten backen bis der Strudel goldgelb ist.

In der Zwischenzeit
_ 60 g Haselnuss ohne Öl mit 2 TL Maldonsalz in großer, beschichteter Pfanne anrösten. Dann aus der Pfanne entfernen, damit der Nussmix nicht verbrennt.
_ Wirsing in 1 EL Butter farblich anschwitzen. Salz, Pfeffer, ein Schuss Wasser oder Gemüsebrühe zugeben und bei kleiner Hitze mit Deckel bissfest garen.

Zubereitung – Salat
_ 2 EL Apfelessig, 5 EL Olivenöl, 1 TL Honig, Prise Salz, frischer Pfeffer, ½ TL Senf in einer kleinen Schüssel mit dem Schneebesen verrühren.
_ Frisee waschen und zupfen.
_ Acht Radieschen waschen und fein hobeln.
_ 240 g Schmand und 4 TL körnigen Dijon Senf zum Wirsing geben und nochmal abschmecken.

Boeuf Bourguignon _ mit Kartoffel-Püree und eingelegten Schalotten

Zubereitung   Aufwand   Hauptspeise   mit Fleisch

2 Std   Mittel

Die Tage werden kürzer, der Regen kommt von der Seite und die Luft riecht nach nassem Laub und Moos. Das ist genau die Zeit, in der ich nach einem wärmenden Wohlfühlessen lechze. Das hier beschriebene Gericht ist für mich genauso ein Wohlfühlessen. Buttriges Kartoffelpüree, zart geschmortes Fleisch mit reichlich Wein in der Soße, Speck und Pilzen sowie etwas Schmand und sauren Schalotten als Topping, erinnern mich im Herbst und Winter immer wieder daran, dass auch die dunklen Jahreszeiten ihre Highlights haben.

Ich empfehle Euch, die Mengenangaben in diesem Rezept zu verdoppeln, damit Ihr das Ganze in den nächsten Tagen nochmal essen oder einen Teil einfrieren könnt. Der Aufwand bleibt nämlich fast der Gleiche und die Qualität des Ragouts leidet keineswegs. Nur das Püree solltet Ihr nicht einfrieren, sondern eher frisch genießen.

Für das Ragout:

900 g	Rindernacken oder durchwachsenes Rindergulasch
180 g	Möhren
180 g	Knollensellerie
230 g	Zwiebeln
2 Stk.	Knoblauchzehe
2 Stk.	Lorbeerblätter
2 TL	Schwarze Pfefferkörner
4 Stängel	Thymian
2 TL	Tomatenmark
200 ml	Rotwein
	Salz, Speisestärke, Pflanzenöl

Für das Topping:

300 g	Braune Champignons
2 Stk.	Schalotten
80 g	Geräucherter Speck
4 Stängel	Petersilie
	Pflanzenöl, Salz, Pfeffer

Für das Püree:

800 g	Mehlig kochende Kartoffeln
100 g	Butter
50 ml	Milch
	Salz, Pfeffer

Zum Anrichten:

2 Stk.	Schalotten
25 ml	Rotweinessig
½ TL	Zucker
60 g	Creme Fraiche
4 Stängel	Schnittlauch
	Salz, Pfeffer

Notizen

Boeuf Bourguignon

Boeuf Bourguignon _ Zubereitung

Zubereitung – Ragout
_ Das Fleisch in 3 x 3 cm große Würfel schneiden.
_ Das Fleisch in einem Topf mit etwas Pflanzenöl von allen Seiten scharf anbraten. (Immer nur so viel Fleisch auf einmal anbraten, dass jedes Stück den Topfboden berühren kann.)
_ Das Gemüse in walnussgroße Stücke schneiden und in einem Topf mit etwas Öl bräunlich anrösten.
_ Die Gewürze und das Tomatenmark hinzufügen und kurz mitrösten.
_ Mit dem Rotwein ablöschen und das angebratene Fleisch dazugeben.
_ Mit etwas Wasser angießen, sodass das Fleisch fast bedeckt ist.
_ Bei mittlerer Hitze und leicht geöffnetem Deckel ca. 1,5 Stunden schmoren, bis das Fleisch weich ist.
_ Das Fleisch aus dem Schmorfond nehmen und den Fond durch ein feines Sieb passieren.
_ Das Fleisch wieder hinzufügen und ggfs. mit etwas Speisestärke andicken.
_ Mit Salz abschmecken.

Zubereitung – Topping
_ Die Champignons putzen, halbieren und in einer heißen Pfanne mit etwas Öl scharf anbraten.
_ Nach 4 min. den grob geschnittenen Speck dazugeben und auslassen (braten bis der Speck etwas angeröstet ist und ein wenig vom Fett ausgetreten ist).
_ Die in grobe Streifen geschnittenen Schalotten dazugeben und weitere 3 min. braten, bis die Schalotten leicht glasig sind.
_ Mit Salz und Pfeffer abschmecken und die gehackte Petersilie hinzufügen.

Zubereitung – Püree
_ Die Kartoffeln in der Schale im Ofen bei 180°C ca. 45 min. weich garen.
_ Die Kartoffeln pellen und mit einer Kartoffelpresse in eine Schüssel drücken.
_ Die kalte Butter würfeln und mit der Milch zu den Kartoffeln geben.
_ Mit einem Teigschaber die Butter und die Milch mit der Kartoffelmasse vermengen, bis die Butter aufgelöst ist.
_ Mit Salz und Pfeffer abschmecken.

Anrichten
_ Die Schalotten mit einem Gemüsehobel in feine Ringe schneiden und mit dem Essig und dem Zucker mindestens 15 min. marinieren.
_ Das Kartoffelpüree als Nocke in der Mitte eines Pasta-Tellers anrichten.
_ Das Ragout mit reichlich Soße auf dem Püree platzieren und das Topping darüber verteilen.
_ Mit einem Klecks Creme Fraiche, dem gehackten Schnittlauch sowie den eingelegten Schalotten garnieren.

Pinienkern-Gnocchi

Pinienkern-Gnocchi _ mit geschmolzenen Kirschtomaten, Büffelmozzarella und Rauke-Pesto

1,5 Std — Zubereitung
mittel — Aufwand
Hauptspeise

Dieses Gericht möchte ich als „Wohlfühlessen" bezeichnen. Auf den ersten Blick erscheinen die Gnocchi mit geschmolzenen Kirschtomaten, Mozzarella und Pesto als ein gewöhnliches Pasta-Gericht, doch selbstgemachte Pinienkern-Gnocchi mit einer Soße aus Kirschtomaten(!) und dezent mariniertem Büffelmozzarella zaubern nicht nur ausgewiesenen Vegetariern ein Lächeln auf die Lippen.
Die „Tomatensoße" funktioniert natürlich nicht nur mit Gnocchi, sondern selbstverständlich auch mit jeder anderen Pasta.
Kurz gesagt: Es dreht sich hier um eine der geilsten Tomatensoßen, die ich bisher gegessen habe!

Für die Gnocchi:

600 g	Mehlig kochende Kartoffeln (wir benötigen 500 g gegarte, gepellte Kartoffeln)
50 g	Pinienkerne
2 Stk.	Eigelb
40 g	Ricotta
135 g	Mehl
50 g	Parmesan
1 EL	Butter
	Muskat, Salz, Pflanzenöl

Für die geschmolzenen Tomaten:

500 g	Kirschtomaten
8 Stängel	Basilikum
25 ml	Olivenöl
½ Stk.	Zitrone
	Salz, Zucker, Pfeffer

Für den Mozzarella:

120 g	Büffelmozzarella
½ Stk.	Zimtstange
2 Stk.	Sternanis
1 Stk.	Lorbeerblatt
10 ml	Olivenöl
	Pfeffer

Für das Pesto:

50 g	Rauke
20 g	Pinienkerne
30 g	Parmesan
½ Stk.	Zitrone
40 ml	Pflanzenöl
10 ml	Olivenöl
	Salz, Pfeffer

Notizen

Pinienkern-Gnocchi _ Zubereitung

Zubereitung – Gnocchi
_ Die Kartoffeln im Ofen bei 180°C ca. 45 min weich garen. Alternativ kann man die Kartoffeln auch kochen. Das geht schneller, aber die Kartoffeln werden nicht ganz so aromatisch.
_ Die Kartoffeln pellen, mit einer Kartoffelpresse durchdrücken und etwas ausdampfen lassen.
_ 500 g durchgedrückte Kartoffeln in eine Schüssel geben und die gerösteten, gehackten Pinienkerne sowie die restlichen Zutaten (bis auf das Salz, die Butter und das Öl) dazugeben.
_ Nun alles schnell miteinander verkneten. Wenn man die Masse zu lange knetet, kleistert die Stärke der Kartoffeln aus, sodass man keine Gnocchi mehr formen kann.
_ Den Teig zu daumendicken Würsten formen und mit einem kleinen Messer Rauten abstechen.
_ Die Rauten zu kleinen Knödeln formen und mit einer Gabel leicht platt drücken. Die Rauten würden eigentlich schon reichen, doch hier wollen wir die typische Gnocchi-Form. Die Struktur, die durch die Gabel entsteht, sorgt dafür, dass die Soße besser an den Gnocchi haftet.
_ Die Gnocchi in einem großen Topf mit siedendem Wasser geben und ca. 3 min. kochen. Wenn die Gnocchi fertig sind, kommen sie an die Oberfläche. Dort sollten sie noch eine Minute ziehen.
_ Die Gnocchi aus dem Kochtopf direkt in kaltes Wasser geben, abkühlen lassen und abgießen.
_ Die abgetrockneten Gnocchi in einer sehr heißen Pfanne mit etwas Öl gold-braun braten und mit der Butter und einer Prise Salz abschmecken.

Zubereitung – Geschmolzenen Tomaten
_ Die Kirschtomaten in einem Topf mit kochendem Wasser 20 Sekunden lang blanchieren und in eiskaltem Wasser abschrecken.
_ Die Tomaten häuten.
_ In einem Topf Olivenöl erwärmen und die Tomaten dazugeben.
_ Mit einer großzügigen Prise Salz und Zucker würzen und ca. 15 min. einkochen, sodass man die Tomaten noch erkennen kann, sich aber auch eine ordentliche Menge Soße gebildet hat.
_ Das Basilikum grob zupfen, zu den Tomaten geben und weitere 3 min. köcheln lassen.
_ Mit Salz, Pfeffer und ggfs. Zitronensaft abschmecken.

Zubereitung – Mozzarella
_ Den Mozzarella klein zupfen und mit den übrigen Zutaten 1 Stunde marinieren.

Zubereitung – Pesto
_ Die gewaschene Rauke, die gerösteten Pinienkerne, den geriebenen Parmesan, das Pflanzenöl, einen Spritzer Zitrone, eine Prise Salz und etwas Pfeffer in einen Standmixer oder Zerkleinerer geben und pürieren.
_ Zum Schluss das Olivenöl unterrühren (nicht mehr pürieren!).

Anrichten
_ Die Gnocchi in einem Pasta-Teller anrichten.
_ Die Tomatensoße, den Mozzarella und das Pesto über den Gnocchi und auf dem Teller verteilen.

Gesottener Rinds-Tafelspitz

Gesottener Rinds-Tafelspitz _ mit Bouillongemüse, Apfelmeerrettich und Kartoffelstroh

2,5 Std — Zubereitung
mittel — Aufwand
Hauptspeise
mit Fleisch

Neben dem klassischen Wiener Schnitzel ist der Tafelspitz wohl einer der berühmtesten Exportschlager, den die Österreicher, zumindest in Sachen Hauptspeisen, zu bieten haben. Durch das Kochen wird das Fleisch recht schonend gegart und lässt sich später fast mit dem Löffel zerteilen, ohne dabei trocken zu sein. Die Brühe, die beim Kochen des Fleisches entsteht, eignet sich hervorragend zum Kochen des Gemüses und ersetzt gleichzeitig eine separat zu kochende Soße. Meistens hat man am Ende sogar noch einiges an Brühe übrig, die man am nächsten Tag z.B. für eine Flädle- oder Maultaschensuppe nutzen kann. Da ich mir auch hier einen kleinen Twist nicht verkneifen konnte, habe ich ausnahmsweise auf die klassischen Salzkartoffeln verzichtet und diese durch ein knuspriges Kartoffelstroh-Nest ersetzt. Dem frischen Meerrettich, bei den Österreichern auch Kren genannt, habe ich mit Apfelkompott einen fruchtigeren Charakter verliehen, um hier ein wenig mehr Spannung aufzubauen. Wenn Ihr Verfechter der traditionellen Küche seid, könnt Ihr diesen „Schnickschnack" aber auch weglassen.

Für den Tafelspitz:

800 g	Rindertafelspitz
100 g	Möhren
100 g	Knollensellerie
120 g	Porree
2 Stk.	Lorbeerblätter
1 TL	Schwarze Pfefferkörner
1 TL	Wacholderbeeren
4 Stängel	Petersilie
	Salz

Für das Gemüse:

170 g	Möhren
170 g	Sellerie
140 g	Porree
500 ml	Fleischbouillon
10 Stängel	Schnittlauch
4 Stängel	Petersilie
	Salz

Für den Meerrettich:

2 Stk.	Säuerliche Äpfel
30 g	Frischer Meerrettich
1 EL	Butter
½ Stk.	Zitrone
	Salz, Zucker

Für das Kartoffelstroh:

400 g	Mehlig kochende Kartoffeln
	Salz, Pflanzenöl

Notizen

Gesottener Rinds-Tafelspitz _ Zubereitung

Zubereitung – Tafelspitz
_ Den Tafelspitz auf der Unterseite von Sehnen und Silberhäuten befreien. (Den sogenannten Fettdeckel, also die Oberseite nicht wegschneiden).
_ Den Tafelspitz in einen Topf mit lauwarmem Wasser legen.
_ Das Gemüse schälen und grob schneiden und zu dem Tafelspitz geben.
_ Die Gewürze und die Petersilie hinzufügen und leicht salzen.
_ Bei leicht geöffnetem Deckel je nach Dicke des Tafelspitzes 1,5 bis 2,5 Stunden garen. (Das Fleisch sollte weich sein, wenn es fertig ist).
_ Das Fleisch aus der Brühe nehmen und entgegen (!) der Faserrichtung in Scheiben schneiden.
_ Die Brühe durch ein feines Sieb passieren und ein wenig (ca. 15 min.) reduzieren (einkochen).

Zubereitung – Gemüse
_ Die Möhren und den Sellerie schälen und in ca. 3 x 3 mm große Würfel (Brunoise) schneiden.
_ Den Porree in 3 x 3 mm große Würfel schneiden.
_ Zunächst die Möhren und den Sellerie in die siedende Bouillon geben und 5 min. garen.
_ Den geschnittenen Porree dazugeben und weitere 2 min. garen.
_ Die gehackten Kräuter hinzufügen.
_ Mit etwas Salz abschmecken.

Zubereitung – Meerrettich
_ Die Äpfel schälen, entkernen und in grobe Würfel schneiden.
_ Die Apfelwürfel in einem Topf mit der Butter je einer Prise Salz und Zucker und einem Spritzer Zitronensaft weich kochen.
_ Die weichen Apfelwürfel mit einem Löffel grob zerstampfen und mit dem fein geriebenen Meerrettich je nach Geschmack abschmecken.

Zubereitung – Kartoffelstroh
_ Die Kartoffeln schälen und mit einem Spiralschneider oder einem Julienneschneider (Gemüsehobel mit „Streifen-Aufsatz") in sehr dünne Streifen schneiden.
_ Die „Kartoffelnudeln" in 4 gleichgroße Portionen teilen und zu einem „Knäuel" binden.
_ In einer Fritteuse oder einem Topf mit 170°C heißem Pflanzenöl die Kartoffelnester knusprig ausbacken.
_ Auf einem Küchenpapier etwas abtropfen lassen und mit Salz würzen.

Anrichten
_ Das Fleisch in einem Pasta-Teller anrichten.
_ Den Apfelmeerrettich auf dem Fleisch platzieren und das Kartoffelstroh darauflegen, damit es nicht direkt von der Bouillon aufgeweicht wird.
_ Das Bouillongemüse mit reichlich Brühe angießen.

Gefüllte Zucchini _

Gefüllte Zucchini _ mit Scamorza und Walnuss
mit Kartoffel-Risotto und gebratenem grünem Spargel

1 Std — Zubereitung
mittel — Aufwand
Hauptspeise

Die Idee für diese vegetarische Hauptspeise ist mir vor wenigen Jahren bei einem Camping- und Wanderurlaub in Südtirol gekommen. Wir waren gerade mit unserem Bulli an einem einsamen Stellplatz angekommen und wollten uns schnell etwas Leckeres zum Abendessen kochen. Da unsere Lebensmittelvorräte nicht mehr ganz so üppig aufgestellt waren, ich aber dennoch etwas Vollwertiges, was nicht Gemüsepfanne oder Pasta heißt, kochen wollte, habe ich gefüllte Zucchini mit Scamorza (geräuchertem Mozzarella), Kartoffel Risotto und einem Ragout von grünem Spargel und Tomate zubereitet. Schon beim Essen dachte ich, dass man dieses Gericht durchaus vorzeigen kann und jetzt ist es in diesem Buch gelandet.
Ein Kartoffel-Risotto ist übrigens kein Risotto mit Kartoffel-Einlage, sondern beschreibt eher eine Zubereitungsmethode. Die feinen Kartoffelwürfel werden also wie ein klassisches Risotto gekocht. Durch das ständige Rühren tritt die Stärke aus den Kartoffeln aus und bindet die Flüssigkeit, sodass in Kombination mit dem Parmesan ein cremiges Ragout entsteht.

Für die Zucchini:

2 Stk.	Zucchini
60 g	Walnüsse
120 g	Scamorza
6 Stängel	Thymian
	Salz, Pfeffer

Für das Risotto:

300 g	Vorwiegend festkochende Kartoffeln
1 Stk.	Zwiebel
1 Stk.	Knoblauchzehe
60 ml	Weißwein
ca. 300 ml	Wasser oder Gemüsebrühe
½ TL	Piment d'espelette oder Paprikapulver
60 g	Parmesan
10 Stängel	Schnittlauch
	Salz, Pfeffer, Pflanzenöl

Für den Spargel:

500 g	Grüner Spargel
2 Stk.	Strauchtomaten
10 ml	Alter Balsamico
	Pflanzenöl, Salz

Notizen

Gefüllte Zucchini _ Zubereitung

Zubereitung – Zucchini
_ Die Zucchini längs halbieren und mit einem Teelöffel oder einem Kugelausstecher das Kerngehäuse entfernen.
_ Die Walnüsse und den Thymian grob hacken und den Käse fein würfeln.
_ Die Zucchini-Hälften mit Salz und Pfeffer würzen und in einer Grillpfanne leicht angrillen (eine normale Pfanne geht natürlich auch).
_ Die Zucchini mit den Walnüssen, dem Thymian und dem Scamorza füllen und auf einem Backblech bei 180°C für ca. 15 min. in den Ofen schieben. (Der Käse sollte geschmolzen und die Zucchini weich gegart sein).

Zubereitung – Risotto
_ Die Kartoffeln schälen und in ca. 3x3 mm große Würfel schneiden.
_ Die Zwiebel und den Knoblauch ebenfalls sehr fein würfeln.
_ Die Zwiebeln und den Knoblauch in einem Topf mit etwas Pflanzenöl glasig anschwitzen und die Kartoffelwürfel dazugeben.
_ Mit Weißwein ablöschen und unter ständigem Rühren nach und nach das Wasser dazugeben. (Immer nur so viel, dass die Kartoffeln wieder bedeckt sind. Wenn die Kartoffeln dann den Großteil des Wassers aufgenommen haben oder wenn die Flüssigkeit verdampft ist, wieder etwas Wasser nachfüllen).
_ Je nach Größe der Kartoffelwürfel das Risotto ca. 15 min. köcheln lassen, bis die Kartoffeln weich sind.
_ Den geriebenen Parmesan, den Schnittlauch und das Paprikapulver dazugeben und mit Salz und Pfeffer abschmecken.

Zubereitung – Spargel
_ Den Spargel putzen (ggfs. schälen) und schräg in ca. 7 cm lange Stücke schneiden.
_ Den Spargel in einer heißen Pfanne mit etwas Öl scharf anbraten.
_ Die Tomate vierteln, entkernen und in kleine Würfel schneiden.
_ Nach 2 min. die Tomatenwürfel dazugeben, mit dem Balsamico ablöschen und bei mittlerer Hitze weitere 3 min. köcheln lassen. (Die genaue Garzeit hängt von der Dicke des Spargels ab. Der Spargel darf gerne noch leicht knackig sein).
_ Das Spargel-Tomaten Ragout mit einer Prise Salz würzen.

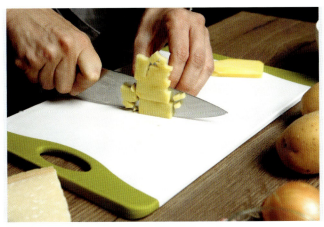

283

Gebratener Kabeljau _

Gebratener Kabeljau _ mit Linsen, „Bouillabaisse" und Estragon-Öl

50 Min — Zubereitung | mittel — Aufwand | Hauptspeise | mit Fisch

Hier ein französisch inspiriertes Gericht: Die Bouillabaisse ist eines der traditionellsten und bekanntesten Gerichte der südfranzösischen Küche. Auch hier gibt es verschiedene Rezepte und Zubereitungsarten. Grob gesagt, geht es immer um einen Fisch-Eintopf mit Fenchel, Tomaten und Safran. Meist werden verschiedene Fischarten in einer Brühe zusammen gekocht und dann samt Haut und Haaren bzw. Schuppen und Gräten püriert oder passiert und dann mit Baguette und einer pikanten Mayonnaise serviert. Da ich mir nicht anmaßen möchte, eine traditionelle Bouillabaisse zu entwickeln, habe ich bei diesem Gericht nur ein paar Bestandteile dieses Eintopfes aufgegriffen und daraus eine eigene Interpretation gemacht. Die ursprüngliche Bouillabaisse wird hier durch Gemüsebeilage und Soße repräsentiert und wird durch ein gebratenes Kabeljau-Filet und ein Linsenragout ergänzt. Das Estragon-Öl und das frittierte Fenchelgrün dienen hauptsächlich der Optik und lassen das Gericht moderner daherkommen. Wenn Ihr dieses Hauptgericht im Winter kochen solltet, versucht doch mal bei Eurem Fischhändler Winterkabeljau bzw. Skrei zu bekommen. Dieser ist deutlich größer als der übliche Kabeljau und ist meiner Meinung nach aromatischer. Wenn Ihr fangfrischen Fisch bekommt, schmeckt man sogar eine süßliche „Seafood"-Note, die an Garnelen oder Jakobsmuscheln erinnert.

Für den Fisch:

600 g	Kabeljaufilet
2 EL	Butter
	Pflanzenöl, Salz

Für die „Bouillabaisse":

200 g	Fenchel
100 g	Porree
1 TL	Tomatenmark
1 Stk.	Lorbeerblatt
1 Prise	Safran
50 ml	Weißwein
15 ml	Pernod/Ricard
4 Stängel	Thymian
12 Stk.	Kirschtomaten
10 Stängel	Schnittlauch
4 Stängel	Estragon
12 Stk.	Miesmuscheln
80 g	Calamaretti
½ Stk.	Zitrone
	Olivenöl, Salz, Pfeffer

Für die Linsen:

130 g	Berglinsen
260 ml	Wasser
1 Stk.	Lorbeerblatt
1 EL	Butter
50 g	Möhren
50 g	Knollensellerie
2 Stk.	Schalotten
	Salz

Zum Anrichten:

5 Stängel	Estragon
3 Stängel	Petersilie
¼ Stk.	Zitrone
50 ml	Pflanzenöl
	Salz

Notizen

Gebratener Kabeljau _ Zubereitung

Zubereitung – Fisch
_ Den Fisch in vier gleichgroße Stücke schneiden und in einer heißen Pfanne mit etwas Öl auf der Hautseite anbraten.
_ Den Fisch zu ungefähr zwei Drittel bei mittlerer Hitze auf der Haut braten und die Fleischseite salzen.
_ Die Butter zum Fisch geben und aufschäumen lassen.
_ Den Fisch wenden und immer wieder mit der Butter aus der Pfanne begießen.
_ Die Hautseite salzen. Die Garzeit hängt von der Dicke des Filets ab. Um herauszufinden, ob der Fisch durchgegart ist, nimmt man eine Rouladen-Nadel o.ä. und sticht diese an der dicksten Stelle des Filets in den Fisch. Nun führt man die Nadel langsam bis zum Boden. Wenn man auf halber Strecke einen gewissen Widerstand fühlt, ist der Fisch an dieser Stelle noch nicht gar. Wenn die Nadel problemlos durch das Filet gleitet, ist er fertig.

Zubereitung – „Bouillabaisse"
_ Den Fenchel und den Porree in ca. 1x1 cm große Würfel schneiden und in etwas Olivenöl in einem Topf anschwitzen. Das Fenchelgrün separat aufbewahren.
_ Das Tomatenmark, das Lorbeerblatt und den Safran dazugeben und mit Weißwein und Pernod ablöschen.
_ Den Thymian und eine Prise Salz hinzufügen und mit Wasser bedecken.
_ 10 min. köcheln lassen, die geviertelten Kirschtomaten und die gehackten Kräuter dazugeben und weitere 3 min. köcheln.
_ Die Muscheln und die Tintenfische hinzufügen und bei geschlossenem Deckel ca. 4-5 min. garen (bis die Muscheln geöffnet sind).
_ Mit Salz, Pfeffer und einem Spritzer Zitronensaft abschmecken.

_ Das Fenchelgrün in einer Fritteuse oder in einem Topf mit reichlich Öl bei 170°C knusprig frittieren.

Zubereitung – Linsen
_ Das Wasser in einem Topf zum Kochen bringen und die Linsen, sowie das Lorbeerblatt dazugeben.
_ Bei geschlossenem Deckel ca. 18 min. köcheln lassen.
_ Das Gemüse sehr fein würfeln und mit der Butter und einer großzügigen Prise Salz zu den Linsen geben und weitere 5 min. köcheln.

Anrichten
_ Den Estragon, die Petersilie, einen Spritzer Zitronensaft, eine Prise Salz und das Öl in ein hohes, schmales Gefäß geben und fein pürieren.

_ Die Linsen und die Bouillabaisse nebeneinander (mit einem Anrichtering) auf einem Teller anrichten.
_ Den gebratenen Kabeljau neben dem Fenchelgemüse und den Linsen platzieren.
_ Mit dem Estragon-Öl und dem frittierten Fenchelgrün garnieren.

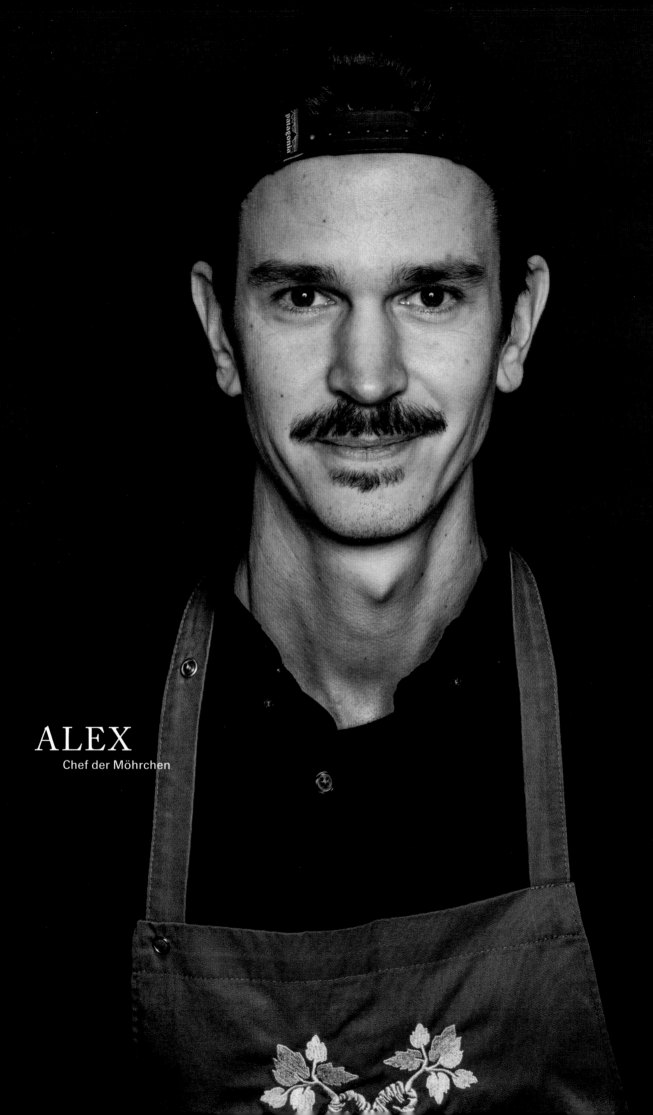

Geschmorte Lammkeule _ mit grünen Bohnen, kleinen Kartoffeln und Joghurt-Nuss Dip

Aufwand: mittel

Hauptspeise

mit Fleisch

Der Applaus für dieses Rezept gebührt meinem Vater. Zu Ostern gab es bei uns früher immer Papas beliebtes Fünf-Stunden-Lamm. Bei niedriger Temperatur, mit Knoblauch gespickt und mit reichlich Gemüse, Wein und Gewürzen geschmort, benötigt man für diese Lammkeule nicht mal ein Messer. Das Fleisch ist am Ende des Garvorganges so weich, dass man es problemlos mit einem Löffel vom Knochen lösen und zerteilen kann. Dazu der eingekochte und etwas gebundene Schmorfond als Soße, knackige grüne Bohnen mit reichlich Bohnenkraut und ein paar Kartöffelchen. Neben dem Eiersuchen das Highlight zu Ostern. Im Laufe der Zeit habe ich meinem Papa dann immer häufiger über die Schulter geschaut, bis ich irgendwann voll und ganz in seine Kunst eingeweiht wurde. Den Joghurt-Nuss Dip mit etwas Honig und Kreuzkümmel habe ich irgendwann beigesteuert, um diesem Gericht noch den Extra-Kick zu geben.

Für die Lammkeule:

1,4 kg	Lammkeule mit Knochen
3 Stk.	Knoblauchzehe
130 g	Möhren
130 g	Knollensellerie
180 g	Zwiebeln
5 Stängel	Thymian
1 Stk.	Zimtstange
1 TL	Kardamom
1 TL	Koriandersaat
3 Stk.	Sternanis
1 Stk.	Lorbeerblatt
½ Stk.	Zitrone
1 TL	Tomatenmark
180 ml	Rotwein
1 TL	Kreuzkümmel (gemahlen)
2 TL	Honig
	Salz, Pfeffer, Pflanzenöl

Für die Bohnen:

700 g	Grüne Bohnen
2 Stk.	Strauchtomaten
6 Stängel	Bohnenkraut
1 EL	Butter
	Salz

Für die Kartoffeln:

800 g	festkochende Kartoffeln
	Salz

Für den Dip:

120 g	Griechischer Joghurt
15 ml	Olivenöl
25 g	Mandelblätter (geröstet)
½ TL	Kreuzkümmel (gemahlen)
1 EL	Honig
½ Stk.	Knoblauchzehe
8 Stängel	Schnittlauch
8 Stängel	Kerbel
½ Stk.	Zitrone
	Salz, Pfeffer

Zubereitung – Lammkeule

_ Die Lammkeule parieren (anders als z.B. ein Filet besteht eine Keule aus mehreren Muskelsträngen, die durch Bindegewebe miteinander verbunden sind. Würde man versuchen, sämtliche Silberhäute und Sehnen zu entfernen, würde die Keule in ihre einzelnen Bestandteile zerfallen. Daher schneidet man nur die oberflächlich sichtbaren Sehnen und Silberhäute weg und versucht, das z.T. etwas bröselige Fett/Talg zu entfernen. Hier versteckt sich nämlich der etwas unangenehme „Stallgeschmack").
_ Den Knoblauch schälen und in kleine Stifte schneiden.
_ Mit einem spitzen, schmalen Messer kleine Löcher in die Keule stechen und die Knoblauchstifte in die Löcher stecken (spicken).
_ Die Keule in einer heißen Pfanne mit etwas Pflanzenöl von allen Seiten scharf anbraten.
_ Das Röstgemüse grob schneiden und in einem Bräter mit etwas Pflanzenöl bräunlich anrösten.
_ Den Thymian, Zimt, Kardamom, Koriander, Sternanis, das Lorbeerblatt und die Schale einer halben Zitrone sowie das Tomatenmark dazugeben und kurz mitrösten.
_ Mit dem Rotwein ablöschen und den Bodensatz mit einem Pfannenwender ein wenig abkratzen.
_ Die Lammkeule zu dem Schmoransatz in den Bräter geben, mit Wasser bedecken und aufkochen.
_ Die Lammkeule im Ofen bei 125°C je nach Größe 3,5 bis 4 Stunden garen, bis sich das Fleisch weich anfühlt und sich ohne großen Kraftaufwand vom Knochen lösen lässt.
_ Die Keule aus dem Schmorfond nehmen und auf ein Backblech legen.
_ Mit dem Honig einpinseln und mit Kreuzkümmel, Salz und Pfeffer von allen Seiten würzen.
_ Im Ofen bei 150°C weitere 20 min. backen.
_ Währenddessen den Schmorfond durch ein feines Sieb passieren, 20 min. einkochen und ggfs. mit Speisestärke andicken.

Zubereitung – Bohnen

_ Die Bohnen putzen und in kochendem Salzwasser bissfest garen (ca. 8 min.) und ein Eiswasser abschrecken.
_ Die Tomaten vierteln, entkernen und in kleine Würfel schneiden.
_ Die Butter in einer Pfanne schmelzen und die blanchierten Bohnen darin glasieren.
_ Die Tomatenwürfel, das gehackte Bohnenkraut und eine Prise Salz hinzufügen und kurz durchschwenken.

Zubereitung – Kartoffeln

_ Die Kartoffeln in Salzwasser ca. 20 min. weich kochen.

Zubereitung – Dipp

_ Joghurt mit Olivenöl, Honig, Kreuzkümmel, dem fein gehackten Knoblauch, den zerstoßenen Mandelblättern, den gehackten Kräutern und einem Spritzer Zitronensaft verrühren.
_ Mit Salz und Pfeffer abschmecken.

Frequently Asked Questions –

oder
die Realität der Köche

Alex

Als ich vor ein paar Jahren zum ersten Mal einen Kochkurs anleiten durfte, war ich zugegebenermaßen etwas aufgeregt. Schließlich war es auch das erste Mal, dass mir zahlende Gäste bei der Arbeit zusahen und ich mit diesen Gästen auch noch interagieren bzw. diese anleiten musste. Zunächst klingt das vielleicht etwas merkwürdig, wird aber verständlicher, wenn man sich anschaut, wie der Alltag eines Kochs üblicherweise aussieht. Viel geredet wird in einer Profiküche nämlich nicht. Jeder Koch arbeitet sein „Mise en place" ab (die Vorbereitung der einzelnen Bestandteile eines Gerichts, also z.B. Salat waschen und zupfen, Soßen kochen, Fische filetieren, etc.), bevor dann die ersten Gäste erscheinen. Währenddessen wird meist Musik gehört und natürlich auch ein wenig geredet und gefeixt, aber halt immer nur mit den Kollegen. Wenn dann die ersten Gäste das Restaurant betreten, ist es in der Küche meist recht ruhig. Die einzigen Dinge, die dann noch besprochen werden, drehen sich hauptsächlich um die einzelnen Essensbestellungen (Bons), das Timing und evtl. Sonderwünsche. Am Ende des Abends, wenn alle Gäste verköstigt sind, steht dann noch das Putzen der Küche auf dem Plan. Hier löst sich meist die Anspannung des Abends und der zuvor aufgebaute Adrenalinspiegel senkt sich langsam wieder ab. Ein Feierabendbier und vielleicht noch ein wenig Manöverkritik unter Kolleginnen und Kollegen beenden dann den Arbeitstag.

Viele Köche möchten auch gar nicht mit den Gästen interagieren, sondern fühlen sich in ihrer Komfortzone „Küche" am besten aufgehoben. Dies mag auch daran liegen, dass wir Köche im Vergleich zu unseren Gästen meist in einer anderen Zeitzone leben: Wir arbeiten meist dann, wenn unsere Gäste ihre Freizeit genießen und andersherum. Wenn es uns nach der Arbeit z.B. noch in eine Kneipe verschlägt, treffen wir dort oft auf andere Köche, Servicekräfte oder z.B. Krankenhauspersonal. Hier von einer Art Parallelwelt zu sprechen, fände ich übertrieben, aber in gewisser Weise ist die Gastro-Welt ein eigener kleiner Mikrokosmos, den immer mehr Gäste auch verstehen wollen.

In mittlerweile zahlreichen Kochkursen sind mir immer wieder die gleichen Fragen gestellt worden, die im Ursprung meist gar nicht so viel mit dem zu kochenden Gericht zu tun hatten, sondern eher auf genau diesen Koch-Alltag abzielten. Im Folgenden möchte ich nun ein paar dieser „häufig gestellten Fragen" beantworten. Selbstverständlich sind dies nur meine eigenen Erfahrungen und diese gelten natürlich nicht für alle Köche und Restaurants auf der Welt.

Die wohl häufigste Frage, die mir in den letzten Jahren gestellt wurde, ist die nach meinem Lieblingsessen. Eigentlich eine sehr einfach zu beantwortende Frage, doch irgendwie auch nicht – zumindest nicht für mich.

Ich kann nicht wirklich behaupten, dass ich ein richtiges Lieblingsessen habe, auch wenn dies für die Beantwortung der Frage deutlich einfacher wäre. Für mich ist und war Essen immer ein sehr wichtiger Teil meines Lebens, weshalb ich mich schon recht früh dazu entschlossen habe, Koch zu werden. Ich mag die Vielfalt beim Kochen und dass man sich für jede Gelegenheit das passende Gericht ausdenken kann. So läuft es wohl auch mit meinem Lieblingsessen: Es kommt voll und ganz auf die Gelegenheit bzw. verschiedene äußere Faktoren an.
Anfang April freue ich mich tierisch auf den ersten norddeutschen Spargel mit Pellkartoffeln, einem guten Katenrauchschinken und geschmolzener Butter. Zu dieser Zeit behaupte ich felsenfest, dass Spargel (klassisch) mein absolutes Lieblingsgericht sei. Zwei Monate und gefühlte 10 kg Spargel später, sieht das aber schon wieder ganz anders aus.
Wenn im Hochsommer dann der Duft von frisch Gegrilltem in der Luft liegt, könnte ich für einen gegrillten Pulpo oder eine ganze Dorade vom Grill fast alles stehen und liegen lassen. Gegrillter Fisch erinnert mich immer an Urlaub in Portugal oder Spanien, sodass mich dieses Essen sofort entspannt.
Im Herbst und Winter darf es für mich dann gerne etwas deftiger sein. Der geschmorte Schweinebauch oder die allseits beliebte Ochsenbacke, die Ihr auch in diesem Buch findet, stehen bei mir ganz weit oben auf der Wunschliste. Versteht Ihr was ich meine? Ich weiß: Pizza oder Schnitzel wären einfacher gewesen.

Übrigens: Falls Ihr mal in die Situation kommen solltet, für einen Profi-Koch oder sogar für mich zu kochen, dann habt bitte keine Angst davor! Ich kann durchaus unterscheiden, ob ich gerade bei Tim Raue im Restaurant, beim Griechen ums Eck oder bei Freunden zuhause zum Essen bin. Die Geste, für einen Freund zu kochen, zählt in meinen Augen mehr als die fachlich richtige Umsetzung – vom Preis-Leistungsverhältnis ganz zu schweigen. Wenn man mich dann nach meiner Meinung fragt, bin ich gerne ehrlich. Ich kann mich aber auch zurückhalten und einfach einen netten Abend genießen, da ich auch gerne mal abschalte.
Gleiches gilt für meine privaten Essgewohnheiten. Glaubt bitte nicht, dass ich zuhause jeden Abend frisch koche und bestes Restaurantfutter auf die Teller zaubere. Auch ich bestelle mal beim Asiaten um die Ecke oder pfeife mir bei McD einen Cheeseburger rein.

Eine weitere, äußerst beliebte Frage ist die nach dem Umgangston in den Profiküchen dieser Welt. Jeder kennt vermutlich die Geschichten von cholerisch schreienden Küchenchefs, fliegenden Bratpfannen oder dem ewigen Kampf zwischen Köchen und Servicekräften. Ich kenne diese Geschichten auch, aber nur weil ich die Biografien von Gordon Rhamsey, Marco Pierre White und Anthony Bourdain gelesen habe. Selbst erlebt habe ich diese Horror-Geschichten bisher nie. Natürlich sind die meisten Küchen sehr hierarchisch strukturiert und eine gewisse Disziplin gehört auch dazu, doch fliegende Bratpfannen in der Küche und persönliche Beleidigungen können sich die Küchenchefs von heute schon allein aus dem allgegenwärtigen Personalmangel kaum noch leisten – und was soll erst die Berufsgenossenschaft sagen? Wahrscheinlich gibt es immer noch ein paar schwarze Schafe unter den Gastronomen. Aber diese habe ich glücklicherweise nie getroffen oder ich habe mich nicht doof genug angestellt.

Habt Ihr schon mal den Spruch: „Never trust a skinny chef!" gehört? Ich schon. Das liegt vermutlich daran, dass ich für manche Gäste wider Erwarten schlank bin. Der Spruch soll eigentlich aussagen, dass man das Essen eines schlanken Kochs nicht essen sollte, da der Koch dies scheinbar selbst auch nicht tut. Sonst wäre er ja nicht so schlank! Klingt logisch, hat aber natürlich mit der Realität nichts zu tun. Ich probiere alles, was ich gekocht habe und ich esse mein Essen auch gerne selbst. In einer Restaurantküche koche ich aber nicht für mich, sondern für Gäste, die für dieses Essen einen gewissen Preis bezahlen. Alles, was ich also selbst aufesse, muss ich zum einen mehr produzieren und kann ich zum anderen später nicht verkaufen. Alles klar? Hinzu kommt, dass wir keinen Bürojob ausüben, bei dem wir nur im Schreibtischstuhl sitzen, sondern in einem körperbetonten Beruf arbeiten, bei dem wir recht viel Energie verbrennen. Die Hitze in der Küche tut dann noch ihr Übriges. Naja, und dann wäre da noch die eigene genetische Veranlagung.

Die Frage nach Drogen oder Aufputschmitteln in der Gastronomie kommt ab und zu auch noch vor. Dazu kann ich nicht viel sagen, da ich bisher (nur) einen koksenden Küchenchef hatte und in Australien einen kiffenden Sous-Chef, der sich für seine Pfeife immer diskret ins Kühlhaus verzogen hat. Ich kann mir aber durchaus vorstellen, dass es vor allem in der gehobenen Gastronomie häufiger vorkommt, dass sich einzelne Köche mit kleinen Hilfsmitteln den Tag oder die Nacht verschönern wollen/müssen. Zum Teil liegt dies an den nahezu unmenschlichen Arbeitszeiten. Eine 16- bis 18-Stundenschicht zu arbeiten, dann nach Hause zu fahren, 3-4 Stunden zu schlafen und am nächsten Tag wieder fit in der Küche zu stehen, kann auf Dauer nicht gesund sein. Dass man hier dann meint nachhelfen zu müssen, ist sehr traurig, aber irgendwie auch verständlich.

Zum Schluss noch eine meiner Lieblingsfragen, die ich aus eigener Erfahrung mit einem klaren „JA" beantworten kann: „Ist die Tatsache, dass Du Koch bist, nicht unheimlich hilfreich, um Frauen rumzukriegen?" Meine Freundin habe ich in der Tat während eines Kochkurses kennengelernt. Bei unserem zweiten Date haben wir im „Gasthof Möhrchen" am Ruhetag gemeinsam lecker gekocht und uns später dann noch ein wenig an der Bar bedient. Es hat also funktioniert. Ehrlicherweise muss ich aber zugeben, dass dies das erste Mal war, dass ich mit meiner Kochkunst ein Herz erobern konnte und es hat nach dem besagten Date auch noch ein wenig gedauert.

Das große Thema Wein
Werner

Als das Projekt „Gasthof Möhrchen" konkrete Formen annahm, gab es in unserem Bekanntenkreis einen renommierten Sommelier. Und der hatte große Freude daran, uns beratend zu unterstützen. Bei diversen Verkostungen haben wir versucht, unsere Kenntnisse zu erweitern, aber mal ganz ehrlich, im Ergebnis sind wir dann doch meistens nur ziemlich angeschossen hinaus gewankt. Verlassen haben wir uns dann auf die Expertise des Sommeliers. Und der fand natürlich diverse Posten im offenen und geschlossenen Bereich für die Weinkarte eines Restaurants absolut unerlässlich. Was dazu geführt hat, dass wir dem Gast bei uns in den Möhrchen eine durchaus ambitionierte Weinkarte von immerhin achtzig bis hundert Positionen in die Hand drücken konnten. Und diese Weinkarte musste ja auch geschrieben werden. Ich habe das übernommen und fast der größte Teil meiner Weinkenntnisse lässt sich auf diese Autorenschaft zurückführen.

Alles andere habe ich von unseren Gästen gelernt. Ich weiß nämlich jetzt, dass fast alle unsere Gäste beim Thema Wein nur wenig Ahnung davon haben, worüber sie reden. Das ist die schlechte Nachricht. Die gute Nachricht ist: Das macht überhaupt nichts. Ganz im Gegenteil. Und zwar deshalb, weil es mir ermöglicht hat, ein gutes Gespür dafür zu entwickeln, welchem Gast ich zu welchem Essen den passenden Wein empfehlen konnte. Dabei spielten diverse Faktoren eine Rolle: Mann oder Frau? Blind Date oder romantisches Date? Stammtischrunde oder Familienabend? Ich konnte herausfinden, welcher Wein fast allen unseren Gästen schmeckte und der somit zu unserem Hauswein werden konnte. Die einzige Grundregel: Es steht kein Schrott auf der Karte. Die große Herausforderung dabei: Offene Weine zu finden, die konform mit dieser Grundregel gehen. Geschlossene Weine auf die Karte zu setzen ist einfach, aber offene Weine zu finden, die in dem Preis-Leistungsverhältnis bestehen konnten, auf das wir Wert gelegt haben, war durchaus schwierig. Die Aufgabe, aus den in den Beratungsgesprächen auftauchenden Worten wie z.B. Tannin, Terroir, Alkoholgehalt, feinherb und (am meisten gehört) Säure herauszufiltern, in welche Richtung es bei der Auswahl des richtigen Weines gehen könnte, war sehr spannend. Und so kam es, dass ich mehr Zeit an den Tischen verbracht habe, als wirtschaftlich gesehen notwendig, und mehr Probiergläser ausgeschenkt habe, als wirtschaftlich gesehen sinnvoll gewesen wäre. Für mich gehörte das aber zum Gastgebersein dazu und ich kann nur all den Servicekräften, die sich die Schicht mit mir teilen mussten, dafür danken, dass sie mir den Rücken freigehalten haben.

Wer mich aber auf konkrete Hinweise zu dem Thema: „Wie nähere ich mich dem großen Thema „Wein", ohne in eine philosophische, religiöse oder dogmatische Richtung abzudriften?" festnageln will, bekommt folgende Antwort: Beginne damit, Dich beim Weiß- und auch beim Rotwein auf eine Rebsorte oder eine Cuvée zu fokussieren und probiere diesen Wein aus verschiedenen Regionen, Ländern und vor allem von verschiedenen Weingütern aus derselben Region. Frage Dich, wie es sein kann, dass dieselbe Rebsorte so unterschiedlich schmecken kann. Hast Du ein

Weingut gefunden, das Du präferierst, probiere die anderen Weine genau dieses Winzers. Versuche zu benennen, warum Dir genau diese Weine so gut schmecken, und mache Dich dann mit den von Dir herausgefundenen Schlagwörtern (oder Lieblingsweinen) bei anderen Quellen auf die Suche. Du wirst dann wahrscheinlich Begriffe wie knackig, samtig, Länge oder Holznote mit Leben füllen können und echte Vorlieben entwickeln, die sich benennen lassen. Oder: Wende Dich einfach an den Weinhändler oder Gastronomen Deines Vertrauens.

Und als fast letzte kleine Anmerkung: Lasse Dich nicht irritieren! Weder die Parker-Punkte noch die Herkunftsregion, noch der Preis, noch das Expertenwissen können Dir darüber Auskunft geben, ob Dir der Wein gefällt, denn letztlich zählt nur dein eigener Geschmack. Und Geschmack ist eine komplizierte Angelegenheit! Sowohl biologisch als auch psychologisch betrachtet. Geschmäcker sind verknüpft mit Geschichten und Erinnerungen. Und nichts ist individueller als die persönliche Erfahrung.
Oft haben wir bei unseren Kochkursen oder Pop Up-Abenden vor dem eigentlichen Essen mit Weinbegleitung den Gästen kleine Fläschchen mit spezifischen Weinaromen zum Schnuppern gegeben, um dann jedes Mal festzustellen, wie schwierig es ist, herauszufinden, was ich da e igentlich gerade rieche („ich kenne es, ich kenne es, aber ich weiß gerade nicht, was es ist…") und wie unterschiedlich die Reaktion auf einzelne Gerüche ausfällt. Manch einer verbindet mit Ananas den letzten Besuch im Tropenparadies, manch ein anderer Schweinefleisch süß-sauer beim Chinesen mit Glutamat und Übelkeit inklusive. Und genauso wird Dir der Chardonnay aus Australien dann auch schmecken (Muss man auch wirklich nicht mögen…).

Wer sich wundert, dass ich in diesem kleinen Kapitel Auskünfte zu dem Thema „Welcher Wein passt eigentlich zu den in diesem Buch vorgestellten Gerichten?" komplett verweigere, dem sei folgendes gesagt: Das Thema ist unglaublich komplex und es gibt ein paar Faustregeln. Wer aber meint, er müsse zu den Austern einen Cabernet Sauvignon trinken, seinen Espresso salzen oder zu jeder Zigarette einen Apfel essen, nun gut, es ist halt Geschmackssache… Aber als Faustregeln mögen gelten: Es ist eine gute Idee, den Wein immer mit dem dominierenden Anteil der Speise zu kombinieren. Was dominiert in der Speise und mit welchem Wein kann ich diese Dominanz ergänzen, unterstreichen oder kontrastieren? Zum Beispiel kontrastiere ich scharfe Speisen mit einem leichten, fruchtigen Wein. Süße Desserts unterstreiche ich zum Beispiel gerne mit einem noch süßeren Wein, wobei dieser als Gegenpol auch sehr gut zur abschließenden Käseauswahl passt. Im Prinzip sind der Experimentierfreude keine Grenzen gesetzt: Was schmeckt, das geht! Ihr könnt ja beim Ausprobieren immer mal kurz überlegen, warum Ihr einen bestimmten Wein zu genau diesem Gericht auswählt.

FRANKREICH

CHATEAU LA ROCA
SYRAH/GRENACHE/CARIGNAN
2012 COTES DU ROUSSILLON

WIEDER DA

Wenn ich mich bei einem Wein bei der Blindverkostung bei der Preiseinschätzung vertan habe, dann bei diesem: Bei voller Reife handgeerntet, 12 Monate im Eichenfass ausgebaut, spürt man die südfranzösische Sonne in Anklängen von Röstaromen und Gewürzen. Eher seidig und komplex als bissig.

Glas 0,125l €4,50 - Fl. 0,75l €25,00 - Ausser Haus €22,00

DOMAINE DE GEORAND LIRAC 2012 COTE DU RHÔNE

Cuvée aus Syrah, Grenache, Mourvèdre (fruchtig, blumig, beerig). Einer von uns bei der zweiten Verkostung: Mhhh, der ist ja Weltklasse… sagt das nicht genug?

Glas 0,125l €4,80 - Fl. 0,75l €26,50 - Ausser Haus €23,50

CLOS LA COUTALE CAHORS
MALBEC/MERLOT/TANNAT 2012

Das ehemals grösste Anbaugebiet Frankreichs ist wieder im Kommen. Malbec klassisch: Kraftvoll mit guten Tanninen. Der Merlot puffert den Malbec ab, gibt Frucht und Bouquet. Von Hand verlesen, im Fass gereift.

Fl. 0,75l €23,00 - Ausser Haus €20,00

CHATEAU DU GRAND BARAIL 1ER BORDEAUX
2009 COTES DE BLAYE

Bei diesem Cru Bourgeois beschreiben Cassis- und Tabaknoten den Eichenausbau. Überwiegend Merlot, daher harmonisch und fruchtbetont.

Fl. 0,75l €27,00 - Ausser Haus €24,00

Kürbiskern-Parfait

Kürbiskern-Parfait _ mit Himbeeren und Balsamico

30 Min — Zubereitung | 6 Std — Frieren | mittel — Aufwand | Dessert

Die Zubereitung eines Parfaits ist nach wie vor ein klassischer Lehrinhalt im Rahmen der Ausbildung zum Koch und birgt so manchen Stolperstein. Dieses Rezept hingegen ist nicht nur unfassbar lecker, sondern auch weitestgehend frei von tückischen Hindernissen.

Geschmacklich erinnert das Parfait durch das Kürbiskernöl und die kandierten Kerne ein wenig an Pistazieneis und der Balsamico in Verbindung mit den Himbeeren bildet einen überraschend frischen Kontrast.

Falls Ihr am Ende noch ein paar der kandierten Kerne übrig habt, lassen sich diese auch noch gut als Knabberkram zum Film verwerten.

Für das Parfait:

2 Stk.	Eigelb
30 ml	Kürbiskernöl
2 Stk.	Eiweiß
75 g	Zucker
1 Pck.	Vanillezucker
160 ml	Sahne
30 g	Kandierte Kürbiskerne
	Salz

Für die kandierten Kürbiskerne:

20 g	Zucker
10 ml	Wasser
60 g	Kürbiskerne

Zum Anrichten:

12 Stk.	Himbeeren (frisch)
40 g	Himbeeren (TK)
10 ml	Alter Balsamico
10 ml	Kürbiskernöl
7 g	Zucker
20 g	Kandierte Kürbiskerne

Notizen

Kürbiskern-Parfait _ Zubereitung

Zubereitung – Parfait
_ Das Eigelb mit dem Kürbiskernöl emulgieren und den Vanillezucker einrühren.
_ Das Eiweiß mit dem Zucker und einer Prise Salz steif schlagen.
_ Die Sahne steif schlagen.
_ Zum Schluss alle drei Bestandteile vorsichtig miteinander vermengen und in Parfait-Formen oder auf ein Blech gießen und einfrieren.

Zubereitung – kandierten Kürbiskerne
_ Den Zucker mit dem Wasser zum Kochen bringen und die Kürbiskerne dazugeben.
_ Unter ständigem Rühren solange erhitzen bis das gesamte Wasser verdampft ist und sich der Zucker als weißer „Panzer" um die Kerne gesammelt hat.

Anrichten
_ Die Himbeeren mit dem Zucker pürieren und passieren.
_ Mit dem Balsamico und Kürbiskernöl nur leicht verrühren.
_ Das Parfait in der Mitte des Tellers platzieren und die kandierten Kürbiskerne und frischen Himbeeren auf und um das Parfait dekorieren.
_ Die Himbeer-Balsamico-Öl Mischung dekorativ auf und um das Parfait träufeln.
_ Zum Schluss ggfs. mit Staub aus getrockneten Himbeeren verzieren.

ALICE
ehemalige Köchin im Gasthof Möhrchen

Wie bist Du zur Möhrchen-Familie gekommen?
Im Sommer 2015 haben sich die Möhrchens neuen Schwung für Ihre Küche gewünscht und sich passend dazu, einen sehr gut ausgebildeten Chef de Cuisine angelacht, der sich seinen Sidekick selbst aussuchen durfte. Ich war zwar nicht erste Wahl, aber Jason wusste aus vorheriger Zusammenarbeit, dass ich, wie meine Mutter zu sagen pflegt, ein ordentliches Schwein bin und zu jeder Lebenszeit den uneingeschränkten Wunsch nach Dazulernen mitbringe. Beides wichtige Voraussetzungen für die recht intim, 15qm große Küchenatmosphäre in der Möhre. So wurde ich dann direkt und hochromantisch aus dem wunderbaren Istanbul eingekauft, wo ich langfristig residierte und das Jahr nahm spontan andere Formen an als gedacht.

Was war/ist das Besondere an den Möhrchen?
Der Gasthof hat sich hinterrücks mit unprätentiösem Charme und wunderbarer Bescheidenheit an alle rangeschmissen. Total unterschätzt, mit besonders angenehmem Gästeteppich, weil eben so gänzlich unelitär. Diese Stadtteilrestaurant-Mentalität, die leider ausstirbt, hat das Möhrchen sehr ausgemacht und ich mochte wie ohne Standesdünkel und völlig unhip mit Essenden und auch Trinkenden umgegangen wurde. Es paarte sich Laissez-faire mit sehr guter, bezahlbarer Qualität und das erklärte eben auch die Menge an Stammpublikum, das diese Stimmung mitübertragen hat.

Was machst Du jetzt?
Inzwischen kümmere ich mich in meinem eigenen kleinen Eckladen auf St.Pauli um Erhaltung von Herz, Hirn und Handwerk. Ich finde ja, mein Schuhkarton hat die feinsten Gäste, die charmanteste Crew und das vermutlich beste Bermudadeck seit dem Loveboat. Außerdem wird gemunkelt, dass Gebäck kann was. Alles in allem, ganz netter Laden, die Kante. Das muss reichen, ich mag auch, dass wir immer noch Geheimtipp sind.

Wie würdest Du Deine Kochphilosophie/Stil beschreiben? Was ist Dir beim Kochen wichtig?
Ich mag Sorgfalt, Umsicht, Nachsicht, humoreske Draufsicht, Analyse bis zur Verspannung, Fürsorge, Gastgeberin sein und genauso Gästin sein. Essen, Trinken und auch mal Betrinken. Immer denken und ganz viel Mühe geben. Bei allem. Für alle. Mehr Ziel als Stil.

Warum hast Du Dich für dieses Gericht entschieden und/oder was bedeutet es Dir?
Der Wiener Apfelstrudel war mein Dessert in meiner Abschlussprüfung. Ich vermute, in einem früheren Leben eine böhmische Berufsoma in Kittelschürze gewesen zu sein, die den ganzen Tag nur gesotten und geschält hat und beeindruckend gut am Nudelholz war. Ich mag einfaches, das schwierig ist. Das erscheint mir sehr lebensnah. Und ganz abgesehen davon sind die Worte ausziehen und Strudel einfach ein Traum.

Wie würdest Du Werner und Alex als Kollege/Chef/Gastgeber beschreiben?
Ich finde Werner und Alex sollten ihren eigenen Balkon haben wie Waldorf und Statler. Kaum Ähnlichkeiten, an der Hüfte zusammengewachsen, trotz dessen hoch autonom und zu zweit irgendwie noch superer, als allein. Bisschen wie Apfelstrudel mit Vanillesauce.

Wiener Apfelstrudel _ mit klassischer Vanillesauce

schwierig
Aufwand

Dessert

Es wird gesagt, wenn eine Frau einen Strudelteig so auszieht, dass die Zeitung darunter gelesen werden kann, ist sie heiratsfähig.
Das ist natürlich eine Frechheit und stimmt so nicht. Wer so etwas glaubt, sollte auf keinen Fall heiraten. Die Erfahrung zeigt allerdings: Diese Art Geschick bleibt selten ungeachtet bei romantisch gestimmtem Gegenüber. Tatsache. Der Strudel stammt nicht von den Österreichern, sondern von den Türken, die ihn ins schöne Ungarn schleppten, also von Alices Familie, und deshalb macht das hier alles auch Sinn.
Ein Apfelstrudel ist eine simple und gleichzeitig heikle Angelegenheit. Er erfordert alles, was mir am Küchendasein gefällt. Ruhe und Geduld bei gleichzeitiger Notwendigkeit von entsprechender Beeilung. Sorgfalt und Planung; ständiges Üben mit immer präsenter Garantie für stetes Dazulernen. Bei entsprechendem Selbstbewusstsein ist die Zutatenliste extrem flexibel und wer einmal die Magie von beherzter Zärtlichkeit verinnerlicht hat, kann im Leben einiges erreichen. Sogar einen empfindlichen und gleichzeitig so versöhnlichen Strudel auf den Tisch bringen.
Wem das zu viel Anspruch ist, no Judgement here, nimmt guten TK-Blätterteig, rollt meinetwegen in Yufka- oder Filoteig ein und entspannt sich.

Für den Strudelteig:
(reicht für 2 Strudel, die Menge lässt sich aber besser Handhaben, besonders, wenn in der Küchenmaschine - nachfolgend Macchina genannt - gearbeitet wird und hält sich in Tupper 2 Tage im Kühli)

270 g	550er Weizenmehl
50 g	sehr teures Bio-Ei (ohne Ei geht`s auch, dann mehr Wasser nehmen.)
20 g	Butter, zerlassen, nicht heiß, oder neutrales Öl
20 g	Butter zum bestreichen (nicht in den Teig!)
3 g	Salz, ca. ein halber TL
100-120 g	Wasser, lauwarm
2 g	Apfelessig, ca. 1 TL. Weiß weinessig geht auch

Für die Apfelfülle: (für einen Strudel)

800 g	Äpfel (Geschält und dünn geschnitten ergibt das ca. 600g Apfelscheiben.
50 g	Zucker
1 EL	Zitronensaft
50-75 g	eingeweichte Rosinen (eventuell noch - saugut - mit Rum aromatisiert) un terjubeln.

Für die Butterbrösel: (für 1 Strudel)

80 g	Semmelbrösel oder Mie de Pain (geriebene Krume vom Weißbrot)
40 g	Butter
30 g	Butter
2 Prisen	Salz

Für die Vanillesauce:

125 g	Vollmilch
125 g	Sahne
¼ - ½	Vanilleschote
3	Bio-Eigelb
40 g	weißer Zucker
2 Prisen	Salz

Zubereitung – Strudelteig

_ Alle Zutaten per Hand oder in der Macchina zu einem seidig-glatten und weichen Teig verkneten. Das dauert ungefähr 10 Minuten und der Teig ist fertig, wenn er schön elastisch ist und sich einfach nur hervorragend anfühlt. Fühlst Du hervorragend nicht, stimmt was nicht. Wahlweise mit Dir oder mit Deinem Teig.

_ Den Teig in einer Schüssel, Oberfläche mit Öl gefettet und abgedeckt, bei Raumtemperatur, eine Stunde ruhen lassen.

_ Teigruhe wird unterschätzt und oft missachtet. Das ist schlecht. Mach das nicht. Lass den Teig in Ruhe. Er braucht die Zeit zum Quellen und Entspannen. Angespannte Teige lassen sich nicht gut ausziehen. Darf definitiv auch für den Alltag draus abgeleitet werden.

Zubereitung – Apfelfülle

_ Die Apfelscheiben, den Zucker, den Zitronensaft und wahlweise die Rosinen in einer Schüssel miteinander vermengen

_ Bereite die Fülle nicht zu früh vor, besonders den Zucker erst kurz vor dem Strudelfüllen dazugeben, sonst ziehen die Äpfel zu viel Wasser und das ist nicht optimal. Falls sich Apfelsaftpfütze gebildet hat, unbedingt abgießen vor'm Strudeln. Zuviel Feuchtigkeit hält der stärkste Teig nicht aus.

_ Wer's braucht, gibt noch Zimt hinzu

Zubereitung – Butterbrösel

_ Butter zerlassen, Brösel rein und unter Rühren goldbraun braten. Das dauert einen Moment.

_ Die Brösel nicht hetzen, das lohnt. Zum Schluss Salz und Zucker drunter und abkühlen lassen.

Zubereitung – Vanillesauce

_ Milch, Sahne, ausgeschabtes Mark der Vanille und die Schote einmal kurz aufkochen. Ziehen lassen und derweil Eigelbe mit Zucker und Salz mit Schmackes und Schneebesen verrühren.

_ Ein Drittel der heißen Vanille-Mixtur ins Eigelb rühren. Wenn das Eigelb akklimatisiert ist, den Rest der Milch unterrühren und das Ganze in den Topf zurück. Bei mittlerer Hitze wird die Sauce nun bis zur Rose abgezogen, das heißt, so lange unter Rühren (am Topfboden) gegart, dass Sie Wellen wirft, wenn man auf den Löffel pustet, an dem sie haftet. 80 Grad ist da ein Richtwert. Wichtig ist, sie nicht zu kochen und sie doch so weit zu erhitzen, dass das Eigelb gart. Du schaffst das.

_ Sobald die Temperatur und die Viskosität stimmen, die Sauce durch ein Passiersieb in ein Gefäß gießen und die Oberfläche direkt mit Frischhaltefolie abdecken. Jaa, direkt "draufkleben", dann gibt`s keine Haut und auch keen Kondenswasser, beides doof. Die Sauce wird nicht so dick, wie gekaufte, aber sie wird sehr viel dicker, während sie abkühlt, also warte nicht darauf, dass sie auf dem Herd dick wird, wie softer Pudding.

Zubereitung – Strudel

_ Ofen vorgeheizt? Importante, Backofen muss vor dem Backen auf 200 Grad vorgeheizt werden, falls Umluft geht auch 175 Grad. Hat das Backblech schon Backpapier?

_ Restliche Butter, 20g, zerlassen und mit Pinsel bekannt machen. Brauchst Du gleich.

_ Den Teig (nicht nochmal geknetet, bitte) auf dem bemehlten Tuch leicht ausrollen und dann rechteckig und in Ruhe nach allen Seiten stretchen. Das Ergebnis sollte wirklich hauchdünn sein. Wenn sich Löcher auftun, und das werden sie, einfach mit den Fingern wieder zusammenkneifen.

_ Dicke Ränder werden erst nach dem Belegen abgeschnitten.

_ Den ganzen Teig mit der Butter einpinseln und ungefähr zwei Drittel, meinetwegen auch drei Viertel, mit den Bröseln bekleiden und dann die Apfelfülle darauf.

_ Jetzt die dicken Ränder abschneiden. Geht toll mit Pizza Wheel.

_ Rechts und links wie bei einer Frühlingsrolle einklappen und dann den Strudel mit dem Tuch aufrollen. Das Tuch auch benutzen, um den Strudel wie aus einer Hängematte auf das Backblech zu lupfen... am allerbesten mit der Naht nach unten.

_ Nun das Teil ins Ofenrohr und nach 10 Minuten mit Butter bepinseln. 10 Minuten später nochmal und insgesamt den Strudel ca. 35 Minuten backen. Vermutlich muss die Hitze nach 10 oder 15 Minuten um ungefähr 20 Grad gedrosselt werden, damit der Strudel nicht zu dunkel wird. Behalte ihn im Auge, aber mach die Ofentür nicht zu oft auf dafür. Nur gucken, nicht anfassen.

_ Wenn Dein Strudel fertig ist, lass ihm einen Moment, um etwas abzukühlen, dann erst Puderzucker draufsieben und anschneiden. Mittlerweile sollte die Vanille-Sauce auch die richtige Konsistenz haben und die Gäste leicht einen sitzen.

Viel Spaß beim Machen und wohl bekomm´s.

Spanischer Mandelkuchen

Spanischer Mandelkuchen _ mit Zitruskompott

Zubereitung Aufwand Dessert

Ich bin absolut kein Bäcker, aber diesen Kuchen bekomme selbst ich hin! Wenn Ihr also mal einen Kuchen zu einem Buffet beisteuern wollt, euch eine Backmischung zu abgedroschen ist, ihr aber beim Backen eher so talentfrei seid wie ich, könnte dieser Kuchen (manch einem auch als Pilgerkuchen oder Torta de Santiago bekannt) die Lösung sein. Mir persönlich fehlt bei diesem Kuchen eine frischere und spannendere Komponente. Daher wird der Kuchen anstatt mit Sahne mit einem Zitruskompott angerichtet, welches auch zu vielen anderen Desserts passt. Welche Zitrusfrüchte Ihr letztendlich verwendet, ist natürlich Euch überlassen.
Dieses Rezept ergibt übrigens einen ganzen Kuchen (12-16 Stücke).

Für den Kuchen:

285 g	Mandelgries
300 g	Zucker
85 g	Mehl
1 Stk.	Limette
8 Stk.	Eiweiß
	Salz, Puderzucker, etwas Trennfett, Öl oder Butter für die Form

Für das Kompott:

95 g	Zucker
1 Stk.	Grapefruit
1 Stk.	Zitrone
1 Stk.	Limette
2 Stk.	Orange
1 Stk.	Vanilleschote

Notizen

Spanischer Mandelkuchen _ Zubereitung

Zubereitung – Kuchen
_ Mandelgries, Zucker, Mehl und geriebene Limettenschale vermischen.
_ Eiweiß mit einer Prise Salz steif schlagen.
_ Den Eischnee unter die Mandel-Zucker-Mehl Mischung heben und in eine gefettete Springform gießen.
_ Im Ofen bei 180°C ca. 20 min. backen. (Mit einem Zahnstocher kann man ganz gut testen, ob der Kuchen durchgebacken ist: Wenn man einen Zahnstocher in den Kuchen steckt, diesen wieder herauszieht und an dem Zahnstocher kein Teig mehr klebt, ist der Kuchen fertig)
_ Zum Schluss den Kuchen ordentlich mit Puderzucker bestäuben.

Zubereitung – Kompott
_ Die Zitrusfrüchte filetieren.
_ Den Saft und die Filets getrennt auffangen.
_ Den Zucker in einem kleinen Topf gold-braun karamellisieren.
_ Den Zucker mit dem Saft ablöschen und die ausgekratzte Vanilleschote (Mark und leere Schote) dazugeben und etwas einkochen, bis ein dickflüssiger Sirup entstanden ist.
_ Den heißen Sirup über die Filets gießen und ca. 20 min. marinieren.

Creme Caramel _ mit Safran

75 Min — Zubereitung
min. 6 Std — Durchkühlen
mittel — Aufwand
Dessert

Wer hat sich nicht auch schon immer gefragt, wie eigentlich die Karamellsoße auf die Creme Caramel kommt? Kocht dieses Rezept nach und Ihr werdet es herausfinden! Bei dieser Variante der Creme Caramel haben wir ein wenig Safran verwendet, da dieser die Creme spannender macht. Wenn Ihr allerdings nicht die größten Safran-Fans seid, versucht das Ganze doch mal mit Tonkabohne oder klassisch mit Vanille. Bei dem Safran kommt es auf die Menge an. Zu viel davon ist nicht nur kostspielig, sondern auch schnell geschmacklich zu penetrant. Tastet Euch also am besten vorsichtig mit einer kleinen Prise an Euren individuellen Geschmack heran und notiert die für Euch passende Menge dann hier in dem Buch im Bereich „Notizen".

Für die Karamellsoße:
70 g	Zucker
½ Stk.	Zitrone
1 EL	Wasser

Für die Creme:
70 g	Zucker
3 Stk.	Eier
150 ml	Sahne
125 ml	Milch
	Safran und etwas Trennfett oder Öl für die Förmchen

Notizen
_____
_____
_____
_____
_____

Creme Caramel

Creme Caramel _ Zubereitung

Zubereitung – Karamellsoße

_ Den Zucker in einem kleinen Topf schmelzen und gold-braun karamellisieren.

_ Den Zitronensaft und das Wasser dazugeben und bei mittlerer Hitze den Zucker wieder auflösen. (Nicht erschrecken! Wenn der geschmolzene Zucker mit dem Zitronensaft abgelöscht wird, wird er wieder steinhart, da er wieder abgekühlt wurde. Der entstandene Klumpen löst sich dann aber recht zügig wieder auf).

_ Die Karamellsoße auf die eingefetteten Förmchen verteilen und abkühlen lassen.

Zubereitung – Creme

_ Währenddessen die restlichen Zutaten gut miteinander verrühren und auf die mittlerweile zähe Karamellsoße gießen.

_ In einer Auflaufform mit heißem Wasser (Wasserbad) bei 175 °C im Ofen ca. 50 min. bis 1 Stunde pochieren (garen unterm Siedepunkt).

_ Die Cremes aus dem Wasserbad nehmen und mindestens 6 Stunden im Kühlschrank durchkühlen und setzen lassen.

_ Nun kann man die Cremes vorsichtig auf einen Teller stürzen, sodass die Karamellsoße darüber läuft. (Wichtig ist hier, dass die Förmchen gut gefettet wurden und die Cremes richtig durchgekühlt sind. Ggfs. muss man bei den Cremes am oberen Rand ein wenig mit den Fingerspitzen nachhelfen, damit nichts an der Form kleben bleibt.

Apfel-Crumble

Apfel-Crumble _ mit Honig-Walnüssen

30 Min
Zubereitung

einfach
Aufwand

Dessert

Als krönender Abschluss eines herbstlichen Feiertagsessens muss sich der Apfel-Crumble keineswegs verstecken. Auch wenn man streng genommen nur ein Apfelkompott mit Streuseln vor sich hat, sprechen wir hier von einem klassischen Dessert. Das Schöne an diesem Nachtischklassiker ist, dass man den Crumble super vorbereiten und sowohl heiß als auch kalt verzehren kann. Die Honig-Walnüsse sind hier kein Muss, aber keinesfalls überflüssig. Wenn man sie nicht zum Crumble essen möchte, dann findet sich bestimmt noch eine andere passende Gelegenheit. Spontan würden mir hier eine Käseplatte einfallen. Oder einfach so zwischendurch...

Auch hier gilt, dass man den Apfel gerne durch ein anderes Obst ersetzen kann. Birnen, Beeren, Zwetschgen, etc. lassen sich auch gut mit Streuseln bedecken. Eine kleine Kugel Eis ist ebenfalls kein schlechter Begleiter für diesen Nachtisch.

Für den Crumble:

3-4 Stk.	Boskoop Äpfel (andere Sorten gehen natürlich auch)
170 g	Mehl
50 g	weißer Zucker
50 g	brauner Zucker
40 g	Haferflocken (kernig)
1 Stk.	Vanilleschote
170 g	Butter (kalt)
½ TL	Salz
	Etwas brauner Zucker und Zimt für die Äpfel

Für die Honig-Walnüsse:

60 g	Walnüsse
10 g	Butter
10 g	Honig
	Salz (Fleur de Sel)

Notizen

Apfel-Crumble _ Zubereitung

Zubereitung – Crumble
_ Die Äpfel schälen und in 1-2 cm große Stücke schneiden.
_ Die Apfelwürfel mit dem braunen Zucker und Zimt marinieren.
_ Währenddessen Mehl, weißen und braunen Zucker, das Mark einer Vanilleschote, die Haferflocken und das Salz miteinander verrühren.
_ Die kalte, klein gewürfelte Butter dazugeben und alles mit den Fingerspitzen zu groben Streuseln verkneten. (Es soll kein homogener Teig entstehen, denn es geht nur darum, die trockenen Zutaten mit der Butter zu verbinden. Dies funktioniert am besten mit den Fingerspitzen!)
_ Die marinierten Apfelwürfel in eine Auflaufform oder in Soufflee-Förmchen füllen und großzügig mit den Streuseln bedecken.
_ Im Ofen bei 200 °C ca. 15 – 20 min. backen bis die Streusel schön gebräunt sind.

Zubereitung – Honig-Walnüsse
_ Die Walnüsse in einer ofenfesten Pfanne im Ofen bei 200 °C ca. 13 min. rösten.
_ Die Pfanne mit den Nüssen auf den Herd stellen und die Butter und den Honig dazugeben.
_ Bei mittlerer Hitze solange durchschwenken oder rühren, bis die Butter und der Honig aufgelöst sind.
_ Zum Schluss das Salz dazugeben.

Anrichten:
_ Den Crumble mindestens 5 min. auskühlen lassen und anschließend in der Form servieren.
_ Man könnte jetzt noch ein wenig Puderzucker drüberstreuen und die Walnüsse dekorativ anordnen. Das kann man aber auch lassen und das Gericht einfach so für sich stehen lassen. Der Geschmack überzeugt auf jeden Fall!

Quarksoufflee

Quarksoufflee _

40 Min
Zubereitung

mittel
Aufwand

Dessert

Sich an ein Soufflee heranzutrauen ist für viele Hobby-, aber auch Profiköche eine gewisse Herausforderung. In manchen Kochbüchern werden Soufflees oftmals sogar fast vermenschlicht. Man sollte „ihm" gut zureden, bevor es in den Ofen wandert und man darf es auf keinen Fall während des Backvorgangs stören, etc. In gewisser Weise ist diese übertriebene Vorsicht auch gerechtfertigt, da viele Soufflees kaum oder gar kein Mehl beinhalten, welches für die Stabilität sorgt.

Das hier vorgestellte Quarksoufflee ist da glücklicherweise etwas pflegeleichter und verzeiht einen gewissen Grad an Grobmotorik. Dennoch werden Eure Gäste beim Servieren an das oben beschriebene Image denken und Euch im besten Fall zum Dank die Füße küssen oder einfach den Abwasch übernehmen.

Zu diesem Soufflee passen übrigens auch die Aprikosen, die Ihr bei den Ricotta-Krapfen findet, ganz hervorragend.

Für das Soufflee:

270 g	Topfen (abgehangener Quark – Magerstufe)
3 Stk.	Eier
35 g	Zucker
1 Stk.	Vanilleschote
½	Zitrone
	Butter oder Trennfett für die Förmchen
	Puderzucker

Notizen

Quarksoufflee _ Zubereitung

Zubereitung – Soufflee

_ Den abgehangenen Quark (Topfen) mit dem Eigelb, dem Mark der Vanilleschote und der fein geriebenen Schale einer halben Zitrone glattrühren.

_ Währenddessen das Eiweiß mit dem Zucker steifschlagen.

_ Den Eischnee vorsichtig unter die Eigelbmasse heben.

_ Souffleeförmchen gut einfetten und zuckern.

_ Die Souffleemasse in die Förmchen bis zum Rand einfüllen und mit einer Fingerkuppe den Rand vorsichtig nachzeichnen.

_ Auf einem Blech mit heißem Wasser (Wasserbad) im Ofen bei 190°C ca. 10-15 min. backen. Die Soufflees sollten ca. 1 cm aufgegangen sein.

Wichtig bei Soufflees ist, dass man den Ofen während des Backens so selten wie möglich öffnet, damit die Hitze nicht entweichen kann. Dies könnte im schlimmsten Fall dazu führen, dass das Soufflee zusammenfällt. Das Wasserbad mindert das Risiko allerdings ein wenig.

Mille Feuille

Mille Feuille _ mit Zwetschgen

Zubereitung | Aufwand | Dessert

Bei diesem Dessert geht es eher um eine Idee, als um ein konkretes Rezept. Aufgrund der Jahreszeit haben wir uns hier für eine Art „dekonstruierten Zwetschgenkuchen" entschieden. Letztendlich geht es aber um die Idee, verschiedene süße Bestandteile mit Filoteig zu schichten, um dadurch ein „Mille Feuille" – also 1000 Blätter zu erhalten. Egal für welche Bestandteile Ihr Euch entscheidet – dieses Gericht erfordert etwas mehr Aufwand. Zum einen benötigt Ihr die einzelnen Schicht-Bestandteile und zum anderen ist das Anrichten recht aufwendig (vor allem für größere Gruppen). Die Optik und der Geschmack werden aber definitiv überzeugen und zu einem großartigen Abschluss eines gelungenen Menüs beitragen.
Die einzelnen Bestandteile lassen sich natürlich auch für andere Desserts verwenden. Insbesondere die Creme Patissière ist vielseitig einsetzbar und ist die selbstgemachte Alternative zum „Pulver-Pudding" eines gewissen Dr.Oe.

Für die Teigblätter:

4 Stk.	Filoteigblätter (ca. DinA3 Format)
90 g	Butter
30 g	Puderzucker

Für die Creme Patissière:

100 g	Zucker
40 g	Speisestärke
4 Stk.	Eigelb
500 ml	Milch
1 Stk.	Tonkabohne

Für die Zwetschgen:

160 g	Zwetschgen
40 g	Zucker
50 ml	Rotwein
½ Stk.	Zimtstange

Notizen

Mille Feuille _ Zubereitung

Zubereitung – Teigblätter
_ Die Teigblätter mit flüssiger Butter bestreichen und mit etwas Puderzucker bestäuben.
_ Die einzelnen, bepinselten und gezuckerten Blätter übereinanderschichten und gut andrücken.
_ Den so entstandenen 4-lagigen Blätterteig in ca. 8x8 cm große Quadrate schneiden und auf einem Backblech mit Backpapier oder Backmatte auslegen.
_ Im Ofen bei 190°C ca. 8 min. gold-braun backen.

Zubereitung – Creme Patissière
_ Den Zucker mit der Stärke und dem Eigelb vermischen.
_ Die Milch mit der geriebenen Tonkabohne aufkochen.
_ Die heiße Milch nach und nach in die Eigelb-Zucker Mischung einrühren und anschließend zurück in den Topf gießen.
_ Die Masse unter ständigem Rühren kurz aufkochen bis eine cremige Konsistenz entsteht.
_ Die Creme abkühlen lassen und regelmäßig durchrühren, damit sich keine Haut bildet. (Alternativ kann man die Creme auch mit einem Backpapier abdecken, damit sich keine Haut bildet.

Zubereitung – Zwetschgen
_ Die Zwetschgen halbieren und entsteinen.
_ Den Zucker in einem kleinen Topf gold-braun karamellisieren und mit dem Rotwein ablöschen.
_ Die Zimtstange und die Zwetschgen dazugeben und ein wenig einkochen. Die Zwetschgen sollten noch als solche erkennbar sein.

Anrichten
_ Jetzt wird geschichtet!
_ Als Basis eignet sich die Creme Patissière am besten.
_ Anschließend kommen die Zwetschgen und zum Schluss die Filoteig-Blätter
_ Das Ganze wiederholt Ihr dann noch 3 Mal, sodass wir insgesamt 4 Lagen erhalten.
_ Als Topping könnte man jetzt noch ein paar Zimtstreusel, Walnüsse oder einfach ein wenig Puderzucker verwenden.

333

Zitronentarte _ mit Erdbeeren

45 Min — Zubereitung | 1 Nacht — Kühlschrank | mittel — Aufwand | Dessert

Gibt Dir das Leben Zitronen, mach' Limo draus – oder halt eine Zitronentarte! Auch dieses Gericht begleitet mich seit meiner Ausbildung und ist nach wie vor ein echtes Highlight. Schon häufig habe ich mich gefragt, wie man das gesamte Aroma und den Charakter von Zitronen in einen Nachtisch verpacken kann, ohne dass es am Ende zu sauer oder seifig wird. Die Zitronencreme in diesem Rezept ist für mich die optimale Lösung. Man schmeckt die Frische, die Säure und die komplette Aromenvielfalt, muss aber dennoch nicht ständig das Gesicht verziehen. Das Geheimnis ist hier das Verhältnis von Zitronensaft, Zeste, Zucker und Butter. Das Eigelb dient hier als Emulgator (wie bei einer Hollandaise) und rundet den Geschmack ab.

Auch hier dürft Ihr wieder kreativ sein und die Creme vielleicht einmal mit Limetten, Yuzu oder einer Mischung aus verschiedenen Zitrusfrüchten zubereiten. Der größte Teil des Zitrus-Aromas steckt in der Schale, sodass man den Charakter der Creme alleine durch eine andere Zitrusschale deutlich verändern kann. Wichtig ist, hier zu erwähnen, dass sich ausschließlich unbehandelte Früchte eignen, bei denen man die Schale problemlos mitessen kann.

Die Zitronencreme kann auch als Bestandteil eines anderen Desserts verwendet werden. Hier habe ich mich jetzt aber für eine Tarte mit Erdbeeren entschieden, da einen diese Kombination im Frühjahr (sobald es die ersten heimischen Erdbeeren gibt), so richtig aus dem Winterschlaf holt und auf die warme Jahreszeit einstimmt.

Für die Creme:

4 Stk.	Zitronen (unbehandelt)
220 g	Zucker
160 ml	Zitronensaft
4 Stk.	Eier
300 g	Butter
½ Blatt	Gelatine

Für die Tarte:

60 g	Zucker
120 g	Butter
180 g	Mehl
	Salz

Zum Anrichten:

| 160 g | Erdbeeren |
| 1 TL | Zucker |

Notizen

Zitronentarte

Zitronentarte _ Zubereitung

Zubereitung – Creme
_ Zitronenschale fein reiben (nur den gelben Teil der Schale!)
_ Die Zeste mit dem Zucker vermengen und 10 min. stehen lassen.
_ Den Zucker mit der Zeste, dem Saft und den Eiern über einem Wasserbad schaumig aufschlagen und auf ca. 82°C erhitzen („Zur Rose abziehen").
_ Die Masse vom Wasserbad nehmen und die kalte, gewürfelte Butter langsam einrühren bis sich die Butter vollständig aufgelöst hat.
_ Zum Schluss das eingeweichte Gelatineblatt einrühren und alles durch ein feines Sieb passieren.
_ Wenn die Creme für eine Tarte verwendet werden soll, dann solltet Ihr sie noch bei Zimmertemperatur, also direkt nach der Herstellung, in Tartlettes füllen. Andernfalls sollte die Creme über Nacht in den Kühlschrank, damit sie etwas fester wird und man sie z.B. mit einem Spritzbeutel anrichten kann.

Zubereitung – Tarte
_ Zucker, Mehl und eine Prise Salz vermischen.
_ Kalte, gewürfelte Butter dazugeben und alles mit den Händen oder einem Knethacken schnell zu einem homogenen Teig verkneten. (Hier ist es wichtig, dass der Teig nicht zu lange geknetet wird, damit die Butter nicht zu warm und der Teig dadurch speckig wird. Dies würde dazu führen, dass sich die Tartlettes im Ofen etwas zusammenziehen und nicht die Form behalten, die wir ursprünglich vorgesehen haben.)
_ Den Mürbeteig in Frischhaltefolie oder einem Wachstuch einschlagen und 30 min. kaltstellen.
_ Den Teig dünn ausrollen und in die gefetteten Tarteformen legen.
_ Den Teig mit einem Backpapier abdecken und Reis, weiße Bohnen oder Linsen zum Beschweren auf dem Backpapier verteilen. (Dieser Vorgang nennt sich „blind backen". Das Ziel ist es, den Teig in eine gewisse Form zu bringen und so bereits ohne Füllung zu backen.)
_ Die Tartlettes für ca. 13 min. bei 185°C im Ofen backen, bis der Teig gold-braun ist.

Anrichten
_ Die abgekühlten Tartlettes mit der Zitronencreme füllen und im Idealfall über Nacht kaltstellen, damit die Gelatine ihr gesamtes Potential entfalten kann.
_ Die Erdbeeren waschen und vierteln und mit dem Zucker etwas marinieren.
_ Die Erdbeeren neben oder auf der Tarte verteilen.

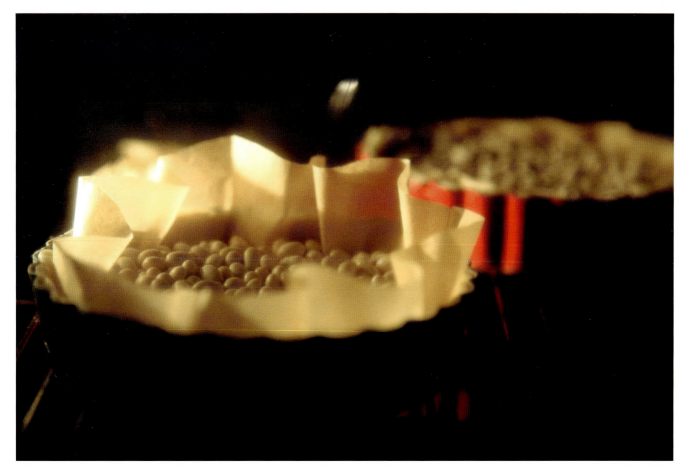

Schoko-Malheur

Schoko-Malheur _ mit Portweinkirschen

30 Min — Zubereitung
1 Std — Kühlschrank
einfach — Aufwand
Dessert

Leider habe ich in den letzten Jahren nicht mitgezählt, wie viele Schokomalheure ich für Veranstaltungen oder in Kochkursen zubereitet habe. Über 1000 werden es bestimmt gewesen sein, da sie die absoluten Dauerbrenner sind.

Es handelt sich hier um ein „echtes" Schokoladenmalheur und nicht um den Fake, bei dem nach dem Backen einfach noch ein Stückchen Schoki in den sonst trockenen Muffin gequetscht wird. Das Ziel sollte sein, den kleinen Kuchen im Ofen gerade eben so weit durchzubacken, dass man ihn vorsichtig stürzen kann, ohne dass er kollabiert. In dem Moment, wenn die Dessertgabel das kleine Küchlein nur leicht berührt, sollte das Malheur aber sofort sein cremiges Innenleben preisgeben und wie zähflüssige Lava aus dem Kuchen herauslaufen. Für den Fall, dass Ihr den richtigen Moment, in dem das Malheur aus dem Ofen genommen werden sollte, nicht ganz trefft und der Kuchen etwas zu weit gebacken ist, könnt Ihr zur Not immer noch den Trick mit dem Stückchen Schoki anwenden. Denkt aber immer daran, dass wir hier von einem Malheur reden, also von etwas „Schiefgegangenem". Egal wie Ihr es also serviert – bleibt souverän dabei und versichert Euren Gästen, dass dies genauso sein sollte, da es sich um ein Malheur handelt, also missglückt ist. Die fruchtige Beilage, in diesem Fall die Kirschen, täuschen auch über einen etwas zu trockenen Kuchen hinweg, wenn wirklich alle Stricke reißen.

Für das Malheur:

95 g	Kuvertüre (54 %ige Schokolade)
95 g	Butter
48 g	Zucker
2 Stk.	Eigelb
2 Stk.	Eier
21 g	Mehl
	Butter und Zucker für die Förmchen

Für die Kirschen:

240 g	Kirschen
60 g	Zucker
50 ml	Roter Portwein
½ Stk.	Zimtstange
1 Stk.	Sternanis
	Speisestärke

Notizen

339

Schoko-Malheur _ Zubereitung

Zubereitung – Malheur
_Schokolade und Butter gemeinsam über einem Wasserbad schmelzen.
_Den Zucker mit den Eiern verrühren und zu der Schokoladen-Butter Mischung geben.
_Das gesiebte Mehl einrühren und in gefettete und gezuckerte Förmchen gießen.
_Im Ofen bei 190°C ca. 12 min backen.
_Die Ränder sollten etwas aufgehen, doch in der Mitte sollte sich noch eine kleine Delle befinden. Das Küchlein darf nicht mehr glänzen.

Zubereitung – Kirschen
_Zucker im Topf karamellisieren und mit dem Portwein ablöschen (der geschmolzene Zucker wird wieder erstarren, löst sich aber nach einiger Zeit auf).
_Die Gewürze und die Kirschen dazugeben und kurz aufkochen.
_Bei Bedarf mit etwas eingeweichter Speisestärke binden.

Anrichten
_Das Malheur vorsichtig direkt auf den Teller stürzen und mit etwas Puderzucker bestäuben.
_Die Kirschen direkt neben dem Malheur platzieren und die Soße dekorativ darum verteilen.

Ricotta Krapfen

Ricotta Krapfen _ mit Aprikosen

Zubereitung Aufwand Dessert

Das Rezept für die Ricotta-Krapfen habe ich in seiner Ursprungsform in Australien kennen und lieben gelernt. Super einfach und schnell gemacht sorgen die kleinen, frittierten Frischkäse-Bällchen immer für Begeisterungsstürme und sind sowohl im Winter als auch im Sommer ein gelungener Abschluss eines effektvollen Menüs. Saisonal bedingt lässt sich die Fruchtkomponente beliebig austauschen oder auch komplett weglassen.
Selbst die Zimt- und Zucker-Mischung ist kein absolutes Muss und kann z.B. durch Vanille oder Kardamom ersetzt werden.

Für die Krapfen:

250 g	Ricotta
½ Stk.	Orangen (nur die fein geriebene Schale)
¾ Pck.	Backpulver
1 Stk.	Eigelb
1 Stk.	Ei
40 g	Mehl
	Zimt und Zucker, Öl zum Frittieren

Für die Aprikosen:

200 g	Aprikosen
50 g	Zucker
70 ml	Weißwein
1 Stk.	Sternanis
½ Stk.	Vanilleschote
½ Stk.	Orange

Notizen

Ricotta Krapfen _ Zubereitung

Zubereitung – Krapfen
_ Alle Zutaten miteinander verrühren und 20 min. kaltstellen.
_ Mithilfe eines Löffels kleine Krapfen abstechen und in einer Fritteuse oder einem Topf mit reichlich Öl gold-braun frittieren.
_ Kurz abtropfen und dann mit Zimt und Zucker bestäuben.

Zubereitung – Aprikosen
_ Die Aprikosen entkernen und in Spalten schneiden.
_ Den Zucker im Topf karamellisieren und mit dem Weißwein und dem Saft einer halben Orange ablöschen.
_ Die Gewürze dazugeben und etwas einkochen.
_ Zum Schluss die Aprikosen dazugeben und nur kurz mit garen.

Ansichten
_ Das Aprikosenragout in die Mitte des Tellers geben.
_ Die Ricotta-Krapfen in der Mitte ein wenig auftürmen und ggfs. noch mit etwas Puderzucker bestäuben.

Pastel de Nata _

40 Min — Zubereitung
einfach — Aufwand
Dessert

Vielen meist nur als Nata bekannt, ist dieses kleine Creme-Törtchen wohl das Dessert, wenn man an Portugal denkt. Als ich mal mit meinem Bulli durch Portugal gedüst bin, habe ich für mich die Regel aufgestellt, dass kein Tag ohne ein kleines Nata vergehen sollte. Alleine deshalb muss ich hier immer wieder an Urlaub denken. Aber auch in Deutschland bekommt man die kleinen Tartes mittlerweile bei vielen Bäckereien oder Konditoreien.
Jetzt könnt Ihr die Dinger endlich einmal selbst ausprobieren.
Dass die Oberfläche ein wenig dunkel und fast verbrannt erscheint, ist durchaus gewollt – Thema Röstaromen und so.
In Portugal bekommt man zu den Natas meist noch etwas Zimt, zum Darüberstreuen. Probiert dies auch gerne mal aus.

Für den Blätterteig:

100 g	Blätterteig
120 ml	Milch
14 g	Mehl
50 g	Zucker
50 ml	Wasser
2 Stk.	Eigelb
	Zitronenschale, Zimtstange

Notizen

Pastel de Nata _

Pastel de Nata _ Zubereitung

Zubereitung – Blätterteig

_ Den Blätterteig rund ausstechen und Muffin-Formen damit auskleiden.
_ Die Milch mit dem Mehl, Zucker, Wasser und Gewürzen verrühren und aufkochen bis die Masse eindickt.
_ Von der Hitze nehmen und das Eigelb einrühren.
_ Die Masse auf die Förmchen verteilen und im Ofen bei 250 °C ca. 15 min
_ Zum Schluss die Natas etwas abkühlen lassen, sodass die Puddingmasse wieder ein wenig in sich zusammenfällt.

WERNER
Chef der Möhrchen

Brotpudding _ nach Familienrezept

einfach
Aufwand

Dessert

Mehr Familiengericht geht nicht. Wahrscheinlich mal erdacht, um alte Brötchen nicht wegschmeißen zu müssen, hat sich der Brotpudding zu einem Gericht entwickelt, dass zu fast allen familiären Anlässen auf den Tisch kam. Ich habe es als Pausenbrot mit in die Schule genommen (nehmen müssen…), es gab ihn in der Pfanne in Butter gewendet am nächsten Tag als Imbiss. Als Kind bin ich mit der Rührschüssel in den Garten geflüchtet, um den restlichen Teig allein naschen zu können. Er wurde bei uns als Hauptgericht mit Fruchtkompott serviert, aber auch zum Nachtisch mit Vanille-Sauce. Ich habe niemanden getroffen, der das Gericht in dieser Form kennt und fast alle, die ihn probieren durften, habe ich mit dem Rezept überzeugt. Und obwohl ich damit ein altes Familiengeheimnis verrate, lasse ich es mir nicht nehmen, ihn in das Buch aufzunehmen, denn die schönsten Dinge muss man teilen. Eine Wasserbadform und ein Dampfdrucktopf helfen allerdings bei der Zubereitung. Wer allerdings die Anschaffung einer Wasserbadform scheut, kann aus dem Teig auch kleine Pfannkuchen backen.

Für den Pudding:

6	getrocknete Brötchen
1	Bio-Zitrone
	Rosinen (1 Handvoll)
	Mandelplättchen (1 Handvoll)
3	Eier
125 g	Butter
200 g	Zucker
200 g	Gries

Zubereitung – Teig
_ Brötchen einweichen
_ Eier trennen
_ Eiweiß steif schlagen
_ Butter schmelzen
_ Die Wände der Wasserbadform mit Butter und Gries benetzen
_ Zucker, geriebene Zitronenschale, Zitronensaft, Brötchenmasse, Gries, Eigelb, Rosinen, Mandeln, restlicher Butter und restlichem Gries vermengen
_ Eiweiß unterheben
_ Teigmasse in Form füllen
_ Wasserbadform in Dampfdrucktopf eine Stunde bei 2 Ringen garen

Herausforderungen in der Gastronomie
Eine Polemik

Werner

„Der Umsatz ist so hoch und nie bleibt irgendwas davon übrig?" fragte Maja immer ungläubig, nachdem ich ihr die einzelnen Posten auf der monatlichen betriebswirtschaftlichen Abrechnung erklärt hatte. Als Service-Chefin hatte sie mich gebeten, ihr das betriebswirtschaftliche Grundwissen zu vermitteln, um ein Restaurant zu führen.
Die Stimmung war gedrückt. Ungefähr 2 Jahre nach der Eröffnung des „Gasthofs Möhrchen" hatten wir realisiert, dass es schwierig werden könnte mit dem Geldverdienen im eigenen Restaurant.

Denn: Es werden umfangreiche finanzielle Mittel benötigt, um ein Restaurant zu betreiben und z.B. folgende Posten zu bedienen: Personalkosten, Wareneinsatz, Mieten, Versicherungen, Finanzierungen, Reparaturen, Renovierungen…

Man braucht außerdem viel Zeit, um ein Restaurant zu betreiben: Nicht nur für den Service während der Öffnungszeiten, sondern auch für die Büroarbeiten und die Vor- und Nachbereitung der Servicezeiten. Das alles summiert sich zu einer Wochenstunden-Zahl auf, die ein gesundes Maß übersteigt.

Hinzu kommt das fachliche Wissen, das benötigt wird, um ein Restaurant zu betreiben, z. B. zur Ausgestaltung der Rechtsform, Steuern, Kalkulationen, Arbeitsrecht, Betriebswirtschaft, Warenkunde… Mir ist es wirklich ein Rätsel, warum keinerlei Qualifikationen für die Eröffnung eines gastronomischen Betriebs notwendig sind. Man besorgt sich eine Konzession, erfüllt ein paar behördliche und baurechtliche Auflagen und los geht´s.
Ich bin ein großer Freund von Nicht-Reglementierung, aber vielleicht wäre eine Pflichtveranstaltung der Handelskammer vor Konzessionsvergabe, die auf die bevorstehenden Aufgaben und Herausforderungen detailliert eingeht, nicht so eine schlechte Idee.

Wenn ich gefragt werde, was es hauptsächlich bei der Eröffnung eines gastronomischen Betriebs zu bedenken gilt, antworte ich mit einer Gegenfrage: Musst Du mit diesem Betrieb Deinen Lebensunterhalt verdienen? Und wenn ja, wieviel Geld benötigst Du im Monat zum Leben? Davon ausgehend macht es Sinn, eine Kostenkalkulation zu erstellen, die wasserdicht ist und die einen gewissen Faktor für unvorhersehbare Kosten enthält. Und in der Deine eigenen Lebenshaltungskosten enthalten sind. Davon ausgehend würde ich errechnen, wieviel Umsatz meine Speisen und Getränke erzielen müssen, und zwar nicht nur insgesamt, sondern pro Gericht und Getränk (ausgehend von einer bestimmten Anzahl von Gästen bzw. verkaufte Speisen und Getränke).

Die Wahrscheinlichkeit ist hoch, dass Dein einfachstes Pasta-Gericht € 19,50 und Dein offen ausgeschenkter weißer Hauswein € 8,90 für 0,15 l kosten müsste. Dann ist es an der Zeit, Dir zu überlegen, ob Du lieber einen anderen, nicht so ruinösen Deiner Lebensträume verwirklichen solltest.

Oder Du findest eine Stellschraube mit deren Nachjustierung es Dir gelingt, Dein Restaurant dauerhaft in der Gewinnzone zu betreiben.

Im Vergleich zu anderen Ländern scheint es in Deutschland ein Preisbewusstsein zu geben, das sich beim Konsum von Nahrung am ehesten daran ausrichtet, in welchem Preisrahmen sich die Speisen und Getränke bewegen. Die Preise der Restaurants werden miteinander verglichen.
Ich habe mit Gästen nach Preiserhöhungen lange Diskussionen führen müssen. Oft wird Pi mal Daumen errechnet wie viel die Ware auf meinem Teller wohl kosten mag, um mir mit zugrunde gelegten Discounterpreisen dann vorzurechnen wie astronomisch hoch meine Gewinnspanne wäre.

Natürlich stellt sich der Gast folgende Frage zu Recht: Wofür bezahle ich eigentlich, wenn ich der Servicekraft mein Geld inklusive Tipp überreiche?

Meine These lautet: In jedem gut geführten Restaurant sind die Speisen und Getränke unterbezahlt. Denn Euer Geld wird verwendet für gute Ware, korrekt behandeltes und bezahltes Personal und alle anderen oben aufgeführten Kosten. In allererster Linie bezahlt Ihr aber als Gast auch für ein Restauranterlebnis, das geprägt wird von Euren Gastgebern und allen anderen Gästen.

Alex und ich haben die nötigen Stellschrauben gefunden, um den Gasthof Möhrchen auf solide Füße zu stellen. Trotzdem sind wir der Meinung, dass die maximal mögliche Entlohnung unter den hier herrschenden Voraussetzungen in keinem Verhältnis zum Engagement und der erforderlichen Arbeitszeit steht. Wahrscheinlich muss man an irgendeiner Stelle Konzessionen machen, zu denen wir nicht bereit waren.

Glücklicherweise ist es ja so, dass es mehr als einige Menschen gibt, die gar nicht anders können, als den eigenen Laden zu eröffnen, weil sie ein Gastro-Gen in sich tragen, welches ihnen keine Wahl lässt.
Alex und mir geht es ja nicht anders. Mit den „Gekreuzte Möhrchen" können wir unsere Gastronomie-Träume auf einer Basis weiterleben, die es uns ermöglicht für Euch die Gastgeber zu sein. Nur in anderer Form.

ENDE

Rezept-Register

Drinks
- Horse's Neck — 40
- Wodka Soda — 40
- Frozen Hibiskus Margerita — 120

Essentials
- Schnelles Baguette — 24
- Roggen-Mischbrot mit Kernen — 28
- Jus — 32

Leckerbissen
- Focaccia — 46
- Bruschetta Dreierlei (Kürbis-Salbei-Ziegenkäse, Topinambur-Bergkäse-Trüffel, Tomate-Basilikum-Feta) — 50
- Rillette von der Ente — 54
- Soleier mit Rotweinessig — 58
- Gazpacho mit Basilikum-Öl — 62
- Ofenkürbis mit Linsen, Mandeln, Granatapfel und gereiftem Ricotta — 66
- Asiatisches Fischbrötchen mit eingelegter Makrele, Sesam-Majo und Curry-Bun — 70
- Ziegenkäse-Kartoffel Krapfen mit Paprika-Marmelade — 74

Vorspeisen
- Dreierlei Blumenkohl mit Ricotta, Pistazie und Aprikose — 84
- Ceviche mit Avocado-Creme, eingelegten Schalotten, Passionsfrucht und Forellen-Kaviar — 90
- Topinambur-Suppe mit frittierten Kapern und Hanf-Öl — 94
- Kalbszungen Salat mit Rettich, Erbsen und Sushi-Ingwer (Nippon Style) — 98
- Gebackener Feta im Sesammantel mit Zuckerschoten-Salat, Kichererbsen-Creme und Granatapfel — 102
- Asiatischer Rindfleisch-Salat mit Zuckerschoten und Palmzucker — 106
- Gedämpfter Saibling mit Apfel-Vinaigrette und Tiroler Speck — 110
- Borschtsch mit Schmand und Dill — 114
- Eisbergsalat mit knusprigem Bacon, Wassermelone, Croutons, Tomaten, Bluecheese-Dressing und frischen Käutern — 120
- Arancini – Safran-Risotto Bällchen mit Ziegenkäse und Tomatenmarmelade — 124
- Gebratener Pulpo mit weißem Bohnenpüree und mediterranem Brotsalat — 128
- Cremige Maissuppe mit Chorizo und Koriander — 132
- Salat von Räucheraal, Roter Bete und Apfel mit Erbsenpüree, Kaviar und Honig-Senf Dressing — 136
- Spargel-Parmesan Tarte mit grünem Pfeffer und Erdbeeren — 140
- Kürbis-Salbei Strudel mit Salat und Himbeer-Vinaigrette — 144
- Mediterrane Kaninchenroulade mit Möhrchen-Sternanis Püree und Salat — 148
- Austernpilz-Schnitzel mit Mojo Verde, Parmesanchip und Chili-Ahorn Glaze — 152
- Gegrillte Maispoulardenkeule mit Chimichurri, Melonen-Salat und Cashewnüssen — 156
- Laab — 182

Hauptspeisen
- Kalbs-Involtini mit Oliventapenade, cremiger Polenta, Spinat und Marsala-Beurre Blanc — 174
- Rote Thai-Curry Variation — 183

- Bio-Frikadelle mit Kartoffel-Möhrchen Stampf und Salat mit Hausdressing — 186
- Doraden-Filet mit Nektarinen-Pfeffer Ragout und Mandel-Brot Püree — 190
- Graupen-Risotto mit Bärlauch, grünem Spargel und Haselnuss — 194
- Hirschrücken mit Kürbis-Püree, Rosenkohl und Haselnuss-Gnocchi — 198
- Miesmuscheln in Weißwein — 202
- Mai-Scholle "Büsum" mit Bratkartoffeln und Kopfsalat — 206
- Spinat-Knödel mit brauner Butter und Rote Bete Salat — 210
- Gebratene Kalbsleber mit Blumenkohlpüree, Pfifferlingen und Gewürz-Pflaumen — 214
- Rinderbrust mit Gemüse, Ofentomaten und cremiger Polenta — 220
- Orientalische Serviettenknödel mit süß-saurer Zucchini, Auberginenpüree und Hüttenkäse — 224
- Rosa gebratene Lammhüfte mit Süßkartoffel-Püree, gegrillter Paprika, Feta-Minz Salat und Orangen-Olivenöl Emulsion — 228
- Gebratener Seehecht mit warmem Kartoffel-Gurken Salat und Walnüssen — 232
- Entenbrust mit Honig-Ingwer Lack, Rotkohl, Semmelknödel und gegrilltem Frühlingslauch — 236
- Seelachs im Kadayif-Teig mit gekochter Artischocke, Papas arrugada und Mojo Rojo — 240
- Geschmorter Schweinebauch mit Steckrübenpüree, Sauerkraut, Röstzwiebeln und Bier-Jus — 244
- Veganes Curry von regionalem Wintergemüse, Mandeln und Reis — 248
- Geschmorte Ochsenbacke mit bunten Möhrchen und Kräuter-Stampf — 252
- Steinbeißer in weißer Tomaten-Consommé mit buntem Gemüse, gedörrten Kirschtomaten und Panko — 256
- Wiener Schnitzel mit Kartoffel-Gurken Salat — 260
- Schwarzwurzel-Kartoffel Strudel mit Frisee-Salat und Haselnuss — 264
- Beuf Bourgignon mit Kartoffel-Püree und eingelegten Schalotten — 268
- Pinienkern-Gnocchi mit geschmolzenen Kirschtomaten, Büffelmozzarella und Rauke-Pesto — 272
- Gesottener Rinds-Tafelspitz mit Bouillongemüse, Apfelmeerrettich und Kartoffelstroh — 276
- Gefüllte Zucchini mit Scamorza, Walnus mit Kartoffel-Risotto und gebratenem grünem Spargel — 280
- Gebratener Kabeljau mit Linsen, „Bouillabaisse" und Estragon-Öl — 284
- Geschmorte Lammkeule mit grünen Bohnen, kleinen Kartoffeln und Joghurt-Nuss Dip — 288

Desserts

- Kürbiskern-Parfait mit Himbeeren und Balsamico — 304
- Wiener Apfelstrudel mit klassischer Vanillesauce — 310
- Spanischer Mandelkuchen mit Zitruskompott — 314
- Creme Caramel mit Safran — 318
- Apfel-Crumble mit Honig-Walnüssen — 322
- Quarksoufflee — 326
- Mille Feuille mit Zwetschgen — 330
- Zitronentarte mit Erdbeeren — 334
- Schoko-Malheur mit Portweinkirschen — 338
- Ricotta Krapfen mit Aprikosen — 342
- Pastel de Nata — 346
- Brotpudding — 350

Rezepte nach Alphabet

322 ▪ *Apfel-Crumble mit Honig-Walnüssen*
124 ▪ *Arancini – Safran-Risotto Bällchen mit Ziegenkäse und Tomatenmarmelade*
 70 ▪ *Asiatisches Fischbrötchen mit eingelegter Makrele, Sesam-Majo und Curry-Bun*
108 ▪ *Asiatischer Rindfleisch-Salat mit Zuckerschoten und Palmzucker*
152 ▪ *Austernpilz-Schnitzel mit Mojo Verde, Parmesanchip und Chili-Ahorn Glaze*
 24 ▪ *Baguette*
186 ▪ *Bio-Frikadelle mit Kartoffel-Möhrchen Stampf und Salat mit Hausdressing*
268 ▪ *Boeuf Bourguignonmit Kartoffel-Püree und eingelegten Schalotten*
114 ▪ *Borschtsch mit Schmand und Dill*
350 ▪ *Brotpudding*
 50 ▪ *Bruschetta Dreierlei (Kürbis-Salbei-Ziegenkäse, Topinambur-Bergkäse-Trüffel, Tomate-Basilikum-Feta)*
 90 ▪ *Ceviche mit Avocado-Creme, eingelegten Schalotten, Passionsfrucht und Forellen-Kaviar*
318 ▪ *Creme Caramel mit Safran*
132 ▪ *Cremige Maissuppe mit Chorizo und Koriander*
 84 ▪ *Dreierlei Blumenkohl mit Ricotta, Pistazie und Aprikose*
190 ▪ *Doraden-Filet mit Nektarinen-Pfeffer Ragout und Mandel-Brot Püree*
120 ▪ *Eisbergsalat mit knusprigem Bacon, Wassermelone, Croutons, Tomaten, Bluecheese-Dressing und frischen Käutern*
236 ▪ *Entenbrust mit Honig-Ingwer Lack, Rotkohl, Semmelknödel und gegrilltem Frühlingslauch*
 46 ▪ *Focaccia*
122 ▪ *Frozen Hibiskus Margerita*
 62 ▪ *Gazpacho mit Basilikum-Öl*
104 ▪ *Gebackener Feta im Sesammantel mit Zuckerschoten-Salat, Kichererbsen-Creme und Granatapfel*
288 ▪ *Gebratener Kabeljau mit Linsen, „Bouillabaisse" und Estragon-Öl*
218 ▪ *Gebratene Kalbsleber mit Blumenkohlpüree, Pfifferlingen und Gewürz-Pflaumen*
112 ▪ *Gedämpfter Saibling mit Apfel-Vinaigrette und Tiroler Speck*
130 ▪ *Gebratener Pulpo mit weißem Bohnenpüree und mediterranem Brotsalat*
236 ▪ *Gebratener Seehecht mit warmem Kartoffel-Gurken Salat und Walnüssen*
284 ▪ *Gefüllte Zucchini mit Scamorza und Walnus mit Kartoffel-Risotto und gebratenem grünem Spargel*
158 ▪ *Gegrillte Maispoulardenkeule mit Chimichurri, Melonen-Salat und Cashewnüssen*
292 ▪ *Geschmorte Lammkeule mit grünen Bohnen, kleinen Kartoffeln und Joghurt-Nuss Dip*
256 ▪ *Geschmorte Ochsenbacke mit bunten Möhrchen und Kräuter-Stampf*
248 ▪ *Geschmorter Schweinebauch mit Steckrübenpüree, Sauerkraut, Röstzwiebeln und Bier-Jus*
280 ▪ *Gesottener Rinds-Tafelspitz mit Bouillongemüse, Apfelmeerrettich und Kartoffelstroh*
198 ▪ *Graupen-Risotto mit Bärlauch, grünem Spargel und Haselnuss*
202 ▪ *Hirschrücken mit Kürbis-Püree, Rosenkohl und Haselnuss-Gnocchi*

40	▪ *Horse's Neck*
32	▪ *Jus*
174	▪ *Kalbs-Involtini mit Oliventapenade, cremiger Polenta, Spinat und Marsala-Beurre Blanc*
98	▪ *Kalbszungen Salat mit Rettich, Erbsen und Sushi-Ingwer (Nippon Style)*
144	▪ *Kürbis-Salbei Strudel mit Salat und Himbeer-Vinaigrette*
304	▪ *Kürbiskern-Parfait mit Himbeeren und Balsamico*
182	▪ *Laab*
206	▪ *Mai-Scholle "Büsum" mit Bratkartoffeln und Kopfsalat*
148	▪ *Mediterrane Kaninchenroulade mit Möhrchen-Sternanis Püree und Salat*
202	▪ *Miesmuscheln in Weißwein*
330	▪ *Mille Feuille mit Zwetschgen*
66	▪ *Ofenkürbis mit Linsen, Mandeln, Granatapfel und gereiftem Ricotta*
224	▪ *Orientalische Serviettenknödel mit süß-saurer Zucchini, Auberginenpüree und Hüttenkäse*
346	▪ *Pastel de Nata*
272	▪ *Pinienkern-Gnocchi mit geschmolzenen Kirschtomaten, Büffelmozzarella und Rauke-Pesto*
326	▪ *Quarksoufflee*
342	▪ *Ricotta Krapfen mit Aprikosen*
54	▪ *Rillette von der Ente*
220	▪ *Rinderbrust mit Gemüse, Ofentomaten und cremiger Polenta*
28	▪ *Roggen-Mischbrot mit Kernen*
228	▪ *Rosa gebratene Lammhüfte mit Süßkartoffel-Püree, gegrillter Paprika, Feta-Minz Salat und Orangen-Olivenöl Emulsion*
183	▪ *Rote Thai-Curry Variation*
136	▪ *Salat von Räucheraal, Roter Bete und Apfel mit Erbsenpüree, Kaviar und Honig-Senf Dressing*
338	▪ *Schoko-Malheur mit Portweinkirschen*
264	▪ *Schwarzwurzel-Kartoffel Strudel mit Frisee-Salat und Haselnuss*
240	▪ *Seelachs im Kadayif-Teig mit gekochter Artischocke, Papas arrugada und Mojo Rojo*
58	▪ *Soleier mit Rotweinessig*
314	▪ *Spanischer Mandelkuchen mit Zitruskompott*
140	▪ *Spargel-Parmesan Tarte mit grünem Pfeffer und Erdbeeren*
210	▪ *Spinat-Knödel mit brauner Butter und Rote Bete – Salat*
256	▪ *Steinbeißer in weißer Tomaten-Consommé mit buntem Gemüse, gedörrten Kirschtomaten und Panko*
94	▪ *Topinambur-Suppe mit frittierten Kapern und Hanf-Öl*
248	▪ *Veganes Curry von regionalem Wintergemüse, Mandeln und Reis*
310	▪ *Wiener Apfelstrudel mit klassischer Vanillesauce*
260	▪ *Wiener Schnitzel mit Kartoffel-Gurken Salat*
40	▪ *Wodka Soda*
74	▪ *Ziegenkäse-Kartoffel Krapfen mit Paprika Marmelade*
334	▪ *Zitronentarte mit Erdbeeren*

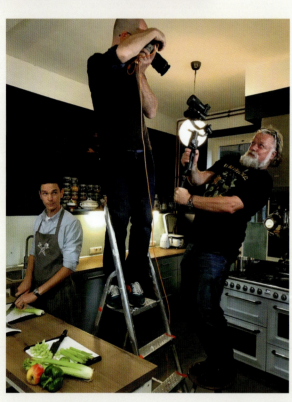

Nachwort
Alex

Über eineinhalb Jahre haben wir an diesem Projekt gearbeitet und mit diesem Nachwort biegen wir in die Zielgerade ein.

Ein großer Meilenstein war der erfolgreiche Abschluss unserer Crowdfunding-Kampagne kurz vor Weihnachten 2021. Wir haben unser Finanzierungsziel gemeinsam mit Euch erreicht und somit gesichert, dass das Buch in den Druck gehen kann. Dafür ein riesiges Dankeschön an alle, die uns bei unserer Kampagne unterstützt haben! Ohne Euch hätten wir dieses Projekt niemals realisieren können.

Wir haben uns zu Beginn dieses Projektes keine Vorstellung davon machen können, zu welcher Herausforderung das Buch werden würde. Dass sich über 60 Rezepte nicht mal eben so kochen und fotografieren lassen, war uns bewusst. Dass das Schreiben der Texte und Rezepte Zeit in Anspruch nehmen würde, war uns auch klar. Aber, dass seit dem ersten Foto über eineinhalb Jahre ins Land gegangen sind, hätten wir nie gedacht.

In meiner naiven Vorstellung wie man ein Kochbuch produziert, habe ich anfangs nur an die Bilder, Rezepte und Texte gedacht. Meine Idee war, diese dann mit Hilfe von Formatvorlagen in ein Layout zu bringen, um diese Vorlage dann im Copyshop um die Ecke schnell drucken und binden zu lassen. Ich habe mich getäuscht: Es ist unglaublich wieviel Arbeit, Zeit und Schweiß nötig waren, bis wir ein druckfertiges Layout in den Händen halten konnten.
Nur dank der großartigen Hilfe von vielen lieben Menschen können wir dieses Buch jetzt stolz in den Händen halten:

Danke, Christine! Als wir Dich zum ersten Mal als Kochbuch- und Grafik-Expertin zu unserem Vorhaben befragt haben, war Dir vermutlich auch nicht ganz klar, wie sehr wir Dich einspannen würden. Die Gestaltung des Buches ist Dein Werk. Danke für Dein Engagement!
Die ersten von Dir mit unserem Layout-Shooting gestalteten Seiten zu sehen, war ein echtes Highlight. Danach waren wir endgültig davon überzeugt, das Projekt anzugehen.

Danke, Tanja! Eigentlich bist Du diejenige gewesen, die uns vor ein paar Jahren zu diesem Buch ermutigt hat. Damals sagtest Du, dass Du große Lust hättest, dieses Projekt mit uns zu realisieren. Jetzt hast Du alle Rezeptseiten zusammengebaut und freust Dich bestimmt genauso wie wir über das fertige Buch. Nicht zuletzt, da Du dann endlich mal wieder einen richtigen Feierabend hast und nicht direkt vom Job an den heimischen Rechner hetzen musst, um die nächsten 10 Rezepte in Angriff zu nehmen. Danke für diesen Einsatz!

Danke, Jörn! Mitgehangen, mitgefangen sollte man hier wohl sagen. Schon als Stammgäste gab es Euch, Tanja und Jörn, nur im Team. So nun auch in diesem Buch. Jörn hat sich in den letzten Monaten um die Anpassung und Umwandlung sämtlicher Fotos sowie das Schneiden unseres Startnext-Filmes gekümmert. Dass viele von Euch dachten, dass wir das Buch schon vor Beginn der Crowdfunding-Kampagne fertig hatten, lag wohl auch an den großartigen „Rendering-Fähigkeiten" von Jörn. Die Bücher sahen aber auch täuschend echt aus! Danke für Deine Magie!

Ein großes Dankeschön gilt auch Wollo und Axel, die für das Crowd-Funding-Video verantwortlich sind. Dass Ihr mal eben mit sämtlicher Profi-Technik bei uns im Möhrchen anrückt, um den Film für uns zu drehen, rechnen wir Euch hoch an!

Claudia hat die gesamten Textbeiträge lektoriert. Eigentlich wollten wir formale und inhaltliche Diskussionen vermeiden. Aber Dank Claudia konnten wir noch einiges anpassen und verbessern.

Frank hat uns erklärt wie Crowd-Funding eigentlich geht. Ohne ihn hätten wir uns gar nicht getraut, mit unserem Projekt in so einer frühen Phase öffentlich zu werden. Wer weiß, ob dieses Buch sonst nicht nur eine kleine Broschüre geworden wäre.

Nicole und Christian waren neben Tanja und Jörn die beiden Handmodelle, mit denen wir an einem denkwürdigen Abend die Doppelseiten für die einzelnen Kategorien fotografiert haben. Auch Dank ihrer Expertise konnten wir die „Geschichte eines Abends" in diesen Bildern so toll inszenieren.

Lola und Gisa haben dieses Projekt unterstützt, indem sie es uns ermöglicht haben, so viel Zeit mit der Arbeit zu verbringen und immer wieder beratende und unterstützende Worte gefunden haben.

Vielen herzlichen Dank auch all den anderen Beteiligten für Eure Unterstützung und Eure Beiträge, Ihr seid großartig!

Jetzt ist es also so weit. Unser Kochbuch ist fertig und freut sich von Euch gelesen, benutzt und mit Leben gefüllt zu werden. Wir freuen uns über jedes Feedback und wünschen Euch ganz viel Spaß mit dem Buch.

Auf bald!

Raum für Notizen

Raum für Notizen

Raum für Notizen